KB182671

당신이 부모든, 직장인이든, 기업 임원이든, 기업 대표든
다음 경우에 해당한다면,

이 책은 당신을 위한 것입니다.

1 너무 많은 일을 하느라 자신을 지나치게 혹사한다.
2 휴식을 취하거나 깊이 생각할 시간이 없다.
3 수많은 일을 하고 있지만 스스로 세운 목표를 달성하지 못한다.

《포커스 프로젝트》의 세계에 오신 것을 환영합니다. 이 책은 탈집중의 세상에서 집중하기의 어려움을 토로하고 해결책을 제공하기 위해 쓰였습니다. 저자는 자신이 고안한 집중 강화 프로젝트에 현장 과학과 제도권 연구를 결합시키는 방식을 사용해서 자질구레한 일에 신경 쓰지 않고 중요한 일을 하는 데 필요한 실질적인 조언을 제시합니다.

이 책은 사생활과 일 양쪽에서 더 많은 것을 추구하기 위해 일을 줄이는 방법을 안내합니다. 이 책을 읽으면 지나치게 바삐 살아가는 것은 선택 사항일 뿐이며, 현명하지 않은 선택이라는 사실을 깨닫게 됩니다. 너무 빽빽한 일정을 소화하는 것은 자랑거리가 아니라 무슨 수를 써서라도 피해야 할 일입니다. 오히려 가장 중요한 사항에 집중해야 합니다.

이 선택이 개인의 성공, 행복, 건강, 성취감을 결정합니다. 성공하고 행복한 사람이라면 일을 더 많이 하는 것이 중요하지 않고, 중요한 일에 더 많이 집중해야 한다는 사실을 알고 있습니다.

이 책은 일을 줄이는 그리 녹록치 않은 기술을 습득하는 데 유용하게 쓰일 것입니다. 최고의 삶에 집중하기 시작할 마음의 준비가 되었다면 책장을 넘기십시오.

The Focus Project
Copyright ©2020 Erik Qualman

All rights reserved. No part of this book may be used or reproduced in any manner whatever without written permission except in the case of brief quotations embodied in critical articles or reviews.

Korea Translation Copyright ©2025 by HAPPYBOOKS TOYOU.

Korean edition is published by arrangement with Erik Qualman, Texas through BC Agency, Seoul.

FOCUS

나를 바꾸고, 인생을 바꾸는 집중의 힘

포커스 프로젝트

에릭 퀄먼 지음 | 안기순 옮김

PROJECT

해피북스
투유

내 발자국

에릭 퀼먼 지음

앞으로 무엇을 할지 별다른 계획이 없던 어린 시절
아버지는 자주 물었다.
"너는 삶의 모래사장에
어떤 발자국을 남기려 하니?"

당시에는 무슨 뜻인지 깨닫지 못했지만
시간이 흐르자
그 물음은 내게 동기를 부여했다.

대답이 내게 달려 있다면
내가 추구할 궁극적인 유산은
무엇일까?

내게 유산이란
한참 멀고도 고귀한
꿈만 같아 보인다.

대체 나는 누구일까?
그저 평범하고
약간은 내성적인 사람일 뿐이다.

그때 깨달았다.
내가 추구할 궁극적인 유산은
내게 달렸다는 것을.

내 손자들과 증손자들은
내게서 무엇을 보고 무엇을 생각할까?
내가 물려줄 유산은 무엇일까?

그들은 내가 꿈을 추구했다고 생각할까?
아니면 중도에
안주했다고 생각할까?

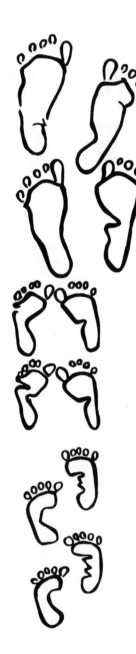

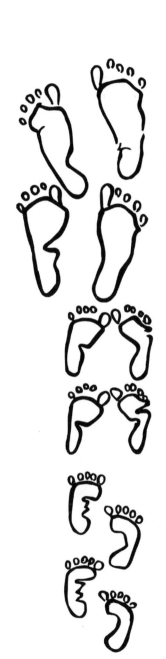

좋아하는 일을 하면서 살았다고 생각할까?
아니면 했어야 했거나, 할 수 있었다며
후회로 가득한 삶을 살았다고 생각할까?

발자국은 영원히 남는다.
그래서 나는 저지를 수 없다.
궁극적인 죄를

무슨 죄냐고?
물론
기회를 잡지 않은 죄지.

그렇다, 죽기 전에
시도조차 하지 않을 바에는
차라리 실패를 선택하리라.

하늘을 향해 손을 뻗고
웃고
그리고 울리라.

슬퍼서가 아니라 기뻐서 울리라.
오늘을 불태우며 살았으니까.
내일을 대비해 계획하며 살았으니까.

내 유산은
당연히
오롯이 내게 달려 있다.

이것은 내 생각이지만
이제 당신에게 묻는다.
당신은 어떻게 할 것인가?

CONTENTS

무엇보다, 집중하라

전국제과자회의National Confectioner's Conference에서 디지털 리더십을 주제로 기조연설을 마치고 참석한 칵테일 리셉션은 여느 파티와 성격이 달랐다. 방을 가득 메운 CEO와 사업주들은 성이 마스Mars와 캐드베리Cadbury 등이었으며, 허시Hershey라는 도시에 사는 사람들이었다. 왠지 섞이기 쉽지 않을 것 같았다. 마티니에 올리브 세 개를 넣은 잔을 손에 들고서 나는 말을 되도록 줄이고 질문을 많이 해야겠다고 생각했다.

아이들이 할로윈 때 들고 다니는 바구니마다 이름이 새겨진 가족기업의 설립자를 만나서, 기업을 지속적으로 성장시키는 비결을 물었다. 그녀는 조금도 망설이지 않고 집중이라고 대답했다.

놀라웠다. 이번에는 가장 어려운 점이 무엇인지 물었다. 그녀는 집중을 유지하는 것이라고 대답했다. 함께 있던 사람들도 수긍하며 고개를 끄덕였다. '집중과 집중 유지'라는 단어가 공중을 맴도는 것 같았다.

다음 날 나는 구글이 개최하는 고객 행사에서 기조연설을 하기 위해 인도행 비행기에 올랐다. 인턴부터 기업 임원에 이르기까지 행사 참석자들은 같은 질문에 너나 할 것 없이 '집중'이라고 대답했다. 페이스북, IBM, 화웨이, 삼성을 방문했을 때도 같은 대답을 들었다. 기술 기업들이 당면한 과제 목록에서 1위는 집중을 하기 위한 노력이었다.

집중은 실리콘밸리의 여성 커뮤니티Silicon Sisterhood가 이끄는 기업에 국한된 문제가 아니었다. 학교 교사, 창업자, 부모, 금융기관, 자선단체, 남성 주부, 변호사, 의료 전문가, 소비자, 정부 관리, 기업인도 마찬가지였다. 그 점에서 나도 예외는 아니다. 나는 집중의 문제로 씨름하고 있었다. 그때 문득 이런 생각이 떠올랐다. 현재와 미래의 디지털 시대, 점점 탈집중화하는 세상에서 집중하는 능력을 갖춘 사람이 결국 승리할 것이다. 주변 상황이 끊임없이 바뀌더라도 승자들은 집중할 수 있을 것이다.

그렇다면 다음 질문에 대한 대답을 찾아야 한다. "집중을 학습할 수 있을까? 근육처럼 훈련할 수 있을까? 습관으로 만들 수 있을까?" 나는 이러한 질문에 대답을 찾기 위해 앞으로 1년을 투자하려고 한다. 질문을 시험하고 대답을 찾고 밝혀낼 것이다. 나는 어느 정도 일을 급격하게 줄이면서 1년을 보낼 것이다.

그래서 다음과 같은 가설을 세웠다. '어떤 대가를 치르더라도 집중을 추구하면 성공과 행복에 도달할 것이다.', '과학적 연구와 현장 연구를 접목시키는 방식을 사용해서 당장이라도 더욱 풍성한 삶을 향

해 나아갈 것이다.'

집중 = 성취 = 풍성한 삶 = 행복

부모든, 직장인이든, 기업 임원이든, 기업 대표든 다음 경우에 해당한다면, 이 책은 당신을 위한 것이다.

- 지나치게 많은 일을 하느라 자신을 혹사한다고 느낀다.
- 감정과 몸이 늘 극도로 지쳐 있다.
- 사랑하는 사람들과 보내는 시간이 점점 줄어든다.
- 긴장을 풀거나 깊이 생각할 시간이 없다.
- 매일 처리해야 하는 요구 사항이 조직이나 기업의 업무에 지장을 초래한다.
- 상당히 바쁘게 일하는데도 마치 다람쥐 쳇바퀴 돌듯 제자리를 맴도는 것 같다.
- 이메일, 업무, 경쟁, 삶에서 앞서 나아가기가 불가능한 것 같다.
- 늘 뒤처지는 것 같다.
- 삶이 도저히 넘을 수 없는 과제 같다고 느낀다.
- 몹시 바쁘지만 생산성이 믿기지 않을 정도로 떨어진다고 느낀다.
- 수천 가지 일을 완수하지만 여전히 목표를 달성하지 못한다.

《포커스 프로젝트》의 세계에 온 것을 환영한다. 이 프로젝트는 세계를 휩쓸고 있는 질병을 타파하기 위해 설계된 12개월간의 여정이다. 이 질병은 흑사병도, 스페인독감도, 사스도, 메르스도, 코로나바이러스 감염증도 아니지만 진짜 바이러스가 옮기는 질병만큼 해롭다.

이 질병은 우리의 에너지와 태도를 고갈시킨다. 건강, 일, 행복, 가정에 부정적인 영향을 미친다. 비열하고 무모하다. 수백만 명에게 고통을 안기지만, 의사들이 공식적으로 인정한 질병은 아니다. 이 질병을 억제하지 않으면 우리 수명을 몇 년 때론 몇십 년을 단축시킬 수 있다. 이것은 무슨 질병일까? 바로 가장 중요한 일에 '집중하지 못하는 병'이다.

이 조용한 살인자는 우화에 나오는 냄비 속 개구리에게도 있다. 개구리는 물의 온도가 서서히 올라가는 줄도 모르고 행복해하며 냄비 속에 앉아 있다. 만약 끓는 물에 빠진다면 즉시 위험을 감지하고 냄비에서 뛰어나올 텐데, 물이 실온부터 서서히 끓기 시작하면 너무 늦을 때까지 위험을 감지하지 못한다.

우리의 목표는 절대 개구리 같은 최후를 맞지 않는 것이다. 끓는 물에서 당장 뛰쳐나와 결코 돌아보지 않는 것이다.

우리는 대체 몇 번이나 다음과 같이 생각할까?

'훈련 프로그램은 내일 시작해야겠어.', '내일부터 아이들과 더 많은 시간을 보내야지.', '내일부터 대본을 쓰기 시작할 거야.', '패션 회사를 창업하는 문제는 내일 생각해야겠어.', '내일부터 소비를 줄이고 저축을 늘려야지.', '월급을 인상해달라는 말은 내일 하지 뭐.', '내일 새 일자리를 알아봐야지.', '보고서는 내일 끝마쳐야지.',

기분 좋다!

'내일은 더 나아질 거야.'

이것이 바로 서서히 끓어오르는 것이다! 우리는 자신에게 가장 소중한 재화인 개인의 삶을 낭비할 위험에 처해 있다.

나는 세계를 돌아다니며 강연하는 것을 좋아하고, 좋아하는 일을 하며 살아가는 행운을 누리고 있다. 다양한 배경과 문화에 속한 사람들을 만나 대화하면서, 살아가는 방식이 각자 다르지만 모두들 가장 중요한 일에 매일 집중하는 것의 어려움을 겪고 있다는 사실을 깨달았다. 우리는 집중하지 못한 탓에 자신이 무엇을 추구하며 사는지 모를 때마다 엄청나게 좌절한다.

이 책이 하룻밤 사이에 질병을 타파하는 획기적인 치료법을 제공하는 것은 아니지만 시간을 두고 인내하면서 끈기를 발휘하면 상당한 진전을 이룰 수 있다. 이 책은 다음과 같은 도전에 대해 대답과 해결책을 제공해줄 것이다.

1 가장 중요한 것에 집중한다.
2 점점 탈집중하는 세상에서 집중한다.
3 집중 닌자가 된다.

이 책은 이러한 발견과 조언을 요약 형식으로 통합해서 독자들이 원하는 내용을 찾아 읽을 수 있도록 구성되었다. 이 책을 처음부터 끝까지 순서대로 읽는 사람도 많겠지만, 어떤 사람들은 몇 페이지를 그대로 넘기거나, 한 부분을 통째로 건너뛰거나, 마음에 와닿는 부분이나 이야기로 돌아가 다시 읽는 즐거움을 맛볼 것이다. 이 책을 일련의 규칙을 담은 책으로 생각하지 말고, 자신에게 가장 필요하고 잘 맞는 경기를 선택할 수 있는 플레이북으로 생각하라.

내 강연을 들은 사람이라면 아마도 "목적지를 생각할 때는 확고해야 하지만 목적지에 도달하는 길을 생각할 때는 유연해야 합니다"라는 권고를 들었을 것이다. 삶과 삶의 해결책은 일차원이 아니다. 따라서 나는 이 책을 일차원적으로 쓰지 않고 독자 개개인에게 유연하게 적용할 수 있도록 썼다.

이 책에서 앞으로 소개할 지침은 더욱 많은 것을 성취하기 위해 자신을 혹사시키면서 개개인에 맞게 자신을 발전시키는 길로 우리를 안내한다. 지나치게 바삐 사는 것은 개인의 선택이지만 현명한 선택은 아니다. 빡빡한 일정을 소화하는 것은 자랑거리가 아니라 무슨 수를 써서라도 피해야 할 일이다.

오히려 가장 중요한 것에 집중하겠다고 선택해야 한다. 이 선택이 우리의 성공, 행복, 성취를 결정한다.

고결한 행동

1800년대 말 한 스웨덴 남성은 자신이 사는 마을의 신문사가 중대한 실수를 저지른 덕택에 귀한 선물을 받았다. 이 행운의 주인공은 현실에서 있을 법하지 않은 사건을 겪었다. 자신이 시퍼렇게 살아 있는데 신문에 실린 자신의 사망 기사를 읽은 것이다.

한 마을에 루드비히와 알프레드라는 두 형제가 살았다. 형인 루드비히가 사망하자 스웨덴 지역 신문은 동생인 알프레드가 죽었다고 잘못 보도했다. 알프레드는 자신의 사망 기사를 접하고 정신적 충격을 받았고, 계속 읽어 내려가는 동안 그 충격은 공포로 바뀌었다. 자신과 자신의 발자취를 묘사하는 단어들이 끔찍했던 것이다.

알프레드는 성공한 사업가였다. 독창적인 발명을 해서 큰 부자가 되었다. 발명품은 바로 다이너마이트였다. 충분히 예측할 수 있듯 사망 기사 제목은 "다이너마이트의 황제 사망하다"였다. 그러면서 알프레드를 '죽음의 상인'으로 불렀다.

알프레드는 자신에게 '죽음의 상인'이라는 꼬리표가 붙은 것에 매우 경악하면서, 세상 사람들이 자신을 그렇게 기억하지 않게 하겠다고 다짐했다. 그래서 즉시 유언장을 작성했다. 네 쪽 분량의 유언장에서 알프레드는 재산 대부분을 매우 구체적이면서 새로운 자선사업에 기부했다.

나중에 알프레드가 세상을 떠났을 때 그의 사망 기사는 달라졌다. 알프레드는 너무 늦기 전에 삶의 초점을 바꾼 덕분에 자신의 평판을 성공적으로 바꿀 수 있었다. 오늘날 많은 사람이 알프레드의 위대성을 즉시 알지는 못하더라도, 그가 제정하고 떠난 상은 대부분 알 정도로 알프레드는 세상에 긍정적인 영향을 미쳤다. 노벨상 중 하나인 평화상은 적십자를 설립한 헨리 뒤낭Henry Dunant에게 1901년 최초로 수여되었다.

알프레드는 자신의 사망 기사를 읽은 사건을 계기로 정신적 충격을 받아 삶의 초점을 바꾸었다. 그 결과 오늘날 '죽음의 상인'이 아니라 화학, 경제학, 문학, 평화, 물리학, 의학 분야에서 자신의 성을 붙여 노벨상을 제정한 인물로 기억되고 있다. 알프레드는 죽기 전에 삶에서 가장 중요한 일에 집중하는 마법 같은 힘을 배웠다.

자신의 사망 기사가 어떨지 생각해보면 자신이 어떻게 하루 1,440분이나 8만 6,400초를 쓰고 있는지 생각해볼 동기가 생긴다. 출장을 많이 다니느라 가족과 보낼 시간이 없었고, 이메일을 받은 지 3초 만에 답장하거나 호화로운 집에 집착하는 일 중독자를 칭찬하는 추도사를 찾아서 읽어보라.

알프레드 노벨은 삶의 초점을 바꾸고, 생활 방식을 바꾸고, 자신이 남길 궤적을 바꿨다. 자신의 사망 기사를 읽고 나서야 삶에서 가장 중요한 대상에 집중하는 어리석음을 범하지 마라. 당신이 죽었을 때 다른 사람들이 당신을 그리워하겠는가? 누가 당신을 그리워하겠는가? 당신의 장례식에는 몇 명이나 올 것인가? 당신은 앞으로 얼마나 많은 사람의 삶에 깊은 감명을 줄 것인가?

만약 사생활에서도 일에서도 가장 중요한 것을 끈질기게 추구하는 기술을 터득해 최고의 삶에 집중하기 시작할 마음의 준비를 갖추었다면 책장을 계속 넘기기 바란다. 잘 사는 삶은 다른 사람들이 잘 살 수 있도록 돕는 삶이다.

집중 닌자로 변신하는 여정을 걷도록 돕기 위해 내가 이끄는 집중 강화 프로젝트의 가장 중요한 사항들을 이미지와 목록으로 정리했다.

집중 강화 프로젝트를 시작하기로 결심한 사람들에게 이 이미지와 목록은 유용한 자원이 될 것이다. 개인적으로 집중 강화 프로젝트를 실천하면서 얻은 통찰을 자신이 좋아하는 소셜 미디어(모든 소셜 미디어에서 내 아이디는 @equalman이다)에 자유롭게 올리거나, 내 이메일 equalman@equalman.com으로 보내주기 바란다.

종종 위대함을 결정하는 사항은 사람들이 하지 않겠다고 마음먹은 일이다.

내 생애 최고였던 깨달음의 순간들

1 오늘 집중하기 어렵다. … 정말 어렵다. 하지만 집중은 학습할 수 있고, 습관으로 굳힐 수 있다.

2 시스템, 과정, 루틴은 의지력을 북돋운다.

3 내려놓기가 일을 완수하는 최선의 방법일 때가 있다.

4 해야 할 일 목록보다 하지 말아야 할 일 목록이 중요하다.

5 지식을 얻으려면 매일 무언가 더하고, 지혜를 얻으려면 매일 무언가 빼라.

6 성공한 사람과 매우 성공한 사람 사이에는 차이가 있다. 매우 성공한 사람은 거의 모든 일에 '노No'라고 대답한다.

7 모두를 도우려 하면 결국 아무도 돕지 못할 것이다.

8 닐 암스트롱의 생각은 옳았다. … 작은 발걸음이 거대한 도약을 이끈다.

9 WWW를 기억하라. 나는 지금 무엇을 하고 있는가What am I doing right now? 왜 하고 있는가Why? 무엇을 하고 있어야 하는가What should I be doing?

10 즉각적인 일이 아니라 중요한 일에 집중하라.

11 내 서커스도 아니고 내 원숭이도 아니다.

12 모든 것에서 최고가 되려고 애쓰는 태도는 무엇에도 최고가 되지 못하는 가장 확실한 길이다.

13 단순한 것에서 시작하라.

14 단기적으로 끈기 있게, 장기적으로 참을성 있게 행동하라.

15 하루하루를 쓰는 방식이 곧 삶을 사는 방식이다.

집중하는 삶을 살기 위한 99가지 비결

1 두려움에 떨며 살지 말고 꿈을 꾸며 사는 삶에 집중하라.

2 질문은 훌륭한 관계를 구축하는 기본 요소다.

3 "자신이 할 수 있다고 생각하든 할 수 없다고 생각하든 … 당신이 옳다."—헨리 포드

4 열심히 일하라.

5 결점도 보이며 당당하게 살아라.

6 자신이 아틀라스가 아닌 바에야 세상을 당신 어깨로 짊어질 필요는 없다.

7 당신이 춤을 잘 추든 못 추든 아무도 신경 쓰지 않는다. 그냥 일어나서 춤을 춰라.

8 빨리 실패하고, 실패를 딛고 나아가고, 더욱 잘 실패하라.

9 언젠가 자신이 삼켜야 하는 경우를 대비해 항상 부드럽고 다정하게 말하라.

10 잠은 멍청이가 아니라 전사를 위한 것이다.

11 사랑하는 사람과 함께, 사랑하는 일을 하며 시간을 보내라. 인생은 너무 짧다.

12 지금 하는 일이 종국에 가서 미소를 끌어낼 수 없다면 대체 왜 하는가?

13 당신의 일정표와 은행 계좌를 보여달라. 그러면 우선 해야 할 일

의 순서를 알려주겠다.

14 다른 사람이 무엇이라 말하든, 자신이 무엇이라 말하든 당신은 차고 넘치는 사람이다.

15 "완수할 때까지는 모든 일이 불가능해 보인다."—넬슨 만델라

16 삶에서 가장 중요한 일은 유치원에서 배운다.

17 언제 붙들고 있고, 언제 접을지 알아야 한다.

18 큰 힘에는 큰 책임이 따르는 법이다.

19 다른 사람에게 봉사하는 것이 최고의 약이다.

20 아이들은 부모의 말을 듣지 않을 수는 있지만 부모의 행동은 늘 지켜본다.

21 혁신은 단순하게 말해서 실패의 연속이다.

22 "걸을 때는 걸어라. 먹을 때는 먹어라."—불교 격언

23 알려진 진실의 정반대도 종종 진실이다.

24 잘 사는 삶은 자기 방식대로 살면서, 다른 사람이 나름의 방식대로 살 수 있도록 도와주는 것이다.

25 하루는 길지만 한 해는 짧다.

26 약속 장소에 일찍 도착하는 것은 자신이 만나려는 사람에 대한 존경을 나타낸다.

27 더 많은 사람에게 감사할수록, 감사해야 할 일이 더 많아질 것이다.

28 기꺼이 감사하라.

29 조직적인 태도는 매우 많은 긍정적인 이익을 안긴다.

30 삶에서 가장 좋은 것은 물건이 아니다.

31 누군가에게 100달러를 빌려주고 나서 그 사람을 다시 보지 못한다 해도, 그것 역시 가치가 있는 일일 것이다.

32 패배자들은 과도하게 바쁘다.

33 계획을 세우는지에 따라 휴식을 취하는 것과 서두르는 것의 차이가 발생한다.

34 자신에게 도전 거리가 되지 않는 일은 자신을 변화시키지 못한다.

35 진정한 변화를 달성하기는 정말 힘들다.

36 능력을 존중하라. 특히 자신의 능력을 존중하라.

37 감사하면서 동시에 화를 내는 것은 불가능하다.

38 모든 사람에게 "예스$_{yes}$"라고 말하면 모든 사람에게 "노$_{no}$"라고 말하는 것이다.

39 주는 것이 진정한 선물이다.

40 일을 덜 하면서 더 잘하라.

41 가장 많은 시간을 함께 보내는 다섯 명의 평균 모습이 바로 내 모습이다.

42 미래에 하는 후회의 무게는 수 톤이지만, 오늘 집중할 때 느끼는 무게는 수십 그램에 불과하다.

43 백설공주 이야기에 나오는 거울처럼 행동하라. … 주변 사람들을 누구보다 아름답다고 느끼게 만들라.

44 교통 체증도 끔찍하지만 사고를 당하는 것은 훨씬 더 끔찍하다.

45 도중에 죽더라도 자신을 멋져 보이게 해줄 글들을 늘 읽어라.

46 결승선이 언제 나타날지 아무도 모르기에 오늘 뛰어라.

47 무엇보다… 균형을 맞춰라.

48 크레용에서 많은 것을 배울 수 있다. 크레용 중에는 끝이 뾰족한 것도, 뭉툭한 것도, 적당히 닳아 보기 좋은 것도 있다. 색깔도 각기 다르다. 하지만 모두 같은 상자 안에서 살아갈 수 있다.

49 계획을 세우는 데 실패하는 것은 실패를 계획하는 것이다.

50 가장 생산적인 도구는 '노no'라는 단어다.

51 얄궂기는 하지만, 이메일에 답장하면 더 많은 이메일을 선물로 받는다.

52 성공은 내 장례식에 참석하는 사람들의 질로 측정된다.

53 교사는 임금을 충분히 받지 않지만 누구보다 부유하다.

54 언젠가 나는 해진 신발을 신고 있어 창피했는데 발이 없는 사람을 만나고 나서 훨씬 더 창피했다.

55 록 밴드 저니Journey의 말이 옳다. … 믿는 것을 멈추지 마라Don't Stop Believing!

56 "방법을 찾아라."―다이애나 니아드Diana Nyad(64세에 플로리다 해협을 횡단한 미국 장거리 수영선수 - 옮긴이)

57 사는 데는 돈이 많이 들지 않지만 과시하려면 돈이 많이 든다.

58 "당신에게 짧은 편지를 쓸 시간이 없어서 긴 편지를 씁니다."―마크 트웨인

59 삶의 절반은 그냥 모습을 드러낸다.

60 T-I-M-E을 아이들은 L-O-V-E라고 쓴다.

61 진정으로 행복한 사람은 길을 돌아 경치를 즐길 수 있는 사람이다.

62 길에서 벗어나지 않으면 절대 정상 궤도로 돌아갈 수 없다. 새 길을 개척하라.

63 다른 사람을 끌어내리려 한다면 자신이 그 사람보다 하수라고 느낀다는 뜻이다.

64 일단 뛰어내려라. 그러면 안전망이 나타날 것이다.

65 '친절하다'는 말을 더듬는 사람에게 말을 끝까지 할 수 있게 해준다는 뜻이다.

66 자신이 죽으리라는 사실을 기억하는 것이 건강한 마음가짐이다. 자신의 죽음을 기억하라Momento Mori!

67 오늘은 선물이다. 그래서 오늘을 present라고 하는 것이다. 그러니 반드시 포장을 풀어라.

68 "성공한 사람보다는 가치 있는 사람이 되기 위해 노력하라."─앨버트 아인슈타인

69 작은 일에 '노no'라고 말하는 습관을 들이면 큰 일에 '예스yes'라고 말할 수 있다.

70 빨리 가고 싶으면 직접 하라. 멀리 가고 싶으면 함께하라.

71 성공은 선택이다.

72 사람들을 도와서 원하는 것을 얻게 해주면 당신이 원하는 것을 얻을 것이다.

73 삶은 여정이며, 더 나은 목적지로 데려가기 위해 이따금 당신을 무시무시한 길로 접어들게 한다.

74 "꿈을 꿀 수 있으면 꿈꾼 것을 할 수 있다."─월트 디즈니

75 리더들은 '시작하자'가 '준비하자'를 이긴다는 사실을 알고 있다.

76 가장 좋은 경치는 늘 힘든 등반을 마친 뒤에 찾아온다.

77 자신이 어떤 날은 비둘기고, 어떤 날은 동상일 수 있다는 사실을

받아들여라.

78 개척자들은 반발에 직면한다. 반발을 만나면 자신이 실제로 개척하고 있다는 신호다.

79 너무 심각하게 생각하지 마라. 아무도 심각하게 받아들이지 않는다.

80 당신 뇌는 텔레비전과 같아서 좋은 채널도 있고, 나쁜 채널도 있다. 자신에게 리모컨이 있다는 사실을 기억하는 것이 중요하다.

81 인간답고 관대하라. … 두 가지를 갖춰라.

82 사람들은 당신이 신경을 쓰고 있다는 사실을 알 때까지 당신이 알고 있는 것에 신경 쓰지 않는다.

83 자신의 이력서보다는 추도사를 생각하며 살라.

84 하기 쉬웠다면 그 일을 이미 했을 것이다.

85 컵이 물로 반 찼는가 아니면 반 비었는가? 컵은 좋은 것들로 100퍼센트 가득 차 있다. 반은 산소이고 반은 물이다.

86 그것을 전부 가질 수 있지만, 한 번에 전부 가질 수는 없다.

87 빨리 듣고 천천히 말하라.

88 완벽은 위대함의 적이다.

89 자신이 누군가를 가르칠 때 두 사람이 배운다.

90 "시간이 없어 문제가 아니라 방향이 없어 문제다. 누구에게나 하루는 24시간이다."—지그 지글러Zig Ziglar(미국 베스트셀러 작가 - 옮긴이)

91 태양 광선도 초점을 맞추기 전에는 아무것도 태우지 못한다.

92 "성공한 전사는 레이저처럼 예리하게 초점을 맞추는 보통 사람

이다."—브루스 리Bruce Lee(미국 영화배우 – 옮긴이)

93 삶은 만만치 않지만 당신도 만만치 않다.

94 햇빛을 찾을 수 없을 때는 스스로 햇빛이 되라.

95 가장 중요한 점은 언제나 가장 중요한 일을 하는 것이다.

96 피곤하면 그만두지 말고 쉬는 법을 배워라.

97 성공한 사람은 장애물에 집중하지 않고 목표에 집중한다.

98 삶은 두루마리 휴지와 같아서 끝에 가까울수록 빨리 지나간다.

99 재미있게 지내라. 사람들을 도와라.

도넛 만들기

던킨도너츠Dunkin' Donuts는 텔레비전 광고를 매우 성공적으로 제작하고, 그 광고를 약간 변형한 광고를 100개 이상 만들기로 했다. 사람들은 아침에 일어나서 던킨도너츠의 인기 있는 슬로건을 방 친구나 배우자에게 재치 있게 반복했다. 결국 이 슬로건은 창업자가 쓴 자서전의 제목에도 등장했다.

던킨도너츠 광고의 주인공은 배우인 마이클 베일Michael Vale이 연기한 캐릭터 '제빵사 프레드Fred the Baker'였다. 베일이 은퇴하기로 결정하고 나서 시장조사를 실시했는데, 대중은 베일과 베일이 연기한 캐릭터를 대단히 사랑해서 제빵사 프레드를 놓아주고 싶어 하지 않았다.

회사는 이러한 반응에 부응해 보스턴에서 거의 600만 개의 도넛을 나눠주며 프레드를 위해 은퇴 파티를 열고 퍼레이드를 펼쳤다.[1]

캠페인이 크게 성공하자 도넛doughnuts의 철자로 donuts가 추가로 인정을 받았다.

100개가 넘는 광고를 보면, 지친 제빵사 프레드가 "도넛을 만들 시간이야"라는 유명한 대사를 말한다. 졸린 프레드는 그날 하루도 도넛을 만들기 위해 침대에서 서서히 몸을 일으킨다. "도넛을 만들 시간이야"라고 중얼거리며 집을 나선다. 이른 아침 현관문을 나설 때면 "도넛을 만들 시간이야"라고 끙끙대며 말하고, 밤에 집에 돌아오며 "도넛을 만들었어"라고 말한다. 프레드가 현관문을 열 때마다 날씨나 시간은 달라서 해가 쨍쨍 내리쬐거나, 폭풍우가 치거나, 눈이 내리거나, 가을이거나, 바람이 분다. 땅거미가 내려앉거나, 새벽이거나, 한밤중이다. 하지만 어떤 상황에서도 프레드는 도넛을 만들러 나간다.

여러 차례 집을 나갔다가 돌아오고 나서 찍은 마지막 광고에서, 집을 나서는 프레드는 집으로 돌아오는 프레드와 마주치고 주고받는 말은 서로 충돌한다. "도넛을 만들 시간이야. … 도넛을 만들었어." 프레드의 세계는 그야말로 뒤죽박죽이다! 프레드는 자신이 오는지 가는지 모른다. 도넛을 만들어야 할까 아니면 도넛을 이미 만들었을까?

시청자는 프레드에게 쉽게 공감할 수 있었다. 어떤 형태로든 어떤 형식으로든 시청자는 자기 삶에서 제빵사 프레드를 보았기 때문이다. 자신이 처한 상황이 프레드와 같다고 생각할 수는 있지만 그렇다고 이렇게 혼란스러운 일상을 좋아하지는 않는다. 너무 바쁜 나머지 뭐가 뭔지 모르는 혼란스러운 상황에 빠지는 것은 불쾌하다. 우리는 도넛을 만들어야 할까, 아니면 이미 만들었을까? 어제 150통의 이메일에 답장을 보냈는데, 어떻게 오늘 답장해야 할 이메일이 150통 더

스스로 하루를 지휘하라. 그러지 않으면 하루가 당신을 지휘한다. ─짐 론Jim Rohn(미국의 기업가, 저자, 동기부여 강연자─옮긴이)

있을 수 있을까? 내가 전부 답장을 보내지 않았었나?

날이 지나도 해가 지나도 '제빵사 프레드'처럼 살고 있는 사람이 많은 것 같다. 이렇게 우리는 삶이 자신에게 일어나도록 손 놓고 있다. 하지만 특정 항목은 타협 불가능하다고 고집하며 보호해야 한다. 티셔츠에 인쇄된 '오늘을 살아라Seize the day. … 인생은 한 번뿐이야You only live once' 같은 슬로건은 진부하게 들리지만 옳다.

많은 사람이 그렇듯 나도 우선순위를 매기지 않으며 살았다. 미셸 오바마와 워런 버핏 같은 사람들은 우선순위의 중요성을 일찌감치 깨달았다. 만약 자신들의 일정에 우선순위를 정하지 않았다면, 다른 사람들이 신나 하며 대신 우선순위를 정해 그들의 시간을 잡아챘을 것이다.

내 세상은 제빵사 프레드의 삶처럼 뒤죽박죽이었다. 내가 오는지 가는지 몰랐고, 결과적으로 일·가족·믿음·건강에서 모두 고통을 겪었다.

당신에게 '도넛 만들기'는 다음과 같은 모습일 수 있다.

1 늦게 잠자리에 들었기 때문에 늦게 일어난다. 받은 모든 메일에 답장을 해야 했다.
2 늦게 일어났기 때문에 운동하러 갈 시간이 없다.
3 아이 하나가 부엌을 엉망으로 어지르고, 다른 아이는 자기 신발을 찾지 못한다. 10분 뒤에 당신은 뒷문에서 지난 밤 내린 비에 흠뻑 젖은 신발을 발견한다. 부엌에 어지럽게 널린 물건들을 치우고 헤어드라이어로 젖은 신발을 정신없이 말린다. 예상

보다 15분 늦게 현관문을 나섰으므로, 교통이 혼잡한 시간에 제대로 걸려 출근 시간이 평소보다 두 배 이상 걸린다.

4 원했던 것보다 늦게 사무실에 도착한다.

5 첫 회의를 시작하기 전에 해결해야 할 문제들을 다룰 시간이 있으리라 생각했지만 늦게 출근하는 바람에 그 시간이 사라진다.

6 예상하지 못했던 회의 두 건이 일정에 추가된다.

7 오전 9시부터 오후 3시 45분까지 회의에 참석한다.

8 오후 3시 46분에 동료가 도와달라며 대화하려고 찾아온다.

9 오후 4시 26분에 동료를 보내고, 그동안 쌓인 이메일에 쫓기듯 답장을 쓰기 시작한다.

10 녹초가 된 상태로 아이의 축구 경기에 늦게 도착한다.

11 저녁 식사를 하고 나서 아이들을 재우기 전에 일을 해야 한다.

12 자신이 원한 것보다 훨씬 늦은 시간에 머리를 베개에 눕다. 정신없고 끔찍한 하루를 보냈으므로 베개가 불타지 않는 것이 신기할 정도다.

13 일상이 끝없이 반복된다.

우리는 도넛맨이나 영화 〈사랑의 블랙홀Groundhog Day〉에 등장하는 빌 머레이Bill Murray처럼 달갑지 않은 틀에 갇힐 수 있다. 〈사랑의 블랙홀〉에서 빌 머레이가 연기한 인물은 평행한 우주에서 매일 똑같은 날을 살고 있는 자신을 발견한다. 우리 대부분은 이처럼 '똑같은 일이 계속 반복되는 상태Groundhog Day State'에 빠져 있는 자신의 모습을 본다. 그렇다면 이러한 소용돌이에서 어떻게 벗어날 수 있을까? 정답은

다른 사람에게 봉사하는 것은 우리가 지구에 살기 위해 지불하는 집세다. —저스틴 팀버레이크

집중이다. 집중을 말하기는 간단할지 모르지만 실행하기는 그다지 쉽지 않다. 오늘날 같은 탈집중화 세상에서 집중하는 것은 불가능해 보인다.

이제 책장을 넘기면서 집중하는 방법을 알아보자.

적게 하지만 더 좋게

독일 디자이너 디터 람스Dieter Rams는 20세기 최고 산업 디자이너 중 한 명이다. 람스는 오랄비 칫솔부터 가정용 오디오 장비, 브라운 커피 메이커, 계산기까지 수백 종의 상징적인 제품을 디자인했다. 또 애플 의 유명 디자이너인 조니 아이브Jony Ive를 포함해 세계적인 유명 디자 이너 세대에 영감을 주었다.

람스의 성공 비결은 무엇일까? 그는 좋은 디자인은 가능한 한 디자 인 요소를 적게 투입한 디자인이라고 굳게 믿는다. 람스는 독일어로 "Weniger, aber besser" 즉 "적게 그러나 더 좋게"라는 개념으로 자신 의 디자인 접근 방식을 표현했다. 이처럼 람스는 간단하고 손쉬운 경 험을 디자인하려 의도했다.[2]

'적게 그러나 더 좋게'라는 접근 방식을 써서 삶을 디자인한다고 상상해보자. 이 문구에 담긴 이중적 의미에 초점을 맞추자. 일을 적 게 하면 시간과 에너지를 확보할 수 있으므로 자신을 향상시킬 수 있다. 일을 적게 하면 오히려 더 많은 것을 소유할 것이다. 나는 일이 버겁다고 느낄 때마다 "적게 그러나 더 좋게"라는 람스의 철학을 떠 올린다.

나는 현대 사회가 '성공했다'고 평가하는 직업에 종사하는 행운을 누리고 있다. 내가 이렇게 성공할 수 있었던 이유 중 하나는 집중할 수 있는 능력을 좀 더 발휘했기 때문이다. 그렇다고 해도 집중력에 점수를 매기라고 한다면 나는 스스로에게 D-를 주었다. 그러니 집중 점수를 D-에서 B+, A-, A+로 끌어올리며 내가 얼마나 더 큰 성취감과 행복을 느꼈을지 상상해보라.

몰랐기 때문이 아니다. 나는 집중의 중요성을 역설하는 기사와 책을 수없이 읽었다. 그런데 어째서 집중하는 연습을 하지 않았을까? 어째서 날마다 꾸준히 실천하지 않았을까? 당신은 왜 그렇게 하지 않는가?

집중하는 것은 몸매를 가꾸는 것과 비슷하다. 여기서 정보는 문제가 되지 않는다. 우리는 간단한 공식을 알고 있다. '더 잘 먹기 + 운동하기 = 더욱 건강한 삶.' 우리에게 지식이 있다고 해서 그 지식을 실천하고 있다는 뜻은 아니다. 성공한 사업가와 사람들은 대부분 성공과 관계가 있는 것은 생각이라기보다 실천이라고 믿는다. 정말 그렇다. 성공을 좌우하는 비결은 의지력보다는 매일의 일관성 있는 루틴과 습관이다.

이러한 개념들이 머릿속을 떠돌다가 마음을 강렬하게 사로잡는 생각이 떠올랐다. 그냥 흘려버릴 수가 없었다. 몇 주 동안 그 생각이 계속 떠올랐지만 엉뚱하기도 하고 실천할 수 없을 것만 같았다.

매달 삶의 한 측면을 선택해 미친 듯 집중한다면 한 해가 어떻게 변할까? 이렇다 할 실적이 없는 일들을 수없이 처리하면서 머리카락에 불이 붙을 정도로 바쁘게 작년과 똑같은 한 해를 보내지 않고, 정

후회의 무게는 몇 톤이지만, 집중의 무게는 불과 몇십 그램이다.

신없이 바쁘게 일하는 것을 멈추면 무슨 일이 일어날까? 한 가지 일에만 집중하면 어떤 현상이 벌어질까? 정신없이 바쁜 내 일정을 감안할 때 이 계획을 실천하는 것은 간단하게 들리지만 실제로는 불가능할 것 같다.

이 책을 집어 들자마자 당신은 '책을 읽을 시간이 없어'라고 생각했을 것이다. 얄궂게도 이 책이 겨냥한 독자는 바로 당신, 즉 책을 읽을 시간이 없다고 느끼는 사람들이다!

책 사인회를 찾은 수천 명과 대화하면서 나만 집중하지 못해 난관에 직면한 것은 아니라는 사실을 확인했다. 각자 나무들을 헤치며 걷고 있는 길은 다를 수 있지만, 우리는 분명 같은 숲을 헤쳐나가고 있다.

모든 사람이 집중하기 위해 각자 방식대로 고군분투하고 있지만, 이 책이 겨냥하는 독자는 이미 열심히 일하고 있는 사람이다. 실제로 당신은 아마도 지나치리만치 열심히 일하고 있겠지만 엉뚱한 일에 매달리고 있다. 이미 성공을 거두었지만 성공하고 성취하려면 더 많이 일해야 한다고 생각한다. 당신은 이미 동기를 느끼고 있으므로 이 책에서는 깨어 있는 순간을 어떻게 서둘러 일로 채워야 하는지 목청 높여 강조하지 않을 것이다.

당신은 이미 자신을 채찍질하며 앞으로 나아가고 부업을 뛰고 무언가를 헛되이 계속 실천하고 있다. 또 '도넛을 만들고' 나서 지칠 대로 지쳐 있다. 당신이 만든 도넛은 모양도 맛도 각기 다르지만 그럼에도 도넛이다.

당신은《포춘》지가 선정한 500대 기업에 몸담으면서 밤늦게까지 일하는 기업 대표일 수 있다. 또 언제 잠들지 예측할 수 없는 어린아이 둘을 키우는 소상공인일 수도 있다. 매출 수십억 달러를 거두는 기업의 임원일 수도 있다. 그래서 모든 직원에게 자신의 시간을 일정 부분 할애해야 한다고 느끼고, 기업 사다리의 꼭대기에 있는 것이 결국 별로 매력적이지 않다고 깨닫는다. 꼭대기는 외로운 자리라고 실감한다.

비영리 조직을 운영하는 사람일 수도 있다. 처음에는 영리 조직에서 일하지 않기 때문에 전통적으로 오전 9시부터 오후 5시까지 일하는 직업에 종사하는 것보다 노동 시간도 스트레스도 적으리라 판단한다. 하지만 절대 그렇지 않다! 전업주부인 아빠와 엄마는 아이들이 소파를 불 태우기 전에 '나만의 시간'을 갖고 마음의 중심으로 돌아가 행복을 느낄 수 있도록 잠시라도 짬이 나기를 간절히 원한다. 아니면 낮에는 주어진 업무를 처리하느라 곡예를 하고, 밤에는 공부를 계속하는 사람일 수도 있다.

이 책을 게으르거나 일에 짓눌린 사람에게 동기부여를 하기 위해 쓰지 않았다. 성공을 거두고 있지만 자신이 더욱 행복해질 수 있다고 생각하거나, 홈런을 치고 나서도 아직 그랜드 슬램이 남아 있다고 생각하는 사람들이 읽기를 바란다. 그들은 이미 많은 산을 올랐지만, 자신이 봐야 하는 경치가 펼쳐지는 특별한 정상이 있다고 생각한다.

이때 '정상'은 창업을 하거나, 꿈에 그리던 직업에 종사하거나, 소설을 쓰거나, 유람선을 타고 파리의 현란한 가로등 불빛을 온몸으로 받으며 센강을 항해하는 것일 수 있다.

이 특별한 정상이 무엇이든 간에 집중하지 않으면 어느 누구도 정상에 오르지 못할 것이다. 중요한 대상을 의식적으로 선택하지 않으면 정상을 차지하는 큰 승리를 달성하는 것은 불가능하다. 또 가장 중요한 점으로 여정 자체를 즐기고 여정을 따라가며 성취감을 느끼기는 어려울 것이다.

이제는 삶의 방향을 바꿔야 한다. 가장 중요한 대상에 집중해야 한다.

우리는 대부분 한 시간 동안 할 수 있는 일은 과대평가하면서도, 작은 보폭으로 한 번에 한 걸음씩 꾸준히 내디디면서 한 달, 1년, 일생 동안 할 수 있는 일은 과소평가한다. 날을 거듭할수록 우리는 가장 중요한 일에 더욱 잘 집중하고, 승리하는 방법을 더욱 잘 학습할 수 있다. 나만 하더라도 하루에 1분씩 글을 썼더니 나중에는 5분, 다음에는 15분 동안 글을 쓸 수 있었고, 종국에는 매일 아침 8시부터 9시 35분까지 글을 쓸 정도로 단련이 되었으며, 글을 쓸 수 있는 다른 시간대를 발견하는 날도 많아졌다.

이처럼 글 쓰는 프로젝트는 일련의 단계가 모여 이루어졌다. 매일 어떤 작은 단계를 밟아야 장기적인 목표와 재미있는 목표를 달성해 더욱 큰 행복과 성취감을 느낄 수 있을까?

나는 매일 아침 아니면 적어도 대부분 아침마다 마치 크리스마스를 맞은 아이처럼 한껏 마음이 부풀어 눈을 뜨고 싶었다. 누구나 하루하루가 자신에게 최고의 날이기를 원하지 않는가? 그리고 가장 중요하게는 내 행복과 성취감이 빛을 발해 주위 사람에게 더욱 큰 행복과 성취감을 안겨주기를 바랐다.

집중하기만 한다면…

크리스마스이브 새벽 2시 36분이었다. 엄밀히 말하면 크리스마스이브가 아니라 이미 크리스마스였다. 나는 깨어 있었다. 너무 설레어 잠을 이루지 못했기 때문이 아니다. 몸과 마음은 지칠 대로 지쳐 있었다. 산타의 마차를 끄는 루돌프가 껑충거리며 거실을 뛰어다니는 환상을 보는 것만 같았다. 시간과 에너지를 따져볼 때 도저히 가능할 것 같지 않았지만, 어쨌거나 아이들에게 줄 장난감과 자전거는 이미 포장하고 조립해 놓았다.

그 시간에 깨어서 고객의 문제를 해결하기 위해 키보드를 두드리고 있었다. 고객들은 대부분 너그럽지만, 이 고객은 달랐다. 그는 크리스마스이브 오후 6시에 '계약 파기'라는 제목을 달아서 내게 이메일을 보냈다. 대박이지 않은가? 계약 기간이 4개월 남았으므로 기술적으로든 법적으로든 계약을 파기할 수 없지만 어쨌거나 문제를 처리해야 했다. 이제 크리스마스가 되었고 시계는 거의 새벽 3시를 가리켰다. 내 사업 감각은 계약을 파기하라고 말했다. 기간이 만료되기 전에는 계약을 파기할 수 없다는 조항이 계약서에 명시되어 있지만, 그저 고객이 잘되기를 바라면서 파기 수순을 밟으라고 말했다.

얄궂게도 우리 팀이 노력한 덕택에 고객사의 판매량은 기록적으로 증가했다. 고객이 지금 행복하지 않다면 대체 언제 행복할 것인가? 우리 매출에서 이 고객이 차지하는 비중은 3퍼센트 미만이지만, 우리가 겪는 두통의 97퍼센트를 유발하고 있었다. 세상 돌아가는 모습이 우습지 않은가?

나는 기나긴 겨울밤에 포근한 잠자리에 들지 못하고 양말을 신고 모자를 쓰고 앉아 크리스마스이브부터 크리스마스 아침이 밝아올 때까지 키보드를 두드리고 있었다.

나처럼 자신에게 진실하게 사는 방법을 강연하는 직업에 종사하는 사람들은 더 나은 답을 알고 있었다. 인간은 대체 화학적으로 어떻게 이루어져 있기에 이토록 비이성적으로 행동하는 걸까? 나는 어째서 이 고객에게 끌려다니지 않고 크리스마스를 가족과 함께 보내는 데만 집중하지 못하는 걸까? 타당한 정도보다 훨씬 오랫동안 답장을 어떻게 쓸지 고민하고 나서 보내기 버튼을 눌렀다.

그때 다섯 살짜리 딸이 층계를 내려오는 소리를 들었다. 시계를 보고 바닥을 내려다보면서 가슴이 철렁 내려앉았다. '산타클로스의 포장지'는 이미 찢어져 있었다. 나는 크리스마스 전날 밤Twas the Night Before Christmas을 이렇게 맞았다.

나는 침대에서 벌떡 일어나 업무를 처리했다.
딸에게로 섬광처럼 날아갔다.
너무 급히 뛰어가는 바람에
크리스마스트리에 걸려 쿵 하며 쓰러질 뻔했다.

얼마나 바보 같은 짓거리인지
올바른 도구만 사용했다면
성 니콜라스의 마술도, 수리수리 마수리 같은 주문도 필요 없었다.
그저 집중만 하면 됐다.

가장 중요한 것에 집중하라.

다행히도 딸은 살짝 잠이 덜 깬 상태여서 파자마 바지에 꽂혀 탯줄처럼 술술 풀려나온 두루마리 휴지가 족히 20미터는 돼 보였다!

나는 일을 한답시고 키보드를 두드리다가 딸의 크리스마스를 망칠 뻔했고, 내 행복감을 확실히 망가뜨렸다. 나는 무엇을 위해 그랬을까? 무슨 목적을 이루려고 그랬을까? 나는 이 순간 눈을 떴다. 내가 바뀌어야 할 때가 찾아온 것이다. 나를 더욱 행복하고 건강하고 현명하게 만들어줄 요소에 집중해야 했다.

무엇이 해독제인지 알고 있었지만 설사 처방하더라도 매일 꾸준히 실천할 수 있을까? 약간 의심이 들기도 했다. 해독제가 실제로 효과가 있을까? 미니멀리즘minimalism, 본질주의essentialism, 극기주의stoicism, 일 줄이기, 집중하기 등은 훌륭한 개념처럼 들리지만 현실 세계에서는 효과를 발휘하지 못하는 것일까? 이제 답을 찾아야 했다.

크리스마스 날 오후에 나는 이메일을 하나 보내고, 계약 파기를 요구해 온 고객에게 즐거운 명절을 맞이하라고 기원하는 문구를 손으로 직접 쓰느라 몇 분을 썼다. 고객과 맺은 계약을 위약금 없이 흔쾌히 파기해주기로 했다. 얄궂게도 이 결정이 나 자신과 팀에게 최고의 명절 선물이 될 수 있겠다는 생각이 들었다.

크리스마스와 설날 사이에 나는 새해에 집중할 일과 집중하지 않을 일을 선택하는 재미를 맛보기 시작했다.

나는 12개월 동안 집중할 목록을 열두 가지로 좁혔다.

1 성장에 집중하기

2 시간 관리에 집중하기

3 가족과 친구에 집중하기

4 건강에 집중하기

5 관계에 집중하기

6 배움에 집중하기

7 창의성에 집중하기

8 공감에 집중하기

9 마음챙김에 집중하기

10 베풂에 집중하기

11 감사에 집중하기

12 스스로에 집중하기

짧게 시험을 해보기 위해 12월 한 달 동안 판매에 집중해보았는데 참담하게 실패했다. 판매에 9분을 쓰는 데 그쳤다. 하루에 9분이 아니라 한 달에 9분이었다! 이 집중 강화 프로젝트를 수행하기가 험난할 터였다. 원래 세웠던 계획은 하루 한 가지, 하루에 두 시간 동안 집중하는 것이었다.

'새해 결심'을 인터넷으로 검색해보라. 가장 먼저 눈에 띄는 결과가 '쉽게 무너지는 새해 결심 상위 10'처럼 부정적인 내용이라는 사실을 알 수 있다.[3]

왜 부정적일까? 실제로 결심을 지키는 사람이 전체의 8퍼센트에 불과하기 때문이다.[4]

실패한 결심 상위 10

1　체중 감소와 몸매 관리
2　금연
3　새로운 것 배우기
4　건강에 더 좋은 음식 먹기와 식단 관리
5　빚 갚기와 저축
6　가족과 더 많은 시간 보내기
7　새로운 장소 여행하기
8　스트레스 적게 받기
9　자원봉사하기
10　음주 줄이기

흥미로운 사실도 있다. 실패한 결심 상위 10은 가장 인기 있는 결심 상위 10과 매우 비슷했다. 한 가지도 쉽게 달성할 수 없는 항목이었다.

가장 인기 있는 결심 상위 10

1　체중 줄이기
2　정리하며 생활하기
3　소비는 줄이고 저축은 늘리기
4　삶을 최대한 즐기기

5 몸매를 관리하고 건강하게 지내기

6 흥미진진한 것을 배우기

7 금연하기

8 다른 사람을 도와 꿈을 이루게 하기

9 사랑에 빠지기

10 가족과 더 많은 시간을 보내기

이 목록과 비교했을 때 내 목록에는 금연하기, 소비는 줄이고 저축은 늘리기, 사랑에 빠지기가 없어서 열 개 중 일곱 개가 겹쳤다(나는 꿈에 그리던 여성과 이미 결혼했으니, 아내를 사랑하는 데 한 달을 보내기로 결심했다).

이 결심의 범주는 역사상 매우 인기가 높았던 일부 베스트셀러와 겹친다. 다음에 나열한 것은 자기계발 분야에서 최고로 꼽히는 베스트셀러들이다. 내용을 살펴보면 건강, 재정, 성생활, 판매, 생산성, 친구 등의 범주가 겹친다.[5]

1 《영혼을 위한 닭고기 수프Chicken Soup for the Soul》, 잭 캔필드, 마크 빅터 한센 지음. 사람들의 실제 삶을 조망한 짧고 감동적인 이야기를 전한다.

2 《생각하라 그리고 부자가 되어라Think and Grow Rich》, 나폴레온 힐 지음. 개인적인 부의 축적과 지속적인 성공을 다룬다.

3 《화성에서 온 남자 금성에서 온 여자Men are from Mars, Women Are from Venus》, 존 그레이 지음. 남성과 여성은 너무 달라서 마치 다

른 행성에서 온 것 같다. 남성과 여성이 보이는 근본적인 사고
방식 차이를 이해하는 것이 건강한 관계를 형성하는 열쇠다.

4 《치유You Can Heal Your Life》, 루이스 L. 헤이 지음. 몸과 마음이 어
   떻게 연결되어 있는지 설명한다.

5 《행복한 이기주의자Your Erroneous Zones》, 웨인 W. 다이어 지음.
   1976년 출간. 죄책감을 느끼지 않는 삶을 살고, 긍정적인 사고
   방식을 품고, 자기 삶을 주도적으로 영위하는 비결을 다룬다.

6 《누가 내 치즈를 옮겼을까?Who Moved My Cheese?》, 스펜서 존슨 지
   음. 직장에서 변화에 적응할 필요성을 다룬다.

7 《부자 아빠 가난한 아빠Rich Dad, Poor Dad》, 로버트 기요사키 지
   음. 재정적인 독립, 사업 계획, 투자를 강조한다.

8 《성공하는 사람들의 7가지 습관The 7 Habits of Highly Effective People》,
   스티븐 코비 지음. 더욱 효율적이고 성공적인 삶을 살기 위해
   배워야 할 습관을 다룬다.

9 《시크릿The Secret》, 론다 번 지음. 끌어당김의 법칙을 살핀다. 무
   엇에 대해 간절히 생각하면 그것이 자신에게 찾아올 것이다.

10 《데일 카네기 인간관계론How to Win Friends and Influence People》, 데일
   카네기 지음. 사람들이 당신을 좋아하게 만드는 방법에 관한
   통찰을 소개한다.

결심 목록을 작성하기 위해 다음 연습을 해보면 좋다. 자신에게
중요한 항목을 고른 후 목록을 만든다. 종이 한 장을 꺼내 세 줄로 나
눈다.

항목	중요성	수행
가족	10	3

1   항목: 예를 들어 '가족'
2   중요성: 자신에게 중요한 정도를 1~10점으로 매긴다. 10점이
    만점이다.
3   수행: 해당 항목의 수행 정도를 1~10점으로 매긴다.

목록을 작성한 종이를 보고 중요성 점수와 수행 점수의 차이를 계산한다. 어떤 항목이 커다란 차이를 보이는가? 가족의 중요성 점수가 10점인데 수행 점수가 3점이라면 차이가 크다. 차이를 줄이기 위해 의식적으로 노력해서 수행 점수가 8, 9, 10점이 될 때까지 시간을 쏟는다. 반대의 경우도 마찬가지여서 믿음의 중요성 점수가 2점인데 수행 점수가 4점이라면 다른 항목에 시간을 더 투입할 여지가 생긴다. '가족' 항목에서 벌어진 차이를 줄이는 데 시간을 할애할 수 있다면 믿음의 수행 점수를 2점으로 내릴 수 있다.

자신의 수행 점수가 10점 만점에 몇 점인지 물어야 한다. 자신의

점수가 6점이라고 한다면 어째서 7점이나 8점이 아닌가? 그 이유를 열거할 때는 문제가 해결 가능한지 자문한다.

예를 들어보자. "나는 오늘 오후 10점 만점에서 5점이야. 수행 점수가 낮은 이유는 오늘 아침 달리기를 하고 싶었는데 비가 내렸기 때문이지. 이제 바깥 날씨는 완전히 개었는데 지금은 꼼짝없이 직장에 붙들려 있어." 문제를 해결할 수 있는지 자신에게 질문을 던진 뒤에 다음과 비슷한 내적 대화를 해야 한다.

'지금 바깥 날씨가 정말 좋아. 당장 밖에 나가 달리지 못하게 방해하는 요인은 무엇일까?'

'오늘 일정 중에 중요한 전화 통화가 있어. 그래서 달리지 못할 것 같아.'

'조용한 공원을 찾아가서 전화 통화를 하며 걸을 수 있을까?'

공원을 걷는 것이 달리는 것과 같지는 않지만 최소한 야외에서 약간이라도 운동을 할 수 있으므로 운동 점수를 5점에서 7점으로 높일 수 있다. 이처럼 스스로 통제할 수 있는 것을 통제할 필요가 있다.

수호 동물

우리가 집중하기 어려운 이유는 수없이 많지만 고슴도치, 다람쥐, 카멜레온, 군대개미 등 네 가지 수호 동물의 특성으로 대부분 나타낼 수 있다. 수호 동물이 어떤 정신과 특성을 대표하는지 파악하면 자신이 집중할 때 보이는 강점과 약점을 더욱 잘 이해할 수 있다.

위협을 감지한 고슴도치는 자신을 보호하기 위해 몸을 공처럼 둥글게 말고 5,000~1만 개의 가시를 곤두세운다. 고슴도치족도 이와 비슷해서 실패하지 않도록 자신을 보호하기 위해 몸을 웅크린다. 완전히 무장하고 준비를 갖추었을 때만 전투를 시작하고 싶어 하며, 해야 하는 일들을 자주 회피한다.

고슴도치

게으르지는 않지만 자기 논리에 속아 넘어간다. 하지만 시도하지 않으면 자신이 잘하지 못한다는 사실을 확인할 길이 없다. 세계 정상급 가수가 되고 싶지만 노래를 잘 부르지 못할까 봐 두려워서 사람들 앞에서 노래를 부르지 않으면 그 꿈은 절대 이룰 수 없다. 가수가 될 만큼 노래에 재능을 갖추지 못했다는 사실을 다른 사람과 가장 중요하게는 자신에게 입증하지 않았기 때문이다. 노래를 부르지 않는 사람이 세계 정상급 가수가 되는 것은 불가능하다. 이러한 논리 때문에 고슴도치족은 늘 어중간한 위치에 놓인다. 언젠가 무언가를 하리라고 자신에게 말하면서 아무것도 하지 않는다. 좀 더 시간이 나고 좀 더 준비를 갖추었을 때 행동하려고 한다.

고슴도치족은 자기 보호 수단으로 '미루기'를 자주 사용한다. 예를 들어, 학생은 공부를 미루려고 방을 청소한다. 디자이너는 매장에서 판매할 드레스를 디자인하지 않고 텔레비전 시리즈에 빠져든다. 미루는 정도가 좀 더 심한 경우를 예로 들면, 작가 지망생이 영문학 박사학위를 받고 나서 소설을 쓰겠다고 생각한다. 본질적으로 고슴도 치족은 격투기장에 들어가기 전에 먼저 갑옷을 더욱 견고하게 만들려고 애쓴다.

하지만 격투기장에 실제로 발을 들여놓지 않으면 어떻게 될까? 세상에서 가장 좋은 갑옷이더라도 쓸모를 잃는다. 자신이 추가로 필요하다고 느끼는 갑옷은 무겁고 뻣뻣해서 실제로 싸울 때는 불리할 수 있다는 점을 명심해야 한다.

고슴도치족은 모든 위험과 장애물이 사라지고 나면 자신을 보호하려고 둥글게 말았던 몸을 펴리라고 스스로에게 말한다. 하지만 위험과 장애물은 항시 존재하므로 이러한 일은 결코 일어나지 않는다. 행운은 대담한 사람을 총애한다. 하지만 고슴도치족이 이 점을 깨닫기는 어렵다. 또 자신이 격투기장으로 들어가기 가장 좋은 시기는 바로 지금이라는 사실을 이해하기도 어렵다.

비판하는 사람은 가치 있는 사람이 아니다. 힘센 사람이 어떻게 비틀대는지, 행동하는 사람이 어느 분야에서 더욱 잘 행동할 수 있었는지 지적하는 사람도 가치 있는 사람이 아니다. 명예는 실제로 격투기장에 들어간 사람에게 돌아간다. 그들은 얼굴을 흙과 땀과 피로 뒤덮으며 용감하게 분투한다. 노력을 하다 보면 실수하고 단점도 드러나기 마련이므로 끊임없이 곤경에 처하기도 하고 잘못도 저지른다. 하지만 행동하려고 실제로 노력하고, 뜨거운 열정을 쏟으며 헌신한다. 가치 있는 명분에 자신을 불사른다. 마침내 가장 좋을 때는 드높은 성취의 승리를 맛보고, 가장 나쁠 때는 실패하더라도 대단히 과감하게 실패한다. 그래서 승리도 패배도 알지 못하는 차갑고 소심한 영혼들과 함께 있지 않는다.

— 테디 루즈벨트Teddy Roosevelt

격언 중에 "나무를 심기에 가장 좋은 때는 어제였고, 다음으로 좋은 때는 오늘이다"라는 말이 있다. 같은 원칙이 삶에도 적용된다. 최고의 삶에 집중하기 시작하기에 가장 좋은 때는 어제였고, 다음으로 좋은 때는 오늘이다. 아마존 설립자 제프 베조스Jeff Bezos는 다음과 같은 진실을 깨달았다. "우리가 하는 가장 큰 후회의 출처는 대부분 배제 행위이다. 배제한 것은 살아가며 선택하지 않은 길이고, 그 길은 머릿속에 계속 따라다닌다. 그 길을 선택했다면 어땠을지 내내 궁금해한다." 그리고 그는 이렇게 덧붙였다. "여든 살이 되어 과거를 돌아보았을 때, 내 가슴을 뛰게 만드는 일을 좇아 아마존을 창업하려 했던 시도를 결코 후회하지 않을 것이다. 실패했더라도 괜찮다. 여든 살이 되었을 때, 내가 젊은 시절 시도했었다는 사실을 매우 자랑스럽게 생각할 것이다. 시도하지 않았다면 그 생각이 언제고 나를 쫓아다니리라는 사실을 알았다."[6]

다람쥐과는 임무를 꾸준히 수행하려고 애쓴다. 눈에 띄는 밝고 번쩍이는 도토리가 몹시 좋아서 그냥 지나칠 수가 없다. 트렌드를 감지하는 능력이 뛰어나고, 지역에서 가장 유행을 민감하게 포착하고 구현하는 레스토랑이 어디인

다람쥐

지 훤히 알고 있다. 최신 뉴스를 꿰고 있고, 대중문화를 주제로 어렵지 않게 대화를 이어갈 수 있다. 프로젝트를 시작하고 추진하는 데 탁월한 능력을 보이지만 프로젝트를 완수하기 전에 다음에 등장하는 가장 훌륭한 최신 프로젝트로 옮겨간다.

다람쥐과에는 위대한 공상가와 세일즈맨이 많다. 그들은 새로운 프로젝트에 쉽게 흥미를 느낀다. 처음에 솟았던 흥분이 가라앉으면 운영자들에게 프로젝트를 건네주어 실행하게 한다. 다람쥐과는 자신이 새롭고 특이한 대상에 쉽게 정신이 팔린다는 사실을 이해해야 한다. 따라서 새롭게 반짝이는 도토리를 찾으러 이 나무에서 저 나무로 뛰어다니고 싶은 유혹을 이겨내야 한다. '소외공포증FOMO, Fear of Missing Out'은 대단한 다람쥐과의 특성을 가장 잘 묘사한 표현이다. 다람쥐과는 집중해서 임무를 끝까지 완수하는 데 어려움을 겪는다.

카멜레온은 포식자에게 발각되지 않으려고 주변 환경에 맞게 몸의 색을 바꾼다. 이 훌륭한 방어 메커니즘 덕택에 자신의 진짜 모습을 숨길 수 있다. 카멜레온과 비슷한 사람이 많다. 카멜레온은 주변 사람과 섞이기 위해 행동을 조절하는데, 이 기술은 특히 유용하다. 하지만 이러한 행동 조절이 예외가 아니라 표준이 되는 경우에는 진짜 자기 모습을 숨긴다.

카멜레온과는 누구나 돋보이기를 원한다. 하지만 사회가 X를 선택해야 한다고 말하기 때문에 Y 대신 X를 선택한다. 카멜레온과는 불편한 상황에 발을 들여놓지 않기 위해 자신만의 이야기와 목적을 외면한다. 카멜레온과가 품는 의도는 좋다. X를 선택함으로써 단기적으로 자주 다른 사람을 돕거나 진정시킨다. 하지만 장기적으로 다른 사람을 돕는 최선의 방법은 카멜레온과가 자신의 목적을 추구하고 특유한 이야기를 형성하는 것이다.

자신의 이야기를 만들어가지 않고 미루는 방식은 여러 형태로 나타난다. 주변에서 감지할 수 있는 몇 가지 예를 살펴보자.

"아이들이 고등학교를 졸업하고 독립해서 집을 나가면 나는 곧바로 커피숍을 차릴 거예요."

"연로하신 부모님을 돌보지 않아도 된다면 학교로 돌아가 학위를 따고 싶어요."

"나는 음악을 작곡하고 싶지만, 변호사였던 어머니는 내가 당신의 발자취를 따르기를 간절히 바랍니다."

"당장 조그마한 사업을 시작하고 싶었지만 대학에 가야 부모님을 기쁘게 해드릴 수 있어요."

"직업을 바꾸고 싶지만 지금 그렇게 하기에는 나이가 많아요."

"나는 이 직업이 싫어요. 속으로는 죽을 맛이지만 월급도 많고 당장은 가족에게 정말 돈이 필요해서 참고 있죠. 이 고비만 넘기면 내 꿈을 추구할 수 있습니다."

"이 직업은 그다지 나쁘지 않아요. 나를 자극하지도 않고 도전 거리도 되지 않지만 나와 가족을 위해 월급도 많고 혜택도 많거든요."

섞이려고 애쓰기보다는 튀어야 한다. 탁월해지려면 먼저 돋보여야
한다.

해야 하는 정도보다 더 많은 일을 맡을 때 군
대개미가 된다. 군대개미과는 자신을 혹사한
다. 군대개미과는 군대개미와 마찬가지로 자
기 몸무게보다 500배나 더 무거운 짐을 들어
올릴 수 있지만 꼭 그래야만 하는 것은 아니다.
그 짐을 감당할 수는 있지만 개미집으로 돌아
갔을 때 문제에 부딪힌다. 개미집까지 짐을 날라봤자 개미집 입구를
통과하지 못하기 때문이다! 한 번에 한 가지 일에만 집중했다면 더
나았을 것이다. 그랬더라면 더 많은 짐을 가져가서 개미집 안에 더
잘 넣을 수 있었을 것이다. 한 번에 수백 가지 일을 처리하느라고 애
쓰지 않고, "아직 아니야"라고 말하면서 한 번에 하나씩 처리하는 편
이 더 낫다.

네 가지 수호 동물 중 어느 하나와 속성이 정확하게 일치하는 사람
도 있지만, 대부분의 사람들은 두 동물을 합쳐놓은 속성을 보인다. 사
람들이 일반적으로 믿는 것과 달리 나는 사람들에게 내향성과 외향
성이 모두 있다고 믿는다. 예를 들어, 코미디언 크리스 록Chris Rock은
무대에서는 외향적이지만, 아내의 말을 들어보면 저녁 파티 자리에
서는 내향적이라고 한다. 엘튼 존, 에이브러햄 링컨, 레이디 가가는
외향적으로 보이지만 선천적으로 내향적이다.[7]

강력하게 집중하는 내 성향은 군대개미를 닮아서 한 번에 1톤의 짐

을 짊어지고 날랐다. 결과적으로 모든 프로젝트를 완수하기까지 시간이 더 걸리거나 전혀 완수하지 못했다. 프로젝트를 완수더라도 건강은 물론이고 프로젝트의 질도 불안정했다. 프로젝트를 열 개에서 세 개로 줄여야 했다. 나는 주로 군대개미과였지만 고슴도치의 속성도 보였다.

나는 다음과 같은 방식으로 주요 프로젝트를 질질 끌었다.

1 짧은 소셜 미디어 영상을 촬영하느라 두 시간을 썼다.
2 미시간 주 농구팀에 대한 게시글을 빠짐없이 읽었다.
3 이메일에 답장했다.
4 글을 쓰는 대신에 네 시간 동안 책을 읽었다.
5 소셜 미디어에 빠져 시간을 보냈다.

이 책을 쓴 이유

'책을 쓰는 이유에는 딱 두 가지가 있다'란 말이 있다.

1 자신을 바꾸기 위해
2 세상을 바꾸기 위해

내가 이 책을 쓴 이유는, 의도가 제대로 통한다면, 나를 변화시키는 동시에 다른 사람이 긍정적인 변화를 달성할 수 있도록 돕기 위해서다. 누구나 그렇듯 나는 자신과의 대화를 많이 한다. 머릿속에서 작은 목소리가 끊임없이 재잘댄다. 이 책을 쓸지 말지를 결정하려 할 때는 이런 질문이 머릿속을 맴돌았다. '에릭, 이 책이 세상에 필요하기는 한 거야? 이 책은 다른 책들과 어떻게 다르지? 왜 하필 네가 써야 하는 거지? 이 책을 쓸 때, 네가 연구하고 발견한 사실들을 그냥 곧이곧대로 제시하지 않으려는 이유는 뭐야? 어째서 네 개인적인 여정이라는 렌즈를 통해 글을 쓰려 하지?'

마지막 질문인 어째서 이 책을 개인적인 경험을 중심으로 쓰려 하느냐는 질문이 가장 집요하게 머릿속을 떠나지 않았다. 가장 흔한 질문과 자기 의심이 끈질기게 떠올랐다. '내가 집중이라는 주제에 대해 깨달은 개인적인 통찰, 매일의 승리와 투쟁에 대체 누가 관심을 갖겠어?'

내가 이 책에 관해 의논했던 몇몇 사람도 같은 점을 우려했다. 하지만 대다수는 내가 쌓은 개인적인 경험과 현장 지식을 엄격한 제도권 연구와 발견에 접목시켜 보라고 격려했다. 그들은 누군가가 실제로 고민하며 실험하는 모습을 보고 싶어 했다. 사람들은 자신이 기니피그가 아닌 이상 기니피그를 사랑하기 마련이다.

그렇다면 내가 기니피그 역할을 기꺼이 맡을 것이다.

책을 쓰는 동안 나는 예전에 썼던 청소년용 소설책을 딸들과 함께 끝까지 읽었다. 딸들은 새 책을 읽고 싶다면서 지금 쓰고 있는 책의 원고를 읽어달라고 졸랐다. 그렇다. 초등학교에 다니는 딸들이 이 책을 편집하는 데 일조했으니, 당신이 이 책을 읽을 때 비판할 것이 있다면 살살해주기 바란다. 원고 내용을 들은 초등학교 2학년 딸은 눈을 동그랗게 뜨고 순진한 표정으로 나를 바라보며 이렇게 말했다.

"아빠, 에르난데스 선생님도 맨날 이렇게 말씀하세요. '집중해야 해요, 여러분!'이라고 말이에요."

당신의 여정과 집중 강화 프로젝트가 내 것과 다르더라도 셰르파와 나란히 걸으며 함정, 내부 비밀, 비밀 통로를 귀띔받으면 좀 더 편안하게 여정을 걸을 것이다. 그러므로 나를 집중 강화로 당신을 안내하는 셰르파라고 생각하라. 개인적인 경험을 중심으로 서술하는 방식이 이 책을 읽는 재미를 더해주기를 바란다. 개인적인 일화와 발견을 과학과 연구에 접목하는 방식을 좋아하지 않는 사람이라면 책을 언제든 내려놓아도 좋다.

나머지 사람들은 앞으로 펼쳐질 내용을 즐기기 바란다. 나는 집중할 주제를 매달 하나씩 선정할 것이다. 그리고 즉각적으로 출현하는 사항이 아니라 중요한 사항에 집중하는 평생 습관을 개발해서, 오늘부터 시작해 최고의 삶으로 나아가기 시작하는 방법을 월마다 많은 지면을 할애해 제시할 것이다.

나는 최근 10년 동안 55개국 3,500만 명 이상의 청중에게 강연하는 행운을 누렸다. 직업상 강단에 올라가 강연을 하지만, 강단을 내려오면 대개 다른 사람들의 말을 듣는다. 내가 가장 즐겨 묻는 질문은 "당신은 무엇을 할 때 가장 신이 나나요?"이다. 이 질문을 받는 사람들은 많이들 눈을 크게 뜨고 당황한 표정을 지으며 솔직하게 대답하지 못한다.

그러면 나는 사람들이 대답을 생각해낼 수 있도록 말을 바꿔서 묻는다.

1 삶에서 원하는 한 가지는 무엇인가요?

2 내가 마법 지팡이를 휘둘러서 당신이 간절히 원하는 꿈을 앞으로 6주 안에 이루게 해줄 수 있다면 어떤 꿈을 이루고 싶은가요?

3 만약 내일 죽는다면 가장 후회할 한 가지는 무엇인가요?

사람들은 자신이 무엇을 원하는지 깨달을 때 눈에서 빛이 난다. 전구가 켜지는 것이다. 그러면 나는 이렇게 묻는다. "당신이 원하는 것을 얻지 못하도록 방해하는 것은 무엇인가요?" 흥미롭게도 대답은 보편적으로 같다. 사람들은 당장 시간이나 에너지나 돈이 없기 때문이라고 대답한다. 그러면서 미래에는 이러한 자원들을 갖게 되리라 굳게 믿는다. 오늘은 그렇지 않지만 내일이면 상황이 확실히 더 좋아지리라 생각한다. 하지만 그런 내일은 결코 오지 않는다.

매일 주어지는 시간의 양은 누구에게나 같다. 그런데도 리더들이 2만 명이나 되는 직원이나 팀원을 관리하고, 엄청나게 많은 업무를 처리하고, 수천 명이 관심을 끌려고 연락해 올 때조차도 집중하는 것처럼 보이는 이유는 무엇일까? 리더들은 끊임없는 연습을 통해 더욱 잘 집중하는 능력을 키웠다. 집중력 덕택에 리더의 위치에 설 수 있었다. 또 집중이 매일 치러야 하는 투쟁이라는 사실을 충분히 인식하고 있다. 이러한 사실을 깨닫지 못한다면 쉽게 휘청거릴 것이다.

성공과 행복을 유지하는 방법에 관한 질문을 받았을 때 리더들이 가장 흔하게 보인 반응은 이랬다. "내가 어떤 목표를 달성하고 싶은지 파악하고, 그 목표를 달성하기 위해 중요한 것에 집중하는 능력을 갖추는 것입니다. 이것은 결코 완벽하게 형성할 수 없는 습관이지만 나는 매일 연습합니다."

당신이 어떤 이유로 이 책을 집어 들었든 다음 단계를 밟고 싶은 마음이 생겨나기를 희망한다.

다음 단계

1 인생에서 무엇을 원하는지, 무엇이 자신을 행복하게 해주는지 파악하라.

2 이 목표에 매일 의도적으로 집중하라.

3 자신만의 집중 강화 프로젝트를 시작해서 매달 집중 거리 하나를 선정하고 매일 고도로 집중하라.

삶을 새롭게 시작하기 위해 과거로 돌아갈 수는 없지만, 새로운 결말을 맞기 위한 삶을 오늘 시작할 수 있다. 요즘처럼 탈집중이 기승을 부리는 세상에서 집중하는 법을 배워보자.

January

1월

성장에
집중하기

FOCUS PROJECT

아내 애나 마리아와 나는 마주 보고 서서 언성을 높였다. 정확히 말하자면, 소리를 지르고 있는 사람은 아내였고, 나는 아마도 다른 사람이 객관적으로 판단할 때는 짜증 섞인 목소리겠지만 내딴에는 침착하게 "진정해, 제발, 흥분을 가라앉혀"라는 말만 되풀이했다. 누구나 상상할 수 있듯 이러한 내 행동은 정반대 반응을 일으킨다. 차라리 니트로글리세린을 생산하는 공장에 성냥불을 던지는 편이 나았을지 모른다.

무엇이 이 극적인 장면을 유발했을까? 등교 준비가 늦어져서 아이들이 학교 버스를 타려면 뛰어야 했고, 결과적으로 우리 부부는 잘잘못을 따지며 언성을 높였다. 제시간에 집을 나설 수 있도록 아이들을 준비시켜야 했는데 제대로 애쓰지 않은 사람은 누구였을까? 누가 자기 할 일을 다 하지 않았을까?

실제로 우리 부부는 감당할 수 있는 수준 이상으로 애쓰고 있었고, 점점 더 많이 노력하고 있었다. 하지만 구체적으로 노력해야 하는 영역에 집중하지 않았다. 우리 둘 다 손을 뻗으면 톱을 쉽게 쓸 수 있는데도 망치를 가지고 나무를 쓰러뜨리려고 애쓰는 오류를 범하고 있었다. 아니면 나무에 가로막히지 않은 다른 길을 처음부터 선택했어야 했다. 더 나은 길을 걸어야 했다.

아내와 내가 벌인 논쟁은 어리석었다. 우리는 양파 껍질을 벗기면서 상대방에게 소리를 지른 것이 아니라 사실은 스스로에게 소리를 지른 것이다.

흥미롭게도 우리는 이 장면을 바꿀 수 있는 능력을 가지고 있지만 계속 논쟁을 되풀이할 뿐이다. 그런 면에서 생각하면 바퀴를 굴리는 햄스터와 무엇이 다른가? 물론 우리는 더 심하게 다툴지 모른다. 햄스터는 적어도 운동을 하지 않는가!

우리 부부는 거울을 앞에 놓고 그곳에 비친 자기 모습에 대고 소리를 질러야 했다.

"당신은 늦지 않으면 꾸물대잖아요. 그것도 날마다. 어떻게 그럴 수가 있죠?"

"학교에 보내기 전에 아이들과 함께 있는 시간을 느긋하게 즐겨야 하지 않을까요? 그런데 어째서 당신은 중요한 일을 밀어두고 다른 일을 벌려놓기만 하는 거죠?"

"아침에 일찍 일어날 수 있도록 좀 더 일찍 잠자리에 들지 그래요? 그래야 휴식을 충분히 취하고 아이들을 일찍 준비시켜서 버스를 제때 태워 보낼 수 있지 않을까요?"

"자지레한 일들을 모두 하겠다고 덤벼들지 말아요! 그러다 보면 중요한 일을 놓친다고요."

"이메일은 좀 나중에 확인해도 되잖아요! 아이들 신발 끈 좀 묶어 줘요."

"냉철하게 선택해서 그저 그렇게 좋은 기회는 버리고 훌륭한 기회를 잡아야 해요!"

당신은 요가 수련을 할 시간을 내지 못하고 또 하루를 흘려보냈을 수 있다. 기타 레슨을 받고 싶다고 5년 동안 줄곧 말했지만 아직 기타조차 만져보지 못했을 수도 있다. 책을 쓰겠다면서 8년째 시도하고 있지만, 절반만 완성한 원고에는 먼지만 뽀얗게 쌓여 있을 수 있다.

아이들이 학교에 간 뒤에 아내와 나는 서로를 쳐다보며 미안하다고 말하고, 우리가 얼마나 우스꽝스럽게 행동했는지 돌아보며 허탈하게 웃었다. 그날은 1월 3일이었고, 우리는 집중 강화 프로젝트를 한시라도 빨리 시작해야 한다는 데 의견을 모았다.

1월에는 '성장'에 집중하기로 했다. 성장은 내가 생각한 집중 강화 프로젝트의 목록에서 가장 중요한 항목은 아니지만, 성장을 1월에 달성할 집중 목표로 설정한 데에는 몇 가지 이유가 있었다.

1 앞으로 몇 달 동안 집중 강화 프로젝트를 제대로 실행하려면 사업이 안정되어 걱정하는 일이 없어야 했다.

2 성과를 쉽게 측정할 수 있는 항목부터 시작하는 것이 유익하다. 나는 자신에게 이렇게 물었다. '새로운 집중 강화 훈련이 매출 성장에 기여하는가?'

3 매출 성장에 집중하는 것은 실패할 가능성이 높고 수행하기 어려운 일일 것이다.

앞서 언급했듯 나는 이미 매출 성장에 집중하려고 노력한 적이 있었지만 처음 네 차례 시도에서 비참하게 실패했다! 하지만 이번에는 한 달, 즉 31일 동안 매일 두 시간씩 매출 성장에 집중했다. 그렇다면 이번에는 다른 결과를 얻었을까?

사람마다 성장시키려 집중하는 대상이 다를 수 있지만 처음에는 자신이 절대 실패하지 않을 대상을 중심으로 집중하는 것이 좋다. 나는 우선 매출에 집중하면서 앞으로 남은 몇 달 동안 다른 항목에 집중할 시간을 벌 수 있었다.

이번 달에는 사업 성장에 우선순위를 두어야 했다. 그래서 다음과 같은 단순한 질문을 내게 지속적으로 던졌다. '이것이 매출과 관계가 있을까? 관계가 없다면 나는 어째서 이 일을 하고 있을까?'

중요한 우선순위를 결정할 때 유용하게 고려할 수 있는 핵심 질문은 '내가 이 한 가지 일을 제대로 완수하면 다른 모든 일이 해볼 만해질까?'이다. 이 질문을 다른 맥락에 넣어 생각하면 이렇다. '내가 세운 목표를 달성하는 데 열 가지 중요한 항목이 있는 경우에 어떤 특정 항목을 정말 말끔하게 잘 완수하면 다른 아홉 가지 항목이 불필요해질까?'

예를 들어, 만약 아이들이 다니는 학교를 위해 성금을 모금하는 일을 돕겠다고 자원했다 치자. 그러면 1년 동안 소규모 모금 행사를 50~100차례 열고, 대규모 경매나 축제를 한 차례 개최할 것이다. 그 경매가 크게 성공을 거둔다면 50~100차례에 걸친 노력에서 드러난 결점들이 모두 사라진다. 하지만 반대의 경우는 다르다. 한 차례의 경매가 실패하면 다른 100차례의 모금 행사를 아무리 성공적으로 치렀더라도 경매에서 발생한 부족액을 메울 수 없다.

이것은 80/20 법칙으로 더욱더 잘 알려진 '파레토 원칙Pareto principle'과 비슷하다. 파레토 원칙은 성공의 80퍼센트는 노력의 20퍼센트에서 비롯한다는 뜻이다. 간단히 말해서 결과를 도출하는 데 중요한 대상에 집중해야 한다. 80/20 법칙을 확실히 실행하는 방법을 살펴보자.

1 자신이 시간을 가장 많이 쓰는 다섯 가지 항목으로 목록을 작성하라.
2 결과를 대부분 이끌어내는 한 가지 항목에 표시하라.
3 표시한 항목에 좀 더 많은 시간을 쓰는 데 집중하라.

내 경우에 최우선 순위는 분명했다. 많은 청중을 대상으로 실시하는 기조연설과 동기부여 강연의 기회를 더욱 많이 확보하는 것이었다. 그래서 매년 강단에 서는 기회를 25회에서 70회까지 늘리기로 했다. 이것은 내 나름의 '성장'이었고, 다른 사람들이 의욕을 갖도록 내 나름대로 강단에 서서 돕는 방식이었다.

내 주요 수입원은 기업, 학교, 정부, 회의 등에서 에듀테인먼트처럼 오락과 교육을 결합한 강연이었다. 12개월 동안 실시할 집중 강화 프로젝트를 시작하려면 우선 강연 횟수를 두 배로 늘려야 했다.

매출에 집중하는 것이 내게는 낯설었다. 우리 조직에서 내가 맡은 역할 가운데 영업이 큰 비중을 차지한다는 사실을 깨닫기까지 오랜 시간이 걸렸다. 내가 할 일은 만드는 것이라고 생각했다. 즉 책을 출간하고 팟캐스트를 만드는 것이라고 생각했다. 하지만 생각이야 어떻든 우리는 모두 영업에 발을 담그고 있다. 물이 새는 수도꼭지를 고치라고 배우자를 설득하든, 금요일마다 재택근무를 할 수 있게 해달라고 상사에게 요청하든 우리는 영업을 하고 있다. 연구를 수행하기 위해 추가 자금을 확보하려는 과학자도, 친구를 교회로 인도하려는 사람도, 학교 수학여행을 지원하기 위해 기금을 모으는 학부모회 자원봉사자도 영업을 하고 있다. 담배를 끊으라고 아빠를 설득하는 아이들도 마찬가지다. 누구나 영업에 종사한다고 말하는 옛 격언은 사실이다.

그렇다면 누가 영업을 정말 잘할까? 아이들이다. 네 살짜리 딸이 솜사탕을 사달라고 조를 때 부모는 안 된다고 거절하고, 딸이 끊임없이 보채더라도 안 된다고 스무 번도 넘게 말한다. 하지만 결국 누가 이기는가? 15분 동안 줄기차게 애원하고 보챈 덕분에 솜처럼 폭신한 분홍색 솜사탕을 차지한 사람은 누구인가? 바로 딸이다. 과자를 파는 걸스카우트는 세계에서 가장 유능한 판매원에 속한다.

자기 나름의 집중 강화 프로젝트를 시작할 때는 가장 큰 영향을 받는 영역에 제일 먼저 도전하라고 조언하고 싶다. 그렇게 하지 않으면 집중 강화 프로젝트에 적절한 양의 집중력을 분배하는 것이 거의 불가능하다는 사실을 발견할 것이다. 리더들은 의자에서 가장 중요한 의자 다리를 항상 잘 관리하려고 신경을 쓴다. 그렇지 않으면 엉덩방아를 찧을 것이 확실하기 때문이다.

나를 개인적으로 성장시키고, 사업을 키우려는 노력을 심각하게 방해하는 요소의 하나는 지나치게 많은 일에 동시에 집중하려는 태도였다(군대개미). 우리는 강연 계약, 코칭, 컨설팅, 애니메이션, 비디오, 팟

다른 모든 할 일을 더욱 쉽게 처리하거나 불필요하게 만들 수 있는 한 가지 일은 무엇일까?

캐스트, 뉴스레터, 소셜 미디어, 제휴, 섭외, 전문가 증언, 자선 사업 등을 추진했다. 그렇다. 실제로 회의를 할 때마다, 필요한 업무가 3~5개씩 생겼다. 그래서 할 일 목록에 새로운 항목 세 개를 추가하면 기존 항목 네 개를 제거하는 법을 신속하게 배우고 실천했다.

이러한 방법이 판도를 바꾸었다.

나는 꾸준히 이렇게 자문하기 시작했다. '다른 모든 할 일을 더욱 쉽게 처리하거나 불필요하게 만들 수 있는 한 가지 일은 무엇일까?' 나는 이러한 질문의 다양한 형태를 유명한 동료 '오스틴 사람들'인 팀 페리스Tim Ferris와 제이 파파산Jay Papasan에게 배웠다. 파파산은 게리 켈러Garry Keller와 함께 쓰고, 내가 강력하게 추천하는 책《원씽The One Thing》에서 해당 개념을 더욱 깊이 파고든다. 이 질문에 대한 내 대답은 강연이었다. 현장에서든 가상공간에서든 내가 강단을 뒤흔든다면 우리가 추진하는 사업에 길이 열리면서 기회가 주어질 것이다. 이처럼 목표를 최대한 구체적으로 설정하는 것이 성공을 달성하는 열쇠다.

미국교육개발협회American Society of Training and Development는 '책임'을 주제로 연구를 실시해 다음 각 경우에 목표를 달성할 확률을 계산했다.

- 아이디어나 목표가 있는 경우: 10퍼센트
- 하겠다고 결심한 경우: 25퍼센트
- 언제 하겠다고 결심한 경우: 50퍼센트
- 자신이 하겠다고 다른 사람에게 밝힌 경우: 65퍼센트
- 책임을 지고 일정을 짜는 경우: 95퍼센트

나는 경력을 쌓던 초창기에 조그마한 스타트업이던 '야후Yahoo!'에서 일하며 특이성의 힘을 깨달았다. 당시 야후에서 일하던 직원은 누구나 회사의 평판을 해치는 행동을 하지 않으려고 조심했다. 야후가 그만큼 실리콘밸리, 월스트리트, 세상의 사랑을 받았기 때문이다. 팀원들은 무역 박람회에서 장식용 깃발과 소형 장식품을 비롯해 야후의 증정품을 받기 위해 길게 늘어선 줄을 보면서 "보라색 똥 더미에 야후 로고를 붙이기만 하면 사람들이 그 한 무더기를 받겠다고 기꺼이 줄을 설 것 같다"고 농담 삼아 말하곤 했다. 심지어 야후 건물의 로비에는 보라색 소 동상도 있었다. 나중에 동료 야후인인 세스 고딘Seth Godin은 자신이 쓴 베스트셀러에 '보랏빛 소가 온다Purple Cow'란 제목을 붙였다.

야후에 근무할 때 참석했던 한 회의가 지금도 생생하게 기억난다. 가트너가 주도한 시장 조사 관련 회의였다. 연구 분석가들과 가트너는 야후 브랜드의 급속한 성장을 목격하고 깜짝 놀랐다. 야후는 불과 몇 년 뒤 세계에서 여섯 번째로 높은 인지도를 자랑하는 브랜드로 성장했다.

설문조사에서 응답자들은 대부분 야후가 검색 엔진이라고 대답했다. 직원들은 자사가 세계에서 여섯 번째로 인지도가 높다는 소식을 듣고 기뻐했고, 대담하게도 곧 1위를 차지하리라 예상했다. 하지만 단지 검색 엔진이라는 단순한 대답이 나왔다는 소식을 듣고는 많이들 실망했다. 사람들은 야후가 검색 엔진을 훨씬 뛰어넘는 기업이라는 사실을 몰랐을까?

오만한 말일 수 있지만, 야후는 검색 엔진 정도에 그치지 않는 웹

포털이었다. 그 점을 모르다니! 야후는 세상으로 통하는 대체 불가능한 창이었다. 야후는 스포츠, 날씨, 이메일, 뉴스, 금융, 음악, 영화, 검색, 영상, 판타지 스포츠, 레스토랑, 온라인 데이트 등을 모두 사용자에게 맞게 특별히 재단하고, 모든 항목을 한 페이지에 모았다. 좋은 검색 엔진은 사용자 개인에게 맞춰 재단된 야후 페이지의 놀라운 기능 중 하나였을 뿐이다.

검색 엔진의 성능을 강화하기 위해 야후는 스탠퍼드 대학교 박사과정 학생 두 사람이 중소기업을 설립해 개발한 새 기술을 사용하고 있었다. 두 학생은 페이지랭크PageRank로 불리는 알고리즘을 보유하고 있었는데, 1998년 학업을 다시 시작하고 싶다면서 자신들이 독점하고 있는 알고리즘을 100만 달러에 매각하고 싶어 했다.

야후는 이 제안을 받아들이지 않았다.

대신에 오버추어Overture를 인수했다. 오버추어는 검색 목록을 클릭한 수에 대해 사용자에게 요금을 청구하는 방법을 고안하여 이후 '유료 클릭'으로 줄여 사용하기 시작한 유료 검색 클릭이라는 새 개념을 보급하는 데 기여했다. 그때까지 대부분의 기존 검색 목록은 야후, 애스크 지브스, 알타비스타, 익사이트, 도그파일 등 주요 검색 엔진에서 나온 자연적인 결과였을 뿐이다.

야후는 자사의 주요 구성요소가 검색이기는 하지만, 모든 사용자들에게 각 개인에 맞춘 서비스를 무엇이든 제공할 수 있다는 개념에 상당히 흥분했다. 그래서 포털에 새 위젯을 매일 추가하면서, 누구에게나 자신의 포털을 원하는 대로 맞춤화할 능력이 있다고 강조했다. 이러한 고객 맞춤형 서비스를 제공하면 사용자의 눈길을 사로잡아 야후에 오래 머물게 만들 수 있고, 그러면 수익을 창출할 수 있을 터였다.

페이지랭크를 개발한 스탠퍼드 대학교 박사과정 학생 두 명은 오버추어의 내부 기능을 파악하고, 야후가 제너럴모터스, 펩시, 워너브라더스 같은 주요 기업에 판매하는 광고 묶음에 유료 클릭 모델을 통합하는 방식을 이해하기 시작했다. 이 개념에 매료된 두 사람은 야후와 오버추어의 공동협약이 아직 손을 미치지 못한 해외 시장에서 항목들을 시험하기 시작했다.

같은 시기에 야후에서는 팀 쿠글Tim Koogle의 뒤를 이어 테리 세멜Terry Semel이 CEO 자리에 올랐다. 세멜은 야후의 검색 결과에 동력을 제공하는 기술을 살펴보고, 50억 달러를 요구하는 페이지랭크의 인수를 주저했다. 그렇다. 제시 가격이 4년이 채 지나지 않은 사이에 100만 달러에서 50억 달러로 올랐던 것이다. 두 학생이 개발한 알고리즘을 인수하는 것을 세멜이 망설인 이유 중 하나는 야후가 예전에 다른 스타트업을 인수하고 나서 심하게 데인 경험과 관계가 있었다.

야후는 브로드캐스트닷컴을 57억 달러에 인수했다. 무엇이 문제였을까? 야후는 이 기업을 제대로 통합하지 못했다. 사실 경영진이 페이지랭크를 인수할지 말지를 놓고 논쟁할 때, 야후는 브로드캐스트닷컴을 폐쇄하는 절차를 밟고 있었다. 브로드캐스트닷컴의 소유주인 마크 큐반Mark Cuban에게는 커다란 승리였지만, 57억 달러의 손실은 어떤 기업이라도 순익에 커다란 타격을 준다.

충분히 짐작할 수 있듯 세멜은 같은 실수를 다시 할까 봐 망설이다가 결국 페이지랭크 검색 기술을 인수하지 않기로 결정했다.

기업을 창업한 두 학생은 실망했다. 그러나 나중에 주식을 성공적

기업의 브랜드는 개인으로 치면 평판과 같다. 힘든 일을 잘하려고 노력하면 좋은 평판을 얻는다.─제프 베조스

으로 상장하면서 곧 보잉 767 비행기를 전용기로 구입하고, 그 안에 2층 침대를 놓는 문제로 논쟁을 벌일 정도까지 기업을 성장시켰다.

세르게이 브린Sergey Brin은 전용기 안에 캘리포니아 킹사이즈 침대를 들여놓고 싶었지만, 공동 설립자인 래리 페이지Larry Page는 비행기에 그렇게 큰 침대를 놓는 것이 우스꽝스럽다고 생각했다. 구글 문서에 따르면 결국 새로 CEO로 임명된 에릭 슈미트Eric Schmidt가 개입해 중재했다. "세르게이, 당신이 어떤 침대를 원하든 당신 침실에 들여놓으세요. 래리, 당신도 마찬가지고요. 이제 이 문제는 더이상 거론하지 맙시다."

따라서 집중이라는 측면에서 생각하면 야후는 래리와 세르게이가 설립한 구글을 100만 달러에 인수할 수 있었다. 하지만 검색 엔진 하나에 집중하지 않고 각 사용자에 맞춰 온갖 종류의 서비스를 제공하려 했기 때문에 결국 실패하고 말았다.

이 이야기를 당신 삶에 적용해보자. 최고의 검색 엔진 하나를 보유하는 것이 최선인데도 만능이 되려고 애쓰고 있는가? 이렇게 자문해보자. '다른 모든 할 일을 더욱 쉽게 처리하거나 불필요하게 만들 수 있는 한 가지 일은 무엇일까?' 현대에 들어와서야 '우선순위'라는 단어에 복수형이 생겼다는 사실을 기억하라. 1900년대 이전에는 '우선순위들'이라는 복수형은 존재하지 않았다.

미쳐버리기 전에 내려놓는다

원숭이 사냥꾼은 원숭이가 손을 안으로 밀어 넣어서 견과류를 집을 수 있을 크기 정도로만 작게 구멍을 뚫어놓은 상자를 사용해 원숭이를 잡는다. 원숭이는 땅콩에서 브라질너트까지 견과류의 냄새를 맡고 상자 안으로 손을 넣어 견과류를 움켜쥔다. 그러다 보면 자연스럽게 주먹을 쥐게 된다. 상자 입구는 원숭이가 손을 집어넣고 뺄 수 있을 정도의 크기지만 주먹을 쥔 상태로 빼기에는 너무 좁다.

원숭이에게는 선택권이 있다. 견과류를 내려놓고 영원히 자유를 얻든지, 견과류를 쥐고 있다가 붙잡히는 것이다. 원숭이는 매번 어떤 선택을 할까? 견과류를 계속 쥐고 있다가 붙잡힌다!

이 예에서 견과류를 놓지 않는 것은 그야말로 미친 짓이다. 나는 자신에게 이렇게 묻지 않을 수 없었다. '나는 무엇을 그토록 꼭 쥐고 있었을까? 매출을 늘리려면 무엇을 내려놓을 수 있을까?' 내가 쥐고 있던 가장 큰 견과류는 자사 브랜드의 온라인 존재감이었다. 구체적으로 말하자면 우리가 소셜 미디어에 게시한 글이다. 마음속으로 디자이너라고 자부하는 나는 아름답지 않은 것은 무엇이든 견딜 수 없다. 내가 얼마나 미친 짓을 했는지 설명하기 위해 우선 내 딸이 속한 축구팀을 들여다보자.

딸이 속한 초등학교 1학년 축구팀인 '솜사탕 쿠키 무지개 전사들Cotton Candy Cookie Rainbow Warriors'을 지도할 때였다. 매일 일어나는 일이지만 연습장에서 주인 잃은 물병을 발견하면, 나는 배경이 좋은 곳에 물병을 세우고 카메라 조리개를 조절해 배경을 흐리게 하는 사진을 찍는다. 그런 다음에 잃어버린 물병의 주인을 찾는다는 내용을 적어서 부모들에게 안내문을 보낸다. 미친 짓이다. 나도 안다! 나는 시간을 들이더라도 굳이 배경이 좋은 곳을 찾아, 탐험가 도라가 인쇄된 물병의 사진을 전문가 수준으로 찍어서 보낸다. 나는 그 정도로 디자인에 집착한다.

나는 소셜 미디어에서 성과를 빨리 거두고 싶으면 내가 직접 나서야 한다는 사실을 깨달았다. 하지만 지속적으로 성과를 거두고 싶으면 팀으로 움직여야 했다. 팀에게 디자인과 소셜 미디어 활동을 믿고 맡기면서 나는 협력사, 잠재고객과 더욱 긴밀한 관계를 형성하는 데 많은 시간을 쓸 수 있었다.

내 원숭이 두뇌를 다시 훈련시키는 일은 쉽지 않지만, 나는 견과류를 놔버릴 때 어떤 혜택을 얻을 수 있는지 배우기 시작했다.

모든 것은 잼에서 시작했다

어느 날 마크 레퍼Mark Lepper와 시나 옌거Sheena Lyengar는 슈퍼마켓의 대형 진열대에 스물네 종류의 잼을 진열했다. 그리고 몇 시간마다 스물네 종류의 잼과 여섯 종류의 잼을 교대로 진열했다.

연구 결과는 어땠을까? 스물네 종류의 잼을 진열했을 때 쏠리는 관심은 여섯 종류의 잼을 진열했을 때보다 60퍼센트 많았다.

하지만 연구 결과는 상당히 주목할 만했다. 대규모로 진열한 경우에는 최대로 관심을 끌면서 최다 선택권을 제공한 반면에, 소규모로 진열한 경우에는 더 적은 선택권을 제공했는데도 훨씬 더 많은 판매 실적을 거뒀다. 실적 차이는 심지어 비슷하지도 않을 정도로 컸다!

선택 폭이 더 좁은 진열대에서 사람들이 잼을 구매할 가능성은 열 배나 많았다.[8] 다른 많은 연구와 마찬가지로 잼 연구의 핵심은 '선택과부화Choice Overload' 또는 '선택의 역설Paradox of Choice'이다. 예를 들어, 몇몇 연구에 따르면 퇴직연금을 둘러싸고 펀드 옵션이 많을수록 실제로 가입하는 직원은 더 적었다. 선택과부화를 경험하기 때문이다. 여기서 교훈은 무엇일까? 당신의 삶에서 선택과부화를 피하도록 노력하라는 것이다.[9]

고려 사항의 범위를 좁힌다

내가 바자보이스Bazaarvoice의 자문위원회에서 활동할 때였다. 팀은 한 가지 실험에 착수했다. 바자보이스는 고객을 위해 온라인 등급과 리뷰를 수집하는 도구다. 팀은 온라인 리뷰가 오프라인 소매 환경에 얼마나 강력한 영향을 미칠 수 있는지 밝히고 싶었다.

선택의 역설을 능숙하게 활용할 줄 아는 바자보이스 팀은 등급을 제시하면 고려 사항의 범위를 좁힐 수 있어서 소비자들에게 크게 유용하다고 느꼈다. 그래서 소비자들이 유명한 전자제품 매장에서 제품을 선택할 수 있도록 다양한 제조사와 모델의 유사 제품들을 진열한 통로를 골랐다. 그런 다음 5점 만점에서 4점으로 온라인 등급이 비슷한 제품들에 대한 온라인 리뷰를 인쇄했다.

또 특정 제품에 대해 가장 긍정적인 온라인 리뷰와 부정적인 온라인 리뷰를 인쇄해 제품을 진열한 선반에 부착했다.

몇 주 동안 시험하고 나서 도출한 결과는 무엇이었을까? 선반에 리뷰를 붙인 모든 제품의 판매가 크게 증가했다. 리뷰가 소비자의 관심 범위를 좁히는 데 유용하게 작용한 것이다. 게다가 놀라운 점은

인생은 정말 단순한데, 사람들이 복잡하게 만들려고 우긴다. —공자

이뿐이 아니었다. 특정 제품들의 총판매량이 증가했을 뿐 아니라, 매장의 나머지 통로와 비교해 해당 통로에 진열된 제품의 총판매량도 증가했다.

여기서 요점은 우리가 작성한 프로젝트 목록을 들여다보고 중요도를 기준으로 각 프로젝트에 1~10점까지 점수를 매기는 것이다. 이렇게 하면 고려 사항의 범위를 좁힐 수 있으므로 가장 중요한 프로젝트를 먼저 달성할 확률을 높일 수 있다.

물어야 할 한 가지 질문

성장에 집중해 예상치 못하게 얻은 이익 중 하나는 내가 성장에 대한 유용한 조언에 주파수를 맞추기 시작했다는 것이다. 역설적이게도 판매할 때는 잠재고객이 집중하도록 돕는 것이 중요하다. 이때 최고의 방법은 좋은 질문을 던지는 것이다.

좋은 질문을 던지는 방식은 잠재고객이 느끼는 불안의 뿌리를 찾고 고민을 제거해줄 수 있는 방법을 알아내는 데 유용하다. 《뉴욕타임스》 베스트셀러의 저자이자 조직적 판매 전문가인 다니엘 핑크Daniel Pink 는 잠재고객을 집중시키는 유용한 전술을 발견했다. 핑크가 취하는 접근방식은 직원, 친구, 10대 등에게 동기부여를 하기에도 유용하다.

나는 한 회의에 가서 다니엘 핑크와 같은 강단에 서는 행운을 누리고 대기실에서 대화를 나눌 수 있었다. 이 특정 집중 전술을 설명하기 위해 핑크는 정돈할 줄 모르는 10대 딸과 부모를 주인공으로 내세워 각본을 짰다.

나와 대화할 때 핑크가 한 말을 다른 표현으로 바꿔 옮기면 이렇다.

부모는 대부분 "신디, 방 청소 좀 해라"라고 말한다.
"하기 싫어요, 아빠. 청소를 왜 해야 하죠?"
이 시점에서 아빠는 다음과 같이 반응할 공산이 크다.
"내가 청소하라고 말하면 그렇게 해! 청소를 해야 하는 이유는…."
그러면서 아빠는 청소가 가정교육의 일환이라거나, 청소를 하면 물건을 더 쉽게 찾을 수 있다거나, 성취감과 자부심을 느낄 수 있다거나, 친구가 찾아 왔을 때 당황하지 않는다는 등 청소의 이점을 나열한다. 하나같이 딸이 자기 방을 청소해야 하는 완벽하게 그럴 듯한 이유들이다.

그렇다면 무엇이 문제일까? 청소의 이점을 나열한다고 해서 딸의 행동을 바꿀 수 있을 것 같지 않다. 그것은 딸이 느끼는 이점이 아니라 아버지가 생각하는 이점이기 때문이다. 하지만 간단한 질문 두 가지면 모든 상황을 바꿀 수 있어요.

"신디야, 잘 잤니? 방 청소할 마음의 준비가 됐니? 1~10점 중에서 몇 점이지?"
"4점 정도요. 확실히 4점이에요."
"좋아, 그런데 2점이나 3점처럼 더 낮은 점수를 매기지 않은 이유는 뭐야?"
"글쎄요. 할리와 새라가 금요일에 놀라오기로 했으니까 오늘이나 내일쯤에는 방을 치워야 한다고 생각하기 때문인가 봐요. 친구들이 방에 들어왔을 때 내 속옷이 여기저기 흩어져 있는 것을 보면 약간 당황하지 않을까요? 내가 좋아하는 셔츠도 쉽게 찾을 수 있을 테고요. 그러면 성취감도 느끼고, 아빠와 엄마도 기분 좋으실 테고요. 그래서 4점이라고 대답한 것 같아요."

딸이 말한 이유는 아빠와 거의 같다. 중요한 차이는 딸이 스스로 이유를 표현한 것이다.

직원이나 10대 딸을 상대할 때 이 방법을 절제해 사용하는 것이 중요하다. 그렇지 않으면 효과가 없다.

고객이나 잠재고객과 형성하는 상호작용은 자주 일어나지 않으므로 이 방법이 훨씬 효과적일 수 있다. 한번은 매우 유명한 보석상이 소매업에서 판매에 집중할 수 있도록 도와달라고 의뢰했다. 우리는 이 방법을 효과적으로 사용하도록 판매사원을 교육할 수 있었다. 매장에서 자주 펼쳐지는 각본을 구체적으로 살펴보자.

판매사원	제가 도와드릴까요?
고객	예, 귀걸이를 좀 보려고요.
판매사원	특별한 날이 다가오나요?
고객	예, 5주년 결혼기념일이요.
판매사원	축하합니다! 멋지네요. 정확하게 며칠인가요?
고객	다음 주 토요일입니다. 그래서 오늘 선물을 골라보려 해요.
판매사원	그렇군요. 시간이 촉박하니까 우선 아내분 취향부터 생각해보죠. 아내분이 무엇을 좋아하지 않는지 얼마나 알고 계세요? 1~10점의 척도를 사용하면 몇 점인가요?

판매사원이 선택의 폭을 좁히기 위해 '무엇을 좋아하지 않는지'를 의도적으로 물은 점에 주목하라. 사람들은 대부분 다른 사람이 무엇을 싫어하는지 자신 있게 말한다. 싫어하는 것은 좋아하는 것보다 범위가 좁다고 생각하기 때문이다. 이제 고객은 다른 렌즈를 통해 상황을 본다. 아내가 좋아하지 않는 제품을 피하기만 하면 자신의 선택에 자신감을 가질 수 있다.

고객   아내가 무엇을 좋아하지 않는지 얼마나 아느냐고요? 8점 정도일 겁니다.

판매사원   8점은 상당히 좋은 점수네요. 아내가 무엇을 좋아하지 않나요?

고객   아내는 금이나 구리를 좋아하지 않아요. 또 귀가 작은 편이어서 지나치게 큰 귀걸이도 좋아하지 않습니다.

판매사원   아내에 대해 꽤 많이 알고 계시네요. 그럼 이번에는 아내가 좋은 레스토랑에 갈 때를 포함해 특별한 경우에 어떤 귀걸이를 했는지 기억하세요?

고객   다이아몬드가 두 줄로 박힌 둥근 귀걸이를 봤던 기억이 납니다. 아내는 그 귀걸이를 상당히 자주 하는 편이에요.

판매사원   아주 좋습니다. 괜찮으시면 다이아몬드가 두세 개 정도 박힌 은과 백금 제품을 보여드릴게요. 아내가 좋아한다고 손님께서 알고 있는 귀걸이와 비슷하면서도 상당히 특별하고 독특한 선물이 될 겁니다.

이 각본은 제품을 잘못 살까 봐 불안해하고 어떻게 해야 할지 몰라 쩔쩔매는 상황을 피하기 위해 동기부여보다는 세부적인 사항에 더욱 초점을 맞추는 방법을 사용한다. 적절한 질문을 하는 것은 선택의 역설에 맞서는 데 유용하다. "아내는 무엇을 좋아하나요?"라는 질문은 선택의 폭이 지나치게 넓어서 대답을 생각하기가 버겁다. 오히려 무엇을 좋아하지 않는지 물으면 더 쉽게 대답할 수 있고, 초점을 맞추도록 구매자를 도울 수 있다.

우리 회사가 발송하는 영업 관련 이메일에 새로 등장한 내용을 보면 길이는 대부분 길고, 무엇을 하는지 그리고 어째서 최고인지 등 우리 회사에 초점이 맞춰져 있다.

젠장, 이런 이메일은 아무도 읽을 것 같지 않았다. 나만 하더라도 요청하지 않았는데 다른 회사들이 일방적으로 보낸 비슷한 내용의 이메일을 매일 50개가량 받는데 거의 예외 없이 휴지통으로 보낸다.

팀은 이렇게 긴 이메일을 보냈지만 판매에 거의 성공하지 못한 채 몇 주를 보내다가 내게 도움을 요청했다. 내가 몇 가지 질문을 던지자 팀원인 섀넌의 눈동자가 답을 찾았다는 듯 즉시 반짝였다.

나 당신은 긴 이메일을 받고 싶나요, 아니면 짧은 이메일을 받고 싶나요?

섀넌 짧은 이메일이죠.

나 조금 전에 당신이 잠재고객에게 보낸 이메일은 짧다고 생각해요?

섀넌 아니요, 길어요. 아마도 불쾌할 정도로 길겠죠.

나 그렇게 긴 이메일을 받으면 읽겠어요? 아니면 삭제하겠어요?

섀넌 당연히 삭제하겠죠. 읽을 수가 없어요.

나 당신이 받는 이메일 중에서 가장 유용한 이메일은 무엇이죠? 당신과 당신의 필요에 관해 말하는 이메일인가요? 아니면 자기 회사가 좋은 이유를 늘어놓는 이메일인가요?

섀넌 물론 저와 제 필요에 관해 말하는 이메일이죠.

나 그러면 어떤 이메일이 읽고 싶은가요? 일에 관해 말하는 진지한 내용의 이메일인가요? 아니면 재미있고 인간적인 내용의 이메일인가요?

섀넌 재미있고 인간적인 이메일이요.

나 당신이 고민하는 문제에 대해 해결책이 있다고 생각해요?

섀넌 예, 조언을 듣고 나니까 이메일의 초점을 우리에게서 받는 사람에게로 옮겨야 한다는 점을 좀 더 쉽게 알 수 있었어요. 이메일을 더 짧게 작성하고, 거의 누구나 대답하고 싶어 할 재미있고 개인적인 질문을 해야겠어요.

그러고서 섀넌은 애니메이션 스튜디오 역량을 설명하는 긴 이메일을 수신자의 특정 필요에 초점을 맞추는 방향으로 바꿔 썼다.

저는 당신 회사가 새로 개발한 전동칫솔이 정말 마음에 듭니다! 아마존에서 이 전동칫솔의 판매를 증가시키는 데 유용한 애니메이션 영상이 필요하신가요? 저희 회사는 비슷한 성격의 영상을 디즈니의 의뢰를 받아 제작한 경험이 있습니다.

디즈니 이야기가 나와서 말인데, 자랄 때 어떤 디즈니 영화를 좋아하셨나요? 저는 〈인크레더블〉을 좋아했어요.

섀넌 드림

사람들은 잠시 멈춰서 자신이 자랄 때 좋아했던 디즈니 영화에 대해 생각할 뿐 아니라 답장을 쓰는 동시에 자기 모습의 일부를 내보여야겠다고 느낄 것이다. 잠재고객에게 어린 시절을 상기시켜준다 해서 해가 될 일은 없다. 이밖에도 효과적인 질문은 이렇다. "어떤 걸스카우트 쿠키를 좋아하나요?", "아이들이 먹는 시리얼 중에서 어떤 것을 좋아하나요?"

가장 좋아하는 영화가 〈인크레더블〉이라거나 가장 좋아하는 걸스카우트 쿠키는 '씬 민트Thin Mint'라고 잠재고객에게 말하는 경우에는 글 대신 〈인크레더블〉의 DVD 표지나 씬 민트 쿠키의 이미지를 사용해도 좋다. 사람들은 대부분 시각적인 정보에 익숙한 학습자이므로 이미지를 보며 자극을 받는다. 이모지가 폭발적으로 증가하는 것도 이 때문이다. 그림 한 장은 단어 1,000개와 맞먹는다. 이메일을 짧고 인간적으로 쓰면서, 이미지를 사용하면 성공률을 극적으로 높일 수 있다.

고객이 고려해야 할 사항을 줄여주어도 대단한 결과를 산출할 수 있다. 30억 달러 규모의 기업을 이끄는 CEO는 이사진에게 "우리는 지나치게 많은 일을 하고 있습니다"라고 선언하면서 그 해를 시작했다고 한다. 그러고는 자사의 핵심 역량인 은행과 신용조합에만 집중하겠다면서 승인해달라고 요청했다. 이 말은 항공사, 음식, 부동산을 포함한 다른 사업에서 대형 잠재고객을 포기하겠다는 뜻이다. 이사회는 CEO의 요청을 마지못해 승인하면서 계획이 실패하면 책임을 묻겠다고 했다. 이처럼 CEO가 핵심 분야에만 집중하기 위해서는 용기가 필요했지만 결과는 엄청났다. 12개월 동안 수입이 두 배, 수익은 세 배로 증가했다. 모든 결과는 한 가지 매우 어려운 결정, 즉 '적게 하기'에서 나왔다. 나는 이 이야기에 공감했다. 내가 다른 모든 시장과 기회를 좇기보다는 미국으로 범위를 좁혀 집중하는 방식으로 사업을 추진하려는 방향과 일치했기 때문이다.

좋은 질문은 훌륭한 관계를 형성하기 위한 다리다

예상하지 못했지만 스스로 집중력을 향상시켜 얻게 된 유익한 부산물은 집중력을 향상시킬 수 있도록 타인을 돕는 능력이 증가한 것이다. 이것은 더 나은 질문을 하는 방법을 습득한 덕택이었다.

초점을 맞춘 질문은 깊은 관계를 형성하는 요소다. 생각해보라. "와우! 루크가 내내 말을 하니까 함께 있는 것이 정말 즐거워"라는 말을 들은 적이 있는가? 아무도 그렇게 말하지 않을 것이다.

우리가 실제로 즐기는 대화 유형에는 공통점이 있다. 대화하는 시간 대부분 상대방이 우리말을 듣는다. 상대방이 우리가 한 말 한마디 한마디에 관심을 기울인다. 이때 상대방의 행동을 지켜보라. 우리가 말할 때 상대방은 몸을 앞쪽으로 기울이고 있다. 우리 눈을 들여다보면서 우리가 대답하는 것을 좋아할 만한 질문을 던진다.

초점을 맞춘 질문이 훌륭한 관계를 형성하는 다리라면, 더 나은 질

숲을 통과하면서도 장작을 보지 못하는 사람들이 있다.—미상

문을 할수록 관계를 더욱 잘 형성하고 유지할 수 있다.

관계는 모든 거래를 주도한다. 영업 거래든 단순한 부탁이든 우리는 회사를 상대하지 않고 사람을 상대한다. 이 원리는 사업뿐 아니라 삶에도 적용된다. 만약 딸이 소셜 미디어 계정을 새로 열거나, 통금시간보다 두 시간 늦게 귀가하겠다고 부모를 설득하려고 한다 치자. 딸이 부모와 형성한 관계가 강할수록 승낙을 받을 가능성은 상당히 증가한다. 신뢰는 시간이 지나며 쌓이는 것이다.

질문의 힘에 대해 다시 이야기해보자. 나는 기조연설을 앞두고 협력사와 사전통화를 하면서 더 나은 질문을 던져 상대방이 집중할 수 있도록 했다.

협력사는 자신들이 개최하는 연례 회의에서 기조연설을 해달라며 나를 초청했다. 그들은 긴장하고 있었다. 회의 역사상 처음으로 최고 협력 기업들과 고객들이 대거 참석하기 때문이었다. 청중은 전 세계에서 가장 인기 높은 레스토랑을 경영하는 CEO들과 임원들이었다.

나는 사전에 준비를 갖추기 위해 강단에 오르기 몇 주 전 협력사와 몇 차례 통화했다.

기조연설을 할 때마다 나는 청중 편에서 늘 세 가지 목표를 세운다. '청중을 즐겁게 해주고, 청중을 교육하고, 청중의 역량을 강화시킨다.' 사람들은 대부분 즐거운 분위기를 좋아하고, 즐거운 경험은 새로운 아이디어에 마음을 여는 초고속화 도로라고 믿는다. 이것은 마치 사람의 머리가 물리적으로 활짝 열려 있어서 뇌라는 스펀지에 지식을 붓는 것과 같다. 이러한 교육이 역량을 강화시킨다.

공식을 써보면 이렇다.

즐겁게 해준다 → 교육한다 → 역량을 강화시킨다

전형적인 사전통화는 이렇게 진행된다.

나   나는 청중을 즐겁게 해주고, 청중을 교육하고, 청중의 역량을
      강화시키고 싶습니다. 이 세 가지 일을 모두 추진하겠지만 무
      엇이 가장 중요할까요?
협력사 좋은 질문입니다. 우리는 세 가지가 똑같이 중요하다고 생각
      합니다.

협력사는 근본적으로 셋 다 좋다고 대답했다. 내 질문은 아이스크림을 한 스쿱만 먹을 수 있다면 바닐라 맛, 초콜릿 맛, 딸기 맛 중에서 무엇을 원하느냐고 아이들에게 묻는 것과 비슷하다. 이때 아이들은 "예!"라고 애매하게 대답한다.

내가 질문했을 때 돌아오는 대답의 약 95퍼센트는 이처럼 애매했다. 이러한 대답은 강연을 청중에 맞춰 재단하는 용도에 유용하지 않았다. 처음에 나는 문제가 협력사에 있다고 잘못 생각했다. 상대방을 탓했던 것이다. "문제는 내가 아니라 그들에게 있어! 그들은 어째서 내 질문에 제대로 대답하지 못하는 거지?"

나는 협력사마다 초점에서 벗어난 대답을 한다면, 문제는 대답이 아니라 질문에 있다는 사실을 깨달았다. 질문이 문제였다!

집중할 때 큰 비중을 차지하는 작업은 산을 쪼개 조약돌로 만들 듯 문제를 쪼개는 것이다. 더 나은 대답을 얻기 위해서는 내 질문을 계기로 집중할 수 있도록 협력사를 도와야 했다. 따라서 나는 좀 더 초점을 맞추어 질문했다.

나   내 접근방식은 청중을 즐겁게 해주고, 교육하고, 역량을 강화시키는 것입니다. 내가 당신에게 쪼갤 수 없는 금화 열 개를 주면서 각 방식에 해당하는 세 양동이 중 하나에 넣으라고 한다면 금화를 어떻게 분배하시겠습니까?

협력사   글쎄요, 내 직감이 좀 더 기우는 쪽은 교육이에요. 하지만 이런 종류의 회의에서는 일반적으로 직감이 적중하지 않더군요. 당신이 행사의 문을 열고 나서 내내 청중이 즐거워하면 좋겠어요. 또 청중은 기술 교육에 관해 많은 조별 토의에 참석할 테니까, 동전은 청중을 즐겁게 해주는 것에 다섯 개, 청중을 교육하는 것에 두 개, 청중의 역량을 강화시키는 것에 세 개를 분배하고 싶어요.

이렇게 질문을 던짐으로써 대답에 접근해 가는 방식을 약간 바꾸었지만, 대답과 결과는 극적으로 달라졌다. 나, 협력사, 청중이 모두 혜택을 입었다.

때로 행사 팀이 하는 말과 CEO가 하는 말은 정반대다. 더욱 초점을 맞춘 질문을 하면 강단에 올라가기 전에 문제를 해결하고 서로 이해할 기회를 잡을 수 있다.

한 협력사는 우리에게 최고의 찬사를 보냈다.

"와! 내가 이 일에 종사한 지 20년이 넘었는데 이렇듯 생각을 자극하는 질문은 처음 받아봤어요."

에어비앤비의 설립자인 브라이언 체스키Brian Chesky가 제안한 질문도 어떤 직종에서든 유용하다. 사람들은 대부분 만점인 별 다섯 개짜리 에어비앤비 경험에 황홀해하지만 브라이언은 별 열한 개짜리 경험은 어떨지 알고 싶었다.

나는 이러한 아이디어를 빌려서 이렇게 자주 물을 것이다. "별 다섯 개짜리 경험은 훌륭하지만 열한 개짜리 경험은 어떤 모습일까요?" 최종적으로 우리는 11이라는 숫자 대신 대학 농구선수 시절에 내 등번호였던 42를 사용했다. 별 42개짜리 경험은 어떤 모습일까? 연구에 따르면 사람들은, 예를 들어 5나 10보다는 42처럼 낯선 숫자를 더욱 잘 기억하는 경향이 있다.

별 42개짜리 경험이 어떨지 묻고 나서 얻는 통찰은 이런 경험을 전달하는 데 유용하다. 예상하지 못했던 결과도 얻었다. 이제 내가 별 42개짜리 강연을 하리라는 기대를 청중의 머릿속에 각인시킬 수 있었다. 그래서 행사가 끝나고 나면 회의 주최자들에게 "정말 잘해주셨습니다. 별 42짜리에요!"라는 찬사를 받을 것이다.

사업과 삶의 토대인 관계를 형성하는 최고의 방법은 응답자가 초점을 맞춘 대답을 할 수 있도록, 초점을 맞춘 질문을 던지는 것이다.

1월 31일이 다가오자 마음이 복잡했다. 다음 달에는 내 삶을 조직하는 일에 매진할 수 있으므로 마음이 설렜지만, 매출 성장에 주력했던 기간이 끝나가고 있었기 때문이다. 그래서 2월을 초조한 심정으로 시작했다. "매출 성장에 집중했는데 결과가 향상되지 않았다면 어떻게 하지? 그렇다면 나는 무엇을 해야 할까? 집중 강화 프로젝트 전체를 폐기해야 할까? 이 책의 집필을 중단해야 할까?"

다행히도 내가 몹시 갈망했던 꿈을 초과 달성했다. 월 매출에서 신기록을 세운 것이다! 뿐만 아니라 1월 매출은 연간 매출에서 신기록을 세우는 기폭제가 되었다. 또 내가 강연하는 청중과 내가 운영하는 서클의 규모와 질을 현격하게 증가시켰다. 나는 오바마 대통령을 만났고, 애플의 공동 설립자인 스티브 워즈니악Steve Wozniak을 대신해 한 회의의 개회식 연설자로 초대받았다. FBI 국장과 함께 강단에 올라가 대테러 요원들 3,300명 앞에서 강연했고, 고디바 초콜릿의 CEO를 코치했으며, 〈섹스 인 더 시티Sex in the City〉의 주인공인 사라 제시카 파커Sarah Jessica Parker와 함께 두 차례 강단에 섰다. 케냐에서는 아기 치타를 입양하는 축복까지 받았다.

집중하면서 이 모든 일이 가능해졌다. 그러므로 당신도 평정심을 유지하고 집중하기 바란다.

1월 요약

한 가지 중요한 사항
자신에게 이렇게 질문하라. "내가 잘해야 하는 한 가지는 무엇인가?"

점수: A
몇 년 동안 내 머릿속을 떠나지 않았던 질문을 던지며 이번 달을 시작했다. 오늘날 같은 탈집중 시대에 집중하는 것은 가능할까? 설령 가능하다 하더라도 집중이 극적인 변화를 일으킬 수 있을까? 극적인 결과를 낳을 수 있을까? 이번 달에 집중 강화 훈련을 하고 나서 얻은 예비 답변은 단연코 "그렇다!"이다.

주요 요점

1 의도적으로 집중한다. 내가 추구하는 단일 초점은 무엇인가? 이 점을 이해하는 것은 쉽지 않다. 쉬웠다면 이미 실천하고 있을 것이다. 내가 처음 네 차례 실패했다는 사실을 기억하라. 19개월 후에 다섯 번째로 시도해서 비로소 성공했다.

2 극적인 집중이 극적인 결과를 낳는다. 이번 달은 연간 매출에서 신기록을 기록하는 기폭제가 되었다!

3 초점을 맞춘 질문은 훌륭한 관계를 구축하는 구성요소이다.

2월

성장에
집중하기

FOCUS PROJECT

이번 달에 시간 관리를 집중 강화 대상으로 정하고 연습할 생각을 하니 흥분이 샘솟았다. 구체적으로는 일정을 짜고 실행하는 일에 집중할 것이다! 청소하고 정리하는 일은 즉각적인 결과를 낳는다. 가장 중요한 투자인 시간 투입에 따르는 즉각적인 보상이다. 흐트러진 책들을 책꽂이에 가지런히 꽂자 즉시 만족감을 느꼈다. 지저분한 책상도 몇 분만 정리하면 거의 새 책상처럼 보이고, 빽빽한 일정도 금세 조정할 수 있다.

나는 집중할 준비를 갖췄지만 그렇다고 일을 지나치게 많이 맡고 싶지는 않았다. 우리는 대부분 시간 관리 목표를 '더 많이' 세우는 잘못을 범한다. 시간을 더욱 잘 관리하면 일을 더 많이 할 수 있다고 생각하는 것이다. 하지만 나는 정반대로 일을 줄이는 데 집중하고 싶다. 커다란 일들을 더 많이 할 수 있도록 자지레한 일들을 줄여야 한다. 시간에 신경을 쓰다 보면 시계를 들여다보기 쉬운데 그러면 작업의 질을 해친다는 것이 거듭 입증되었다. 따라서 일할 때는 양보다 질에 초점을 맞춰야 한다. 자기 삶을 '오래된 소프트 캐리어'가 아니라 '새 하드 캐리어'로 생각하고 다뤄야 한다. 소프트 캐리어에는 언제든 물건을 더 구겨 넣을 수 있다. 그러다 보면 종국에는 캐리어가 찢어지거나, 비행기 객실의 짐칸에 들어가지 않는다. 이것은 지나치게 일이 많은 삶을 빗댄 비유다.

어디를 봐도 기회가 있었다. 전 세계가 정리를 필요로 했다! 범위를 좁히기 위해 이번 달에는 디지털 정리보다 물리적 정리에 집중할 것이다. 디지털 정리를 할 시간이 생기면 여러 부분에 분배할 것이다(내 아이폰에는 7년 동안 찍은 가족사진이 여전히 담겨 있다!).

목록은 사람마다 다르겠지만 내가 2월에 집중 강화 목표로 정한 상위 열 개 항목은 이렇다.

1 옷장에 있는 물품의 수를 줄이고 정리한다.
2 위험한 가스가 폭발하기 전에 차고를 청소한다.
3 작년 세금신고서를 찾을 수 있도록 서류 캐비닛을 정리한다.
4 냉장고를 청소한다. 이제 2017년 크리스마스 때 사다 놓은 맥주와 작별해야 한다!
5 내 '전자 묘지' 서랍을 정리한다.
6 막내딸을 포함시키기 위해 유언장을 다시 작성한다. 농담이 아니다.
7 텍사스주 운전면허증을 딴다. 매사추세츠주 운전면허증으로 6년째 운전하고 있다!

매일 아침, 바닥에 발을 디딜 때 나는 두 발을 그날 내게 주어진 두 가지 선택이라고 생각한다. 내게는 열정적으로 살아갈 선택권과, 매우 열정적으로 살아갈 선택권이 있다.

8 스프링클러의 타이머를 조절해 물 사용량을 줄인다.

9 더 이상 950달러를 지불하고도 45분 비행 동안 가운데 좌석에 끼어 앉는 일이 없도록 강연과 책 사인회를 하기 위한 항공권을 최소한 3개월 전에 구입한다.

10 집 열쇠를 추가로 만든다.

집 열쇠를 만드는 경험은 의외로 즐거웠고 시간도 5분밖에 걸리지 않았다. 딸들은 열쇠 디자인을 고르면서 무척 즐거워했다. 고민 끝에 결국 무지개, 고래, 공주 디자인을 골랐다. 이웃에게 유니콘 모양의 반짝이는 무지개 색 열쇠를 건네는 것이 약간 민망했지만, 열쇠를 사용할 때마다 딸들과 쌓은 추억이 떠오른다.

침대를 정리하고 삶을 정비한다

내가 정리에 집중하는 과정을 즐기리란 걸 알고 있었다. 하지만 즐기는 정도를 넘어서서 정리를 더욱더 잘하면 좀 더 큰 목표를 달성하는 데 정말 유용할까?

적절한 시간에 적절한 메시지가 찾아올까? 나는 미국 특수작전사령부 제9사령관 윌리엄 맥레이븐William H. McRaven 해군 제독이 텍사스 대학교 졸업식에서 한 연설을 들으며 이러한 메시지를 만났다.

맥레이븐은 침대 정리처럼 작은 일들이 중요하다고 강조했다. 침대 정리처럼 자지레한 일을 제대로 할 수 없는데 어떻게 삶에서 큰 목표를 달성할 수 있겠는가? 맥레이븐의 연설을 인용해보자.

해군 특수부대에서 기본 훈련을 받을 때였습니다. 당시에 모두 베트남 참전용사였던 교관들이 아침마다 병영에 들어와 제일 먼저 침대를 점검했어요. 침대 정리를 제대로 했다면 모서리마다 각이 잡혀 있고, 이불보는 팽팽하게 당겨져 있고, 베개는 침대 머리판 한가운데에 놓여 있고, 여분의 담요는 선반에 가지런히 접혀 있어야 했습니다. 그것이 바로 해군의 침대 정리법이었죠.

침대를 이렇게 정리하는 것은 단순하고 평범한 일이었습니다. 하지만 우리는 아침마다 침대를 완벽하게 정리해야 했습니다. 당시에는 약간 우스꽝스럽게 느껴졌어요. 전투 경험으로 다져진 진정한 해군 전사가 되고 싶은 열정에 불탔기 때문에 더더욱 그랬죠. 하지만 침대를 정리하는 단순한 행동에 지혜가 담겨 있다는 진리를 여러 차례 깨달았습니다.

매일 아침 그날 주어진 첫 번째 임무인 침대 정리를 완수하면 자그마한 자부심을 느끼고, 다른 임무를 계속 수행하고 완수할 기운을 얻습니다. 하루가 끝날 무렵이면 자신이 완수한 한 가지 임무가 많은 임무를 완수하는 원동력이 되었죠. 또 침대 정리는 삶에서 발생하는 작은 일들이 중요하다는 사실을 확인시켜 줍니다. 작은 일들을 제대로 할 수 없으면 커다란 일도 제대로 할 수 없는 법입니다.

어쩌다 당신이 처참한 하루를 보냈다고 칩시다. 집에 돌아와 잘 정돈된 침대를 보면 내일은 상황이 나아지리라는 용기를 얻을 것입니다.

세상을 바꾸고 싶다면 자신이 자고 난 침대를 정리하는 일부터 시작해보세요.[10]

맥레이븐이 들려주는 지혜의 가치는 연구 결과로도 입증되었다. 침대를 정리한 사람은 그렇지 않은 사람보다 밤에 잘 휴식할 가능성이 19퍼센트 높았다. 우리는 주변이 정리되었다고 느낄 때 마음이 더 편안해진다. 또 산뜻하고 깨끗한 침구에서 잠을 자는 사람의 75퍼센트는 그렇지 않은 사람보다 더욱 평온하고 편안하게 잠을 잔다고 보고되었다.[11]

올림픽 멀리뛰기 선수에게서도 교훈을 얻을 수 있다. 올림픽 경기를 볼 때 멀리뛰기 선수를 주의 깊게 살펴보라. 높이 도약하기 직전의 마지막 보폭은 가장 짧아서 일반적인 보폭보다도 25센티미터 짧다.[12]

자신이 추구하는 금메달을 쟁취하는 길은 거대한 도약 직전에 디디는 가장 작은 발걸음에서 시작된다.

그러니 침대를 정리하라.

열광하라

슈퍼마켓에 다녀오고 나서 집중하는 일이 쉽지 않으리라고 깨달았다. 내 마음은 주의 산만의 정글이었다.

나는 달걀, 우유, 바나나를 사야 했다.

슈퍼마켓에 가서 이웃 사람을 우연히 만났고, 문자 몇 통을 받았고, 눈에 띄는 물건 몇 개를 샀다. 쇼핑 목록에는 달걀, 우유, 바나나가 있었지만 달걀 사는 것만 기억났다.

나는 전작인《소셜노믹스Socialnomics》의 해독제로 작용하리라 생각했기에 이 책을 집필했다. 이 책은 기술 때문에 생길 수 있는 유독한 습관에서 독성을 제거해줄 수 있을 것이다. 이 책이 의도한 목적을 달성하기 위해 그리고 침대를 정리하라는 맥레이븐 장군의 조언과 비슷한 맥락에서, 나는 작은 단계를 밟음으로써 강력한 습관을 발달시키는 방법에 관한 B. J. 포그Fogg의 연구와 철학에 깊은 관심을 갖고 있다.

스탠퍼드 대학교 소속 심리학자이자 연구자인 포그의 전문 분야는 캡톨로지captology다. 캡톨로지는 컴퓨터와 모바일 기기가 인간 행동에 미치는 영향을 연구하는 학문이다. 포그의 연구가 내 레이더망에 들어온 것은 내가《소셜노믹스》를 집필하고 있을 때였다. 포그의 연구는《소셜노믹스》와 관련이 있었다. 많은 소셜 미디어 사용자는 자각하지 못한 상태로 세계 최대 규모의 사회과학 실험에 참가하는 동시에 인스타그램, 유튜브, 웨이보, 페이스북, 틱톡, 트위터 등에서 활동하는 데이터 과학자들에게 통제를 받기 때문이다.

포그는 우리가 즐기지 않는 활동을 중심으로 습관을 형성하려고 한다고 주장한다. 예를 들어 아침에 일찍 일어나서 무거운 몸을 끌고 헬스장에 가서 한 시간 동안 러닝머신을 탄다. 이는 자신이 좋아하지 않는 활동이므로 결국 중단하고 더 이상 운동 습관을 기르지 않는다.

포그는 삶에 일어나는 주요 변화를 생각할 때 이러한 실수는 오히려 아무것도 하지 않는 것보다 해롭다고 믿는다. 대신에 활동을 조금 조절해서 작은 승리를 거두고 축하해야 한다고 설명한다. 좋은 예를 하나 들어보면, 누가 보더라도 지저분한 차를 몰고 다니는 사람이라도 자신의 차 외부가 깨끗하고 내부가 깔끔하게 정돈되어 있기를 바란다.

그렇다면 이때 시도할 수 있는 작은 변화는 무엇일까? 주차할 때마다 차에 있는 쓰레기를 하나씩 없애는 것이다. 쓰레기를 쓰레기통에 버리면서 "골인!"이라고 외치고, 마치 농구 경기에서 결승골을 넣은 선수처럼 양팔을 번쩍 들자.

포그가 제안하는 공식에는 방아쇠가 있다. 앞에서 인용한 예에서 방아쇠는 차를 세우는 것이다. 방아쇠의 다른 예는 손을 씻을 때마다 윗몸 일으키기를 25회씩 하는 것이다. 즉 '손 씻기 = 윗몸 일으키기'라는 공식을 지킨다.

일반적으로 방아쇠는 부정적인 인과관계를 연상시킨다. 하지만 포그가 제안하는 공식은 부정적인 영향이 아니라 긍정적인 영향을 가리킨다.

자, 방아쇠를 식별하기 위한 단순한 공식을 살펴보자.

"나는 습관을 형성하고 나서, 새로운 습관을 시도하겠다."

포그가 이 공식을 사용해 인용한 유명한 사례를 살펴보자.

"나는 양치질을 하고 나서, 치아 하나에 치실을 사용하겠다."

실없는 말처럼 들릴 수 있다. 누가 치실을 꺼내서 치아 하나에만 사용하겠는가? 하지만 이것이 바로 핵심이다! 일단 치아 하나에만 치실을 사용하려 하면 이왕 치실을 꺼내 들었는데 '치아 두 개에 사용하는 것이 대수인가?'라고 생각할 수 있다.

흥미롭게도 연구 결과를 보면 치실을 사용하는 간단한 행동이 수명을 6년까지 늘릴 수 있다고 한다. 매일 치아 하나에 치실을 사용하기 시작하면 수명을 6년 더 늘릴 가능성이 있으므로 나쁘지 않은 거래 조건이다.

성공을 거두면서 자신감을 얻으므로 아주 작은 승리라도 축하해야 한다고 포그는 설명한다. 변화가 작으면 바쁜 생활 속에 더욱 용이하게 통합할 수 있고, 이때 따라오는 성공은 자발적으로 행동하는 수준에 도달하는 데 유용하게 작용한다.

사람들이 일반적으로 믿는 것과 달리 우리는 대개 꿈꾼 수준까지 발전하지 못하고, 시스템과 습관에 따라 행동하는 수준에 머문다.[13]

카우보이처럼 일정을 짜는 방법

나와 비서실장은 매일 오전 9시 35분에 회의를 시작했다. 가장 먼저 하는 일은 일별, 주별, 월별 일정 검토였다. 단조롭기는 하지만 미래를 계획하고 미연의 사태에 대비하기 위해 필요한 과정이었다.

처음에는 일정이 꽉 찼었다. 회의와 다음 회의 사이에 점심 식사를 하거나 화장실에 갈 수 있는 실질적인 휴식시간조차 없었다. 그래서 특정 활동을 할 수 있는 시간대를 정하기로 결정했다. 월요일, 수

정리하느라 쓰는 1분이 한 시간을 벌어준다.
—벤자민 프랭클린

요일, 금요일마다 오전 10시~10시 30분에 커피 회의를 진행하고, 대부분의 전화 통화는 차를 타고 이동하는 동안만 하고, 오후 12시 45분~1시 45분은 점심 식사 회의를 하기로 했다.

내 일정에서 결코 침범할 수 없는 시간대를 구획하는 것이 가장 중요했다. 이렇게 의도적으로 시간대를 구획하자 다음과 같은 효과를 거두었다.

1 몸과 마음의 건강을 온전하게 유지하는 데 유용했다.
2 더욱 깊이 생각하고 글을 쓸 시간이 생겼다.

예전에 나는 여기서 15분, 저기서 20분처럼 일정을 두서없이 잡았다. 그러다 보니 일정이 산발적이고 일관성이 없으며 스트레스를 유발했다. 우버를 이용하면서 뒷좌석에 앉아 원고를 쓰기도 했다. 여러 장소를 이동하는 동안만이 유일하게 '한가한 시간'이었기 때문이다.

지금은 자칭 카우보이 일정 짜기 방식을 사용해 일정표에 넓은 빈 공간을 만들고 구획을 정해놓는다. 생명을 좀 더 안전하게 지키기 위해 말에 오르지는 않지만 애니 오클리Annie Oakley나 존 웨인John Wayne처럼 일정을 짤 수 있다. 물론 존 웨인처럼 하루에 담배 여섯 갑을 태우지는 않는다. 이번 주에는 카우보이처럼 특정 활동을 하기 위한 특정 시간대를 구획하고 창의성, 휴식, 깊은 생각을 끌어내기 위해 빈 시간대를 넓게 남겨 두자.

시간을 빨아먹는 흡혈귀

카우보이 일정에 따라 커피 회의를 30분 동안 하기로 일정을 세웠다면 30분을 지키기로 했다. 이전에는 커피 회의가 60~90분까지 쉽게 늘어졌다. 하지만 지금은 시간을 좀 더 계획적으로 사용한다. 예를 들어 커피를 마시기 위해 줄을 서서 기다리는 시간이 15분이라면 커피 회의에서 만나기로 한 사람과 함께 줄을 서서 대화한다.

그러고는 남은 15분 동안 앉아서 대화한다. 이것은 테이블에서 인내하며 기다리다가 대화할 시간이 얼마 남지 않아 기분이 상하는 것보다 상당히 개선된 방법이다. 예전 같았다면 회의 시간이 한 시간 이상으로 늘어났을 것이다. 여기저기에서 15분이나 30분 동안 예상하지 못하게 흘러간 시간이 더해져서 우리 시간을 빨아먹기 시작한다. 우리에게서 시간을 '빨아들이고' 생명력을 흡입한다.

다음과 같은 사실을 알고 있는가? 예정된 시간을 엄격하게 지키면 대화의 핵심에 더욱 빨리 도달할 수 있다. 우리가 만나는 사람들도 대부분 지나치게 빡빡한 일정을 소화하고 있으므로, 시간을 빨아먹는 흡혈귀를 힘을 합쳐 죽이면 서로 이익을 얻는다.

디지털 공간에서 시간을 빨아먹는 흡혈귀를 죽인다

1   여러 종류의 받은 편지함(예: 이메일)을 일괄 확인한다. 내가 선호

하는 시간대는 오전 10시~10시 30분과 오후 3시~3시 30분이다.

2   전화 발신자를 인식할 수 없으면 전화를 음성메일로 넘긴다.

3   제품 설명서를 읽지 않는다. 제품 설명서는 긴데다가 쉽게 읽히지 않는 경우가 많다. 온라인에서 정보를 찾아 읽어나 제품 사용을 설명하는 짧은 영상을 본다.

4   식료품을 온라인으로 주문할 경제적 여유가 있다면 시간, 휘발유, 스트레스, 물리적 운반(차에서 짐을 내리고, 20킬로그램짜리 개 사료를 들고 층계를 오르는 등)을 절약하여 증가 비용을 상쇄할 수 있는 경우가 많다. 또 매주 식료품 목록을 작성하는 것보다는 재주문하는 것이 더 쉽다.

5   디지털 공간에서 주고받는 대화를 테니스 경기처럼 다룬다. 즉 두 문장 이하인 짧은 메시지로 회신하는 방식으로 '공'을 상대방 코트로 재빨리 넘긴다. 적절하다면 정중하게 대화를 끝내면서 득점 샷을 날린다. 받은 편지함이 북적일 때와 마찬가지로 책상이 어질러져 있으면 업무 효율성이 떨어진다. 다음과 같은 격언을 기억한다. "받은 편지함이나 책상이 어질러져 있는 것은 정신이 어질러져 있다는 표시다."

6   디지털 공간에서 받은 편지함에는 중요한 메일과 중요하지 않은 메일을 구분할 때 유용하게 쓰이는 도구가 있다. 이 도구들을 사용하라.

7   키를 제대로 누른 한 번이 아홉 번을 절약해준다. 스스로 가장 많이 사용하는 프로그램에서 빠르고 간단한 키를 배운다.

8   샤워장, 자동차, 헬스장, 비행기, 지하철은 팟캐스트 같은 녹음 자

료를 듣기에 좋은 장소다.

9 정신적 작업이 필요하지 않은 사소한 일(예를 들어, 식기세척기에 있는 식기 정리하기, 여행 가방 싸기, 빨래 개기, 산책하기)을 하는 동안 통화를 처리할 수 있도록 품질 좋은 헤드폰이나 이어폰을 구입한다.

10 항목을 지속적으로 확인하지 않는다. 예를 들어, 단타 매매자가 아닌 경우에 주가 변동을 끊임없이 확인하는 것은 시간과 에너지를 낭비하는 행위다.

11 휴대전화나 컴퓨터에서 인공지능을 사용한다. 키를 입력하는 에너지와 시간을 절약하기 위해 간단한 작업을 수행할 때는 시리, 알렉사, 구글 비서 등을 사용한다.

12 음성 메일을 필기해주는 기능을 사용한다. 음성 메일을 들을 필요 없이 내용을 문자 형태로 신속하게 검토할 수 있다.

13 문자를 보내거나 이메일을 타이핑하지 않고 음성을 녹음해 오디오 파일을 전송한다.

토마스 콜리Thomas Corley는 부유하고 성공한 사람들의 일상 습관을 5년 동안 연구한 끝에 공통 습관을 찾았다. 그들은 매일 자신만의 브레인스토밍을 한다. 생각에 잠길 수 있는 시간을 확보한다. 콜리는 브레인스토밍 시간에 부자가 생각하는 핵심 주제 열 가지를 가려냈다.

1 경력
2 재정
3 가족

할 일 중에서 가장 중요한 것은 항상 가장 중요한 일을 하는 것이다.

4 친구

5 사업상 관계

6 건강

7 꿈 설정과 목표 설정

8 문제

9 자선활동

10 행복

부유하고 성공한 사람은 이러한 주제와 관련해 자신에게 질문하고, 질문과 답변을 모두 기록할 때가 많다.

- 돈을 더 벌기 위해 무엇을 할 수 있을까?
- 나는 직업에 만족하고 있는가?
- 나는 운동을 충분히 하는가?
- 나는 어떤 자선단체의 활동에 참여할 수 있을까?
- 내게는 좋은 친구가 있는가?
- 나는 어떤 사업상 관계에 더 많은 시간을 투자해야 할까? 또 어떤 관계에서 손을 떼야 할까?

일정표에 넓은 빈 공간과 구획을 만드는 것을 포함해 카우보이처럼 일정을 짜면 생각할 시간을 확보할 수 있다. 자신에게 주어진 날, 주, 달을 전략적으로 조직해보자.[14]

실제로 멀티태스킹은 작업 전환이다

"멀티태스킹은 두 가지를 모두 망치는 지름길이다Multitasking the best way to screw up both jobs." 이것은 티셔츠에 인쇄된 유머일 뿐일까, 아니면 진실일까? 영국정신의학연구소British Institute of Psychiatry가 실시한 연구에 따르면, 다른 창의적인 작업을 수행하는 동시에 이메일을 확인하는 것 같은 멀티태스킹은 지능을 순간적으로 10까지 떨어뜨린다. 당신은 어떨지 모르겠지만 지능 10을 잃는 것은 내게 큰 타격이다!

이러한 지능 감소는 서른여섯 시간 동안 잠을 자지 않았을 때 발생하는 영향과 같고, 마리화나를 피울 때 우리 몸에 미치는 영향의 두 배가 넘는다.

왜 그럴까? 멀티태스킹은 실제로 작업 전환이기 때문이다. 연구자인 데이비드 마이어David Meyer 박사는 이렇게 설명한다. "직장에서 컴퓨터 작업을 하는 동시에 전화를 받고 동료와 대화까지 해야 하는 사람들은 늘 작업을 전환한다. 한 번에 수십 분 동안 집중할 수 없다는 말은 20~40퍼센트의 효율성 저하에 따른 비용을 지출해야 한다는 뜻이다. 사람의 뇌는 작업을 병렬 처리하지 않고 전환한다. 이 책을 집필하는 작업과 전화 회의 내용을 듣는 작업 중에서 무엇이 더 중요할까? 뇌가 작업 사이를 오가는 경우에는 효율성이 사라지기 마련이다. 미국 신경질환 및 뇌졸중 연구소National Institute of Neurological Disorders and Stroke에서 인지신경과학 부문을 이끄는 소장인 조단 그라프만Jordan Grafman 박사는 이렇게 설명한다. "뇌가 멀티태스킹하는 방법을 다룬 문헌이 상당히 많습니다. 하지만 기본적으로 뇌는 멀티태스킹을 하지 않아요. 실제로는 작업을 동시에 처리하는 것이 아니라 매우 빠르게 전환합니다."[15]

스탠퍼드 대학교 심리학자 앤소니 와그너Anthony Wagner와 에발 오우퍼Eval Ophir가 실시한 연구에서 소셜 미디어 확인, 문자 주고받기, 영상 시청, 공부, 전화 통화 등 많은 정보의 흐름을 타는 대학생이 거두는 성적은 멀티태스킹을 제한하는 대학생보다 상당히 낮았다.

또 멀티태스킹은 장기적으로 부정적인 효과를 낼 수 있다. 멀티태스킹을 하지 않는 사람과 비교할 때 정기적으로 멀티태스킹을 하는 사람은 직업 기억력과 지속적인 주의를 요구하는 작업을 수행할 때 더 큰 어려움을 겪는다. 멀티태스킹은 시간이 지나면서 주의력을 쇠퇴시켜 어떤 단일 작업에도 주의력을 유지하기 어렵게 만든다.[16]

그렇다면 우리는 처음부터 잘못 알고 있었을까? 우리가 멀티태스킹을 하는 이유는 일을 더 많이 하기 위해서인데, 얄궂게도 멀티태스킹을 하면 일을 더 적게 하는 결과를 낳는다는 뜻인가? 한마디로 "그렇다."

작업 전환을 피하는 방법 중 하나는 할 일 목록에 있는 작업의 수를 줄이는 것이다. 우리 중 70퍼센트 이상이 할 일 목록을 작성한다.[17] 목록을 작성할 가능성이 가장 높은 사람은 캐나다인이고, 미국인은 목록에 매우 크게 의존하고, 일본인은 목록을 작성할 가능성이 가장 낮지만 그래도 절반 이상이 여전히 목록을 만든다. 전 세계적으로 여성이 남성보다 목록을 만들 가능성이 더 높다.[18]

우리는 대부분 해야 할 일을 여전히 종이에 적는 방법을 선호한다.[19] 이러한 경향에는 생물학적 근거가 작용한다. 임무를 완수하고 목록에서 지울 때 몸은 도파민 세례를 받는다. 집수리를 마치거나 체스 게임에서 이기는 등 자신이 갈망하는 목표를 달성했을 때 뇌에서 도파민이 분비된다. 도파민은 기분을 좋게 만드는 호르몬이다.

할 일 목록에 성취 가능한 작은 목표를 정함으로써 도파민 수치를 조정해서 목표를 달성할 수 있다. 예를 들어, 밥은 직장에서 책상을 정리하고 나면 체내에서 도파민이 분비되면서 성취감과 기쁨을 느낀다. 이러한 감정은 행동을 반복하도록 유도하고, 밥이 해야 할 일 목록에 적은 다른 프로젝트를 완수하는 것과 동시에 책상을 계속 깨끗하게 유지하도록 한다.[20]

하지만 도파민은 온갖 종류의 부정적인 중독에도 기여한다. 사람마다 충분한 도파민을 얻기 위해 필요한 즐거움과 보상은 다르다. 음식 중독자는 육즙이 풍부한 햄버거를 덥석 물 때 신경세포가 활성화되고, 섹스 중독자는 성욕을 자극하는 이미지를 볼 때 도파민이 분비된다. 알코올중독자는 술을 첫 모금 마시는 순간 도파민이 분출하는 것을 느낀다. 소셜 미디어 기업은 프로그래머들과 박사들에게 수백만 달러의 보수를 제공하며, 소셜 미디어 플랫폼이나 애플리케이션에 10대들이 오래 머물도록 도파민 수치를 자극하는 전술을 짜라고 지시한다.

이러한 현상 이면에 숨은 생물학을 이해하면 도파민이 유발할 수 있는 크고 작은 중독을 피하기 위해 싸울 수 있다. 예를 들어, 나는 기조연설을 하고 난 뒤에 이메일 수백 통을 받을 때가 많고, 그때마다 여기에 답장을 보내느라 하루를 꼬박 보낸다는 사실을 이 책을 쓰면서 깨달았다. 받은 편지함에 읽지 않은 메일이 300개에서 0개로 줄어드는 것을 보는 순간 도파민 수치가 치솟았다. 이러한 이메일에 관련한 도파민 함정을 알았으므로 이제 강단에 서는 날에는 원고 쓰는 작업에 관해서는 좀 더 작은 목표(예를 들어 20분 동안 원고 쓰기)를 세울 것이다.

매우 중요한 사항으로 할 일 목록을 만들기 전에 하지 말아야 할 일 목록을 만들기 시작했다.[21]

하지 말아야 할 일 목록 작성하기

할 일 목록을 작성하는 것도 바람직하지만 하지 말아야 할 일 목록을 작성하는 것이 훨씬 바람직하다. 성공한 사람에게 성공 비결은 더 많은 일을 완수하는 것이 아니라, 커다란 일을 더 많이 달성하는 것이다. 하지 말아야 할 일 목록을 작성하는 것은 내가 집중 강화 프로젝트를 수행하며 익힌 가장 유용한 습관 중 하나다.

할 일 목록에 있는 항목을 모두 완수하지 못하더라도 언짢아할 이유가 없다. 할 일을 전부 완수하지 못하기는 다른 사람도 마찬가지기 때문이다. 링크드인이 전 세계 전문가 6,000명 이상을 대상으로 실시한 조사에서 응답자의 11퍼센트만 할 일 목록에 있는 모든 과제를 정기적으로 완수한다고 말했다. 따라서 나머지 89퍼센트는 새로운 접근 방법을 시도해야 한다. 하지 말아야 할 목록으로 시작하면 어떨까? 우리는 일부 과제 목록을 냉혹하게 삭제할 수 있어야 한다. 어떤 과제를 삭제할 수 있을지, 즉 어떤 과제를 수행하지 말아야 할지 하루에 몇 차례씩 물어야 한다.[22]

거의 모든 과제를 하지 말아야 할 일 목록에 우선 넣어야 한다. 또 기분이 좀 더 나아진다면 그 목록을 '아직 하지 말아야 할 목록'으로 불러도 좋다. 이 목록에는 할 일 목록을 정리하도록 돕는다는 장점이 있다. 과학적인 사실에 따르면 우리가 할 일 목록에서 항목 1번을 실행하고 있더라도 뇌는 무의식적으로 37번을 생각할 수 있다.

할 일 목록을 생각해내어 뇌는 나중을 대비해 목록에서 어떤 정보를 간직할지 무의식적으로 결정한다. 이러한 잠재의식 활동은 '자이가르닉 효과Zeigarnik effect(미완성 효과 – 옮긴이)'로 불린다. 자이가르닉 효과 때문에 우리 정신은 뇌가 그렇게 하고 있다는 사실을 모를 때조차도 미완성 과제에 대해 생각하고 계획을 세운다.[23]

'자이가르닉 효과'라는 용어는 러시아 심리학자 블루마 불포브나 자이가르닉Bluma Wulfovna Zeigarnik의 이름에서 따왔다. 1920년대 자이가르닉은 레스토랑에서 식사를 하다가 매우 복잡한 주문을 잘 외우는 능력이 있는 웨이터들을 관찰했다. 하지만 그들은 일단 주문을 받고 식사 요금을 받고 난 뒤에는 상세한 주문 내역을 더 이상 기억하지 못했다.

이러한 관찰을 계기로 자이가르닉은 생각에 잠겼다. 웨이터들은 어떻게 주문을 받고 나서 그토록 사소한 세부 내역을 기억할 수 있었을까? 그러다가 처리된 주문은 어떻게 거의 또는 전혀 기억하지 못할까? 자이가르닉은 이러한 현상을 구체적으로 실험하기 위해 연구를 실시했다.

한 실험에서 자이가르닉은 수학 문제, 퍼즐, 기타 기본 과제를 완수하기 위해 아이들 138명을 모았다. 아이들은 과제의 절반을 수행할 때까지 전혀 방해를 받지 않았다. 하지만 나머지 과제를 수행할 때는 방해를 받아서 주의가 산만해졌다. 연구 결과를 살펴보면 한 시간이 지난 후에 기억을 시험해보자 참가자 138명 중 110명은 과제를 완수했을 때보다 방해를 받았을 때 세부 사항을 더욱 많이 기억했다. 성인의 기억을 시험하는 비슷한 실험에서 참가자들은 완성 과제보다 미완성 과제를 90퍼센트 더 많이 기억했다.[24]

자이가르닉 효과는 종종 왕성한 독서가에게 자주 일어난다. 그들은 몰두해서 책을 읽는 동안에는 모든 등장인물과 저자의 이름을 알고 있다. 하지만 책을 다 읽고 난 직후에 책에 대해 질문을 받으면 내용을 거의 기억하지 못한다. 심지어 몇 년 전에 읽었던 책을 우연히 다시 읽는 사람도 많다. 이러한 현상은 뛰어난 사람들에게서도 일어난다.

본질적으로 잠재의식은 과제를 완수할 수 있도록 계획을 세우라고 의식을 부추긴다. 이러한 정신 활동은 우리를 도울 목적으로 고안되며, 글을 쓰기 전에 우리에게 밤에 불을 지피려면 밝은 낮 동안 마른 나무를 모아야 한다고 상기시킨다. 하지만 정보가 쏟아지는 현대 사회에서 변화 속도를 따라가지 못하는 뇌 소프트웨어는 때로 성공에 불리하게 작용할 수 있다. 할 일 목록에서 미완성 과제가 많을수록 정신은 더욱 어지럽다. 뇌는 과제를 수행하고 있지 않을 때도, 예를 들어 할 일 목록의 37번, 38번, 39번, 그 이후 순위의 과제를 완수하려고 무의식적으로 노력한다.[25]

따라서 우리는 거의 모든 항목을 '아직 하지 말아야 할 일' 목록에 포함시켜야 한다. 그래야 정신을 자유롭게 해방시켜 좀 더 작고 좀 더 초점을 맞춘 할 일 목록을 공략할 수 있다.[26]

워런 버핏의 능력 범위

오마하에 살고 있는 워런 버핏은 어떻게 세계 제1의 부자가 되었을까? 단순함을 유지했기 때문이다. 일찍이 버핏은 투자할 때 초점을 맞춰야 하는 두 가지 규칙을 멘토에게 배웠다.

1 절대 돈을 잃지 않는다.
2 규칙 1번을 절대 잊지 않는다.

HBO에서 방영한 다큐멘터리 〈워런 버핏처럼 생각하기Becoming Warren Buffett〉에서 버핏은 자신에게 성공을 안겨준 비밀을 이렇게 설명한다.

논란의 여지가 있기는 하지만 역사상 가장 위대한 타자라는 평을 듣는 테드 윌리엄스Ted Williams가 쓴 《타격의 과학Science of Hitting》이라는 책이 있습니다. 이 책을 읽어보면 윌리엄스는 타석에 서 있는 자기 모습을 넣어서 스트라이크 존을 정사각형 77개로 나눕니다. 타격하기에 가장 유리한 지점으로 공이 들어오기를 기다리면 타율 4할을 유지하는 반면에 더 낮은 구석으로 들어오는 공을 치면 2할 3푼 5리의 타율을 기록합니다. 투자 분야에서는 '스트라이크'라고 외치는 심판은 없습니다. 따라서 나는 본질적으로 스트라이크가 없는 최고의 사업을 하고 있는 것이죠.
물론 기업 1,000곳을 눈여겨볼 수는 있어요(야구 투구를 생각해보세요). 그렇더라도 그 기업 전체 또는 심지어 50곳에 대해 옳은 판단을

절대 하지 말아야 할 일을 정말 잘하는 것보다 더 큰 시간 낭비는 없다.

내릴 필요는 없습니다. 그저 내가 치고 싶은 공을 고르면 되거든요. 투자할 때 비결은 투구를 지켜보면서 최적의 지점으로 곧장 들어오는 공을 기다리는 것입니다. 사람들이 "스윙해, 이 멍청아!"라고 소리를 지르더라도 무시하세요. 여러 해 동안 거름망을 개발하고 능력 범위를 파악하세요. 나는 내 능력 범위 안에 머물면서, 원 밖에서 벌어지는 상황에 대해서는 걱정하지 않습니다. 자신이 강점을 발휘할 게임이 무엇인지 파악하는 것이 엄청나게 중요해요.[27]

1990년대 말 닷컴 열풍이 불었을 때 사람들은 실제로 "스윙해, 이 멍청아!"라고 소리를 지르진 않았지만 기술주에 투자하라고 워런을 부추겼다. 하지만 워런은 기술주가 자신의 능력 범위 밖에 있기 때문에 스스로 강점을 발휘할 수 없으리라고 간파했다. 닷컴 열풍이 추락하자 버크셔 해서웨이Berkshire Hathaway(워런 버핏이 이끄는 투자 전문 회사–옮긴이)는 강력한 입지에 놓였다. 워런이 최적의 지점으로 들어오는 공을 기다리는 데 집중했기 때문이다.

아들 빌 게이츠와 함께 워런을 만난 직후에 게이츠의 아버지는 워런과 아들에게 자신의 경력에서 가장 유용했던 요소를 가장 잘 묘사한 단어 하나를 적어달라고 요청했다. 워런은 당시 상황을 이렇게 설명한다.

빌과 나는 서로 의논하지 않았는데도 '집중'이라는 단어를 썼습니다. 집중은 내 성격에서 항상 강점이었어요. 나는 무언가에 관심을 가지면 정말 몰두합니다. 새로운 주제에 관심을 가지면 그 주제에 관해 글을 읽고, 이야기하고, 관련 인물들을 만나고 싶어 하죠.

나는 내 침실 벽이나 거실 벽 색깔이 무엇인지 몰라요. 물리적인 우주와 정신이 연결되어 있다고 느끼지도 않아요. 하지만 사업의 세계는 비교적 잘 이해하고 있다고 믿습니다.

나는 앉아서 생각하는 것을 좋아해요. 비생산적인 활동일 수 있지만 즐거워요.

버핏은 "우리의 투자 철학은 무기력에 가깝다"라고 말한 것으로 유명하다. 그는 수많은 투자에 옳은 결정만 내리는 것이 불가능하다는 사실을 경력 초반에 깨달았다. 자신이 잘못 판단할 수 있다는 사실을 인지했다. 그래서 성공 확률을 높이기 위해 능력의 중심을 지켰고, 야구로 빗대어 말하면 크게 한 방을 노리면서 자신이 성공하리라 확신하는 투자 결정을 몇 가지 내리고 오랫동안 기다렸다. 버핏은 재산의 약 90퍼센트를 열 군데에 투자하고 있다. 그의 전용기를 오랫동안 조종하고 있는 마이크 플린트Mike Flint가 감지했듯 이것도 버핏이 하지 말아야 할 일 목록을 작성하는 전략을 취한 결과의 일부이다.

플린트는 미국 대통령 네 명이 재임하는 동안 대통령 전용기를 조종했다. 버핏은 직업 목표를 주제로 플린트와 대화하며, 자신이 달성한 가장 훌륭한 업적 몇 가지에 크게 기여한 간단한 연습을 해보라고 플린트에게 권했다. 그러면서 펜과 종이를 집어 들고 다음처럼 해보라고 말했다.

1단계　종이에 자신이 세운 경력 목표 상위 스물다섯 개를 적는다.

세상살이는 멀리 보면 고달프지만 가까이 보면서 한 단계씩 밟아나가면 쉽다. ─존 바이더웨이(미국 베스트셀러 작가─옮긴이)

2단계   상위 다섯 개에 동그라미를 친다.

3단계   상위 다섯 개를 한 목록에 넣고, 나머지 스무 개를 두 번째 목록에 넣는다.

이제 플린트 앞에는 상위 다섯 개 목록과 나머지 상위 스무 개 목록이 놓였다.

버핏은 목록에 적은 목표를 달성하기 위해 무엇을 할 계획인지 물었다. 플린트는 상위 다섯 개 목표를 달성하기 위해 즉시 행동하겠다고 대답했다. 그러자 버핏은 "그러면 두 번째 목록은 어떻게 할 건가요?"라고 물었다. 플린트는 다른 스무 개 목표도 여전히 중요하므로 시간이 나면 조금씩 실행하도록 노력하겠다고 대답했다.

납득할 수 있는 대답이다. 상위 다섯 개에 들지 못했을 뿐 여전히 플린트가 달성하고 싶었던 좋은 목표들이었기 때문이다. 버핏은 어떤 반응을 보였을까?

"아뇨, 마이크 당신은 잘못 생각하고 있어요. 자신이 동그라미를 치지 않은 목표는 무슨 수를 쓰더라도 피해야 하는 일 목록에 들어가요. 상위 다섯 개의 목표를 달성하기 전에는 두 번째 목록에 있는 어떤 목표에도 관심을 두지 말아야 합니다."

결론을 정리하면 이렇다. 미완성인 목표 스무 개를 달성하려 할 것인가, 아니면 주요 목표 다섯 개를 달성할 것인가?[28]

이 점은 내가 집중 강화 프로젝트를 시작한 근본적인 이유와 관계가 있으며 마음에 새겨두기에 좋은 교훈이었다. 나는 지나치게 많은 일을 한꺼번에 처리하려고 애썼고, 결코 완수하지 못했다.

아마존 설립자 제프 베조스가 회의할 때 지키는 피자 두 판 규칙

기업, 병원, 비영리 조직, 학교를 포함해 어디에서 일하든 집중이 부족한 회의는 생산성이 낮을 수 있다. 미국 기업들이 여는 회의를 모두 합하면 매일 약 1,100만 건에 달한다.[29]

제프 베조스는 회의에서 나쁜 태도가 하나라도 발생하면 "회의실에서 에너지를 모두 소진시킨다"고 믿는다.[30] 회의에서 시간과 에너지의 낭비에 맞서 싸우기 위해 베조스는 '피자 두 판 규칙'을 개발해 가치 있는 회의 일정만 잡으려 한다. 규칙 명칭에 피자가 들어가기는 하지만 실제 피자와 관계가 없다. 이 규칙은 피자 두 판으로 참석자 전체를 먹일 수 없는 회의는 일정을 잡지도 참석하지도 말자는 뜻이다.[31] 근본적으로 회의에 참석하는 인원이 많을수록 생산성은 급격히 떨어질 가능성이 커진다. 따라서 회의의 규모를 줄여라. 이때 피자는 선택 사항이다.

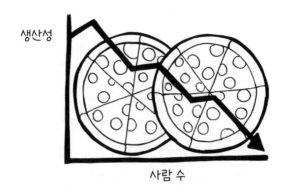

하루하루가 자신에게 일어나도록 내버려 두는 것이 아니라, 하루하루를 어떻게 공략할지 선택하는 것이 중요하다.

쓰레기장

집집마다 아직 버릴 마음의 준비는 되어 있지 않지만 어디에 두어야 할지 모르는 물건을 쌓아두는 개인적인 쓰레기장이 있다. 내 쓰레기장은 안방 옷장이다. 아버지의 쓰레기장은 늘 안락의자 주변이었다. 그곳에는 과장하지 않고 잡지 수백 권과 여러 물건이 수북이 쌓여 있었다.

내 쓰레기장을 정리할 때가 되었다. 추억이 담긴 물건을 보관해둔 상자들을 옷장 뒤편에서 하나씩 뒤지기 시작했다. 물건마다 특정 기억이 떠올라 마음이 머나먼 곳을 표류했으므로 정리하는 데 시간이 많이 들었다. 시스템을 가동하지 않으면 옷장 정리에 몇 년은 아니더라도 몇 달은 족히 걸릴 것이다. 성공한 사람은 우리보다 똑똑한 것이 아니라 더 나은 시스템을 갖추고 있을 뿐이라는 사실을 기억하면서 나는 시스템이 필요하다는 것을 깨달았다. 내가 추억과 기념을 염두에 두고 생각해낸 정리 시스템은 두 가지 질문을 하는 것이었다.

기념물 폐기 시스템:

1 나는 20년 안에 이 물건을 원할까? 아내가 어쩌다 버린다면 나는 아쉬울까?
2 내가 40년 안에 이 물건을 딸들에게 주면 원할까?

두 질문에 대한 대답의 95퍼센트는 '아니요'이다.

의류 폐기 시스템은 훨씬 간단하다.

의류 폐기 시스템:

1 지난 11개월 동안 입지 않았는가? 기부한다. 다른 사람이 이 옷을 받아 이익을 누릴 수 있을까? 빨리 기증한다.
2 할로윈 날 유용하게 쓸 수 있을까? 보관한다.
3 특별한 행사에 대비해 보관하고 있는가? 보관하지 않는다.

3번 질문과 관련해 예를 들어보자. 내가 정말 좋아하는 흰색 반바지가 있다. 하지만 더러워지는 것이 싫어서 거의 입지 않고 특별한 일이 있을 때만 입었다. 어떻게 되었겠는가? 유행이 지나버렸다. 그 전에 부지런히 입었어야 했다!

나는 '매일 가장 좋은 옷을 입어라'를 새 좌우명으로 정했다. 자신에게 완벽하게 맞으면서 마음에 드는 셔츠가 있다면 몸에 그럭저럭 맞는 보통 셔츠보다 훨씬 많이 입을 것이다. 그렇다면 이러한 셔츠를 더 많이 사고, 입지 않는 옷은 자선단체에 기부한다.

정리하며 생활하는 태도는 정신적·육체적 건강에 긍정적인 영향을 미친다. 약간의 정리정돈이 발휘하는 효과는 오래 간다. 한 연구 결과에 따르면 단 10분 동안 잘 정리된 공간에서 일하더라도 간식시간에 초코바보다 사과를 선택할 확률이 두 배 컸다. 지저분한 공간에서 일하는 사람은 초코바로 손을 뻗을 확률이 더 컸다. 뇌가 산만하거나 스트레스를 받는다고 느낄 때(어수선한 책상은 어수선한 마음과 같다)

가구를 방에 집어넣지 않고 오히려 방에서 꺼내면 방을 매우 호화롭게 꾸밀 수 있다. ─ 프랑시스 주르댕Francis Jourdain(프랑스 실내장식 미술가 ─ 옮긴이)

몸은 스트레스를 완화하기 위해 편안한 음식을 갈망하는 경향을 보인다.[32]

《성격과 사회심리학 회보Personality and Social Psychology Bulletin》에 실린 한 연구는 어수선한 집에 해야 할 일이 쌓여 있을 때 우울증과 피로의 수준이 훨씬 높다고 보고했다.[33]

《신경과학회지Journal of Neuroscience》는 책상을 정리하는 것처럼 간단한 일이 업무 수행과 건강을 크게 향상시킬 수 있다고 지적했다.[34]

3분 규칙

정리하는 데 3분이 채 걸리지 않는다면 어떻게 할까? 하라! "3분 미만이면 자유로워질 것이다"라는 문구를 실천하면 스트레스에서 해방될 수 있다. 1분 규칙이나 2분 규칙을 지키는 사람도 있다. 내 경우에는 이 짧은 시간 안에 완수할 수 있는 일이 많지 않다.

우리는 완수하는 데 3분도 걸리지 않는 일을 너무나 자주 미룬다. 이때 3분 규칙을 지키면 자유로워질 것이다. 이 작은 과제들을 수행하지 않으면 어떤 현상이 벌어질까?

1 잊어버린다. 해야 할 일이 다시 생각나지 않아서 나중에 문제에 직면하게 된다. 예를 들어, 얼지 않도록 수도를 잠근다, 중요한 이메일에 답장한다, '감사하다'란 문자를 신속하게 보낸다, 밸런타인데이 카드를 우편함에 넣는다.

2 계속 생각난다. 머릿속을 계속 맴돌아서 당면한 과제를 처리할 정

신력을 고갈시킨다.

3 빨리 처리해서 승리할 수 있는 일인데 하지 않으면 장기적인 패배로 간주된다. 예를 들어, 뜰에 무성하게 자란 잡초를 뽑는 데 3분이 걸린다면 이것은 빠른 승리다. 하지만 뽑지 않아서 잡초가 매일 계속 자라고 다른 종류의 잡초까지 퍼지기 시작하는 것은 장기적인 손실이다.

도자기, 책상, 의자, 그림 같은 물건을 나중에 자녀나 손자를 주기 위해 모으고 간직하는 사람이 많다. 내 할아버지와 할머니는 집을 떠나 요양시설로 옮길 때 가족들이 자신들의 물건을 전혀 원하지 않아 충격을 받았다.

가족들은 너나 할 것 없이 할아버지와 할머니의 물건은 원하지 않았지만 추억, 기념물, 사진, 가보를 갖고 싶어 했다. 그러므로 자신이 누군가를 주려고 물건을 모으고 간직하고 있다면 상대방이 정말 원하는지 오늘 물어보라. (1) 상대방이 원한다면 당장 주라. (2) 상대방이 원하지 않으면 즉시 자선단체에 기증하거나, 차고세일을 해서 팔거나, 온라인 경매에 붙여라.

3분 행동의 사례

1 다른 사람에게 이메일로 받은 사진을 인쇄하려고 벼르고 있다. 인쇄하라!
2 스무디를 마신 컵은 즉시 설거지한다. 스무디가 잔뜩 묻은 컵을

혼란에서 단순함을 찾아라. 부조화에서 조화를 찾아라. 기회는 난관의 한복판에 있다.
—앨버트 아인슈타인

나중에 설거지할 때는 시간이 세 배 더 걸린다.

3 바닥에 널려 있는 셔츠를 줍는다.

4 명절에 집을 밝히는 조명용 전기 소켓에 타이머를 부착한다.

5 감사 메일을 쓴다.

6 콘택트렌즈나 약이 떨어지기 전에 재주문한다.

7 차고 문 개폐기에 배터리를 새로 교체한다.

8 병 밖으로 흐른 메이플 시럽을 닦아내고, 주둥이에 엉겨 있는 설탕 덩어리를 제거한다.

9 이메일 주소록에서 그냥 삭제하지 말고 구독을 취소한다. 원한다면 언제든 다시 구독할 수 있다.

10 전구를 교체한다.

3분 규칙을 적용할 때는 다음 사항을 기억한다. 3분 동안 처리할 수 있는 일은 정말 많다! 시간 보호 기술과 시간 구획 기술을 3분 규칙과 결합하라.

3분 규칙은 효과가 있다. 그래서 나는 3분 규칙을 기쁜 마음으로 실천한다.

나는 3분 규칙을 적용하기 위해 21분을 일정에 넣을 것이다. 말 그대로 21분을 구획한 후에 이 기간에는 3분 이내로 처리할 수 있는 과제만 수행한다.

데이비드 앨런David Allen은 자신이 쓴 베스트셀러《쏟아지는 일 완벽하게 해내는 법Getting Things Done》에서 목표를 달성하고 습관을 형성할 때도 3분 규칙 개념을 적용할 수 있다고 제안한다. 새로운 습관을 시작하는 데 3분 이상 걸리면 안 된다. 당신이 세운 목표는 모두 3분 이내로 달성할 수 있는가? 물론 아니다. 하지만 모든 목표를 달성하는 일은 3분 이내로 시작할 수 있다. 이것이 바로 3분 규칙에 숨은 목적이다. 리더들이 준비하자고 말하지 않고 시작하자고 말하는 까닭도 이 때문이다.

당신이 세운 원대한 삶의 목표를 감안하면 3분 규칙이 지나치게 단순하게 들릴 수 있지만 내 생각은 다르다. 한 가지 단순한 이유, 즉 실생활의 물리학 덕택에 3분 규칙 전략은 어떤 목표를 달성하는 데도 효과적이다.

실생활의 물리학

아이작 뉴턴Isaac Newton은 정지해 있는 물체는 계속 정지해 있으려 하고, 움직이는 물체는 계속 움직이려는 경향이 있다고 주장했다. 이것은 떨어지는 사과뿐 아니라 인간에게도 적용된다. 움직이는 사람은 계속 움직이려는 경향을 보인다.

3분 규칙은 관성 때문에 작은 목표뿐 아니라 큰 목표에도 효과를 발휘한다. 일단 무언가를 하기 시작하면 계속하기가 더 쉬워진다. 나는 3분 규칙을 좋아한다. 일단 시작하면 온갖 종류의 좋은 일들이 일어난다는 개념을 담고 있기 때문이다.

글을 더 잘 쓰고 싶은가? 한 문장을 쓰기 시작하라. 그러면 어느 결에 한 시간 동안 글을 쓰고 있을 것이다.

몸에 좀 더 좋은 음식을 먹고 싶은가? 당근을 한 입 베어 물어보라.

집중과 단순함은 내가 외우는 주문의 하나였다. 단순함은 복잡함보다 달성하기 힘들 수 있다. 생각을 단순하게 만들려면 명쾌하게 생각하려고 부단히 노력해야 한다. 하지만 종국에는 그럴만한 가치가 있다. 일단 그 수준에 도달하면 산도 움직일 수 있기 때문이다.─스티브 잡스

그러면 건강에 좋은 샐러드를 만들어 먹겠다는 마음이 생길 것이다.

독서하는 습관을 기르고 싶은가? 새 책을 집어 들고 첫 페이지를 읽어라. 그러면 알지 못하는 사이에 첫 세 챕터를 훌쩍 넘겨 읽고 있을 것이다.

세차 실험: 유리한 출발이 승리의 밑거름이 된다

1월에서 다루었듯 내가 조직, 사회, 개인의 입장에서 최우선 순위로 선정한 대상은 성장이다. 내 부모가 입버릇처럼 말하듯 사람은 성장하지 않으면 쪼그라든다. 진전하는 모습을 보면 기운이 난다. 어수선한 장소를 정리할 때 치료 효과를 보는 것도 바로 이 때문이다. 곤도 마리에Marie Kondo는 대단한 인기를 끌었던 베스트셀러 《정리의 힘The Life Changing Magic of Tidying Up》에서 미니멀리즘을 주제로 다루었다. 우리는 화장실에 수건을 걸거나 책상 서랍을 정리하면서 진전을 느낀다.

2006년 조셉 누네스Joseph Nunes와 자비에르 드레제Xavier Dreze는 진전의 정확한 영향력을 파악하기 위해 소위 '세차 실험'을 수행했다.

고객에게 두 종류의 무료세차 카드 중 하나를 준다. 두 카드에 각각 도장을 여덟 번 받으면 무료세차를 한 번 할 수 있다. 고객은 세차를 하고 나서 무료세차 카드에 도장을 하나 받는다.

무료세차 카드 A에는 빈칸이 여덟 개 있다. 무료세차 카드 B에는 빈칸이 열 개 있지만, 이미 도장 두 개가 찍혀 있다. 따라서 무료세차 카드 A와 B를 가지고 무료세차를 받으려면 도장을 각각 정확하게 여덟 번 더 받아야 한다.

사람들은 두 카드를 다르다고 생각할까?

그렇다. 여덟 번 방문해 도장을 다 찍어서 무료세차를 하러 세차장을 찾은 경우에 카드 A를 소지한 고객은 전체의 19퍼센트였지만, 카드 B를 소지한 고객은 전체의 34퍼센트나 되어서 거의 두 배였다.[35]

둘째 집단에는 '유리한 출발Head Start 집단'이라는 명칭을 붙였다. 무료세차 카드를 소지한 두 집단은 같은 횟수만큼 세차장을 찾아서 도장을 받아야 했지만, '유리한 출발 집단'은 도장 두 개를 '공짜'로 받았으므로 이미 진전을 이루었다고 느꼈고, 그만큼 무료세차의 혜택에 훨씬 다가섰다고 느꼈다.[36]

누네스와 드레제가 발견했듯, 사람들은 자신의 진전을 확인하면 계속 노력할 힘을 얻는다. 새로 다이어트를 시작했는데 즉각적인 결과를 거두지 못한 경우가 몇 번인가? 처음에 자그마한 성과를 거두면 다이어트를 꾸준히 실천할 가능성이 커질 것이다.

누네스와 드레제의 연구 결과를 대하자, 나는 케임브리지에 살면서 하버드 대학교와 MIT가 주도한 무료 온라인 강좌 플랫폼인 '에드엑스edx.org'를 개발하는 프로젝트를 수행하고 지원했던 시기가 떠올랐다. 우리는 당시에 비슷한 현상을 목격했다. 에드엑스에서 온라인 강좌를 신청해 수강하면서 처음 몇 주 안에 진전을 맛보았던 수강생들은 강좌를 더욱 꾸준히 수강했다. 진전했다는 신호를 셋째 주까지 감지하지 못한 수강생의 경우에는 중퇴율이 상당히 높았다. 결과적으로 해당 강좌를 강의하는 교수들은 온라인 강좌 자체의 한계 안에서 수강생들이 개강한 후 첫 몇 주 동안 진전을 볼 수 있도록 도왔다. 하버드 대학교와 MIT는 이러한 방식으로 중퇴율을 떨어뜨려 온라인

내게 당신의 일정을 보여주면 당신의 우선
순위가 무엇인지 말해주겠다.

수강생들을 더욱 많이 유치할 수 있었다!

따라서 우리는 어떤 계획이든 참가자들이 초반에 인식할 수 있는 승리를 안겨주기 위해 시도해야 한다.

빈 서랍

나는 딸의 크레용이 책상 위에 놓여 있는 것을 보고 크레용을 원래 있던 서랍에 넣으려 했다. 그런데 안에 물건이 꽉 차 있어서 서랍이 열리지 않았다. 서랍을 조금씩 움직이고 손가락을 집어넣으며 북새통을 떤 끝에 가까스로 열 수 있었다. 물건 몇 개가 양옆으로 삐져나왔다. 이 난리를 치르고 나서 옆 서랍을 열었더니 비어 있지 않은가! 맙소사!

크레용은 이 빈 서랍에 쉽게 쏙 들어갔다. 이때 방에 들어온 딸의 눈동자가 왕방울만큼 커졌다.

딸   아빠! 크레용을 그 서랍에 넣으면 안 돼요! (어쨌거나, 아이의 목소리를 통해 아내의 잔소리를 듣는 것은 언제나 좋은 경험이다.)

나   왜 안 되는데?

딸   거기는 엄마의 서랍이에요. 아무것도 넣으면 안 돼요.

나   하지만 이 서랍에는 아무것도 없어. 텅 비었다니까. (나는 크레용 상자를 빈 서랍에 넣었다.)

딸   할 수 없죠, 아빠 마음대로 하세요. 하지만 나는 분명히 말했어요. 아빠는 엄마한테 정말 크게 혼날 거예요.

딸의 경고는 귀담아들을 만한 것이었다. 나는 딸이 말한 대로 신성한 서랍을 사용한 대가를 톡톡히 치러야 했다.

당시에 내가 집중 강화 프로젝트를 실천하고 있지 않았다면 아내를 정신병원에 입원시켰을지도 모른다. 하지만 우리 부부는 함께 앉아서 이 문제에 대해 토론했다. 아내는 부엌에 서랍 하나를 비워두는 것은 부엌뿐 아니라 자신의 삶에 쓰레기를 꾸준히 늘려가고 있지만은 않는다는 뜻이라고 했다. 빈 서랍은 아내에게 상징성이 있었던 것이다. 나는 '덜함'의 힘을 깊이 연구하고 있었으므로 아내의 심정을 이해할 수 있었다(그것이 아니라면 우리 둘 다 제정신이 아닐 것이다). 아내는 약간 물러서기로 약속하고 자신이 지정한 빈 서랍을 가장 큰 것에서 가장 작은 것으로 바꾸었다.

정리를 하는 동안 나는 마음에 드는 속담을 발견했다. 한 현명한 인디언 추장이 부족의 용사들에게 화살 쏘는 방법을 가르치면서 나무에 나무새를 놓고 새의 부리를 겨냥하라고 말했다.

추장은 첫 번째 용사에게 무엇을 보았는지 물었다. 첫 번째 용사는 "나뭇가지, 산, 나뭇잎, 하늘, 새, 새 깃털, 새 부리가 보입니다"라고 대답했다. 추장은 이 용사에게 기다리라고 말했다.

이번에는 두 번째 용사 쪽으로 몸을 돌리며 같은 질문을 던졌다. 두 번째 용사는 "새의 부리가 보입니다"라고 대답했다.

추장은 이렇게 말했다. "잘했네. 자네는 활을 쏠 준비가 되었군." 화살은 곧장 날아가 자그마한 새 부리를 명중했다. 용사와 마찬가지로 우리는 집중하지 않으면 원하는 것을 얻을 수 없다.[37]

2월 요약

한 가지 중요한 사항
성공한 사람은 자신의 물건, 정신, 일정을 정리하기 위해 시간대를 구획한다.

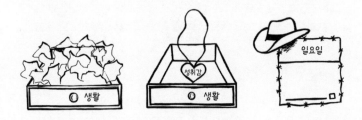

점수: B+
나는 이 달에 거둔 진전에 만족했고, 목록에 적은 할 일을 많이 완수해서 기뻤다. 하지만 상당히 노력했지만 물건을 더욱 잘 정리하고, 시간을 더욱 잘 관리할 여지가 남아 있다는 사실을 깨달았다! 어쨌거나 한 달 동안 멋진 경험을 했고 B+를 점수로 매겼다.

주요 요점
1 카우보이처럼 일정을 짠다. 일정에 시간대를 구획하고 넓은 공간을 비워둔다.

2 하지 말아야 할 일 목록을 만든다.

3 3분 규칙: 3분 미만으로 걸리는 일이면 실천한다!

4 성공한 부자들이라고 해서 우리보다 더 현명하지도 시간이 더 많지도 않다. 더 나은 시스템과 절차를 갖추고 있을 뿐이다.

5 멀티태스킹을 하지 말고 능력 범위에 집중한다.

6 집이든 삶이든 완전히 빈 서랍을 남겨두는 것은 괜찮고, 심지어 건전하다.

3월

가족과 친구에
집중하기

FOCUS PROJECT

1930년이었다. 세계적 경제학자인 존 메이너드 케인스John Maynard Keynes는 미래에 널리 읽힐 책을 쓰기 시작했다. 자신도 당시에는 알지 못했지만 거의 100년 후 그의 글은 여전히 논란을 불러일으키고 있다.

탁월한 학자이기는 하지만 케인스가 쓴《우리 손자 손녀들이 누릴 경제적 가능성Economic Possibilities For Our Grandchildren》은 상당히 잘못된 내용을 담고 있는 것으로 밝혀졌다.[38] 여기서 케인스는 기술이 발달한 덕택에 손자들이 성인으로 성장할 즈음이면 일주일에 열다섯 시간 정도만 일하리라고 예측했다.

케인스의 예측이 얼마나 빗나갔을까? 그에게는 자식도 손자도 없었다. 하지만 여동생에게는 교수인 니콜라스 험프리Nicholas Humphrey를 포함해 손자들이 있었다. 험프리는 자신이 하루에 열다섯 시간 가까이 일했다고 추정하는데, 이것은 주당 75시간이나 되므로 주당 열

다섯 시간보다 훨씬 길다. 다른 여동생의 손녀이면서 개업 심리치료사인 수잔나 번Susannah Burn은 주당 50시간가량 일하고 있으며 휴가를 내기가 어렵다고 말한다.

사람들은 대부분 험프리와 번의 말에 공감한다. 오늘날 장시간 노동은 매우 흔한 현상이어서 #nevernotworking(#쉬지않고일하기) 같은 소셜 미디어 해시태그를 많이 볼 수 있다. 미국인 정규직 노동자들은 주당 평균 47시간 일해서 10년 전보다 한 시간 30분 더 일한다. 놀랍게도 노동자 열 명 중 거의 네 명은 주당 50시간 이상 일하고 있다.[39]

이처럼 노동시간이 길어지면 가족과 보내는 시간은 줄어들기 마련이다. 나는 지난달에 카우보이처럼 일정을 짜는 방법을 익혔다. 이번 달에는 일에서도 사생활에서도 카우보이처럼 일정을 짜야 한다는 사실을 깨달았다. 저자인 팀 어반Tim Urban은 평생 가족과 보내는 시간의 80퍼센트는 18세 이전에 일어난다고 계산했다. 이 정보를 보고 딸들과 보내는 지금 이 시간이 바로 거기에 해당된다고 생각하니 정신이 번쩍 들었다.

사랑하는 사람들과 가족과 함께 뜻깊은 시간을 보내는 것에 우선순위를 두지 않으면 그 시간은 사라질 것이다. 하지만 가족과 친구와 뜻깊게 시간을 보내고 싶어 하는 마음가짐을 갖는 것만으로는 충분하지 않다. 적절하게 시간대를 구획해서 이러한 시간을 확보해야 한다. 특히 가족을 위해 시간을 확보해야 한다는 말은 사랑하는 사람을 위해 쓰는 시간을 절대적으로 지켜야 한다는 뜻이다.

52일 외박 규칙

비행기에 탑승했을 때 손이 떨렸다. 승무원이 괜찮은지 물었다. 나는 이렇게 소리치고 싶었다. "아뇨, 괜찮지 않아요. 그냥 앉고 싶어요. ⋯ 공항 보안 장치가 고장 나는 바람에 세 시간 만에 탑승했어요. ⋯ 정말 황당하네요! ⋯ 대체 누가 공항을 이따위로 운영하나요? ⋯ 그래서 비행기를 두 대나 놓쳤다고요! ⋯ 강단에 서야 하는 시간에 맞춰 도착하지 못할 것 같아요!" 물론 나는 이렇게 소리 지르지 않았지만, 이러한 말들이 목구멍까지 치밀어 올랐다.

쓰러질 것만 같았다. 이런 경험은 난생처음이었다. 대학에 다닐 때는 톰 이조Tom Izzo 코치가 요구하는 지독한 훈련을 버텨냈다. 그랬던 내가 어째서 지금은 이렇게 무너질까?

지금은 무기력하기 짝이 없었다. 나는 기어들어가는 목소리로 "물 좀 주시겠어요?"라고 말했다. 내 목소리가 점점 작아지는 것을 느낄 수 있었다. ⋯ 목소리가 흔들리고 갈라졌다. 몸이 무너져 내렸다.

내 좌석까지 걸어오는 동안 몸도 마음도 흔들렸다. 이름은 슈퍼히어로 같지만 나도 파괴될 수 있는 존재란 사실이 여실히 드러났다. 나는 수십만 명 앞에서 강연하고, 최고의 강연을 이끌어내기 위해 아드레날린, 스트레스, 대담함을 도구로 사용했다. 지금까지는 단 한 번도 정신이 무너질 정도로 벼랑 끝까지 내몰린 적이 없었다.

5주 동안《포춘》지 선정 500대 기업을 대상으로 24개 도시를 순회하며 책 사인회와 강연을 강행하는 일정으로 정말 큰 대가를 치렀다. 집에는 어린 두 딸이 있고, 명절 시즌이었으며, 애니메이션 회사를 막 시작했다. 게다가 다음 책의 출판 기한이 성큼 다가왔다. 요약하자면 나 자신의 능력을 고려하지 않고 일을 벌인 전형적인 사례였다. 이러한 내 말에 공감할 수 있는가?

몸과 마음이 무너지고 있었다.

하지만 몸과 마음이 쇠약해졌다기보다 오히려 돌파구를 뚫을 기회가 찾아왔다는 사실을 깨달았다. 어쩌다가 이렇게 과부화에 걸렸을까? 어떻게 해야 앞으로 이러한 사태가 벌어지지 않도록 예방할 수 있을까?

나는 사건들이 자신에게 닥치는 것이 아니라 자신을 위해 일어난다고 굳게 믿었으므로 이러한 경험을 계기로 52일 외박 규칙(52 Night Rule)을 만들어 자사의 주요 성과 지표 1번으로 삼았다. 단기적인 관점에서 보면 이 규칙은 사업 수입에 사실상 손해를 안긴다. 하지만 장기적으로 보면 가장 중요하게는 업무 달성과 수입을 포함해 사업의 최전선에서 매우 중요한 역할을 한다. 단기적으로 전투에서 패배할수는 있지만 장기적으로는 전쟁에서 승리하는 것이다.

규칙: 밤에 가족과 떨어져 있는 시간을 최대 연간 52일로 제한한다. 어떤 대가를 치르더라도 가장 중요한 원칙을 보호한다.

경험을 하며 배운 교훈대로 중요한 원칙을 지키기 위해 당신 삶에 난간을 놓기 바란다. 당신에게 52일 외박 규칙에 해당하는 것은 무엇인가?

> 누구도 사업 때문에 가족을 등한시해서는 안 된다. —월트 디즈니

해야 한다고 생각하는 일이 아니라 원하는 일을 하라

디즈니랜드에서는 줄을 서지 않고 놀이기구를 탈 수 있는 '패스트 패스Fast Pass'를 세 개 신청할 수 있다. 패스트 패스는 윌리 웡카Willy Wonka(《찰리와 초콜릿 공장》의 주인공 – 옮긴이)에게 줄 서는 두세 시간을 생략할 수 있게 해주는 황금 티켓과 맞먹는다.

우리 가족에게는 패스트 패스가 하나 남아 있었다. 그래서 나는 각 놀이기구를 타기 위한 대기 시간을 확인했다.

'정글 크루즈Jungle Cruise'의 대기 시간은 70분이었지만 '반스토머 롤러코스터Barnstormer Roller Coaster'와 '위니 더 푸Winnie the Pooh'는 10분씩이었다. 딸들은 정글 크루즈보다 반스토머 롤러코스터와 위니 더 푸를 타고 싶어 했지만, 나와 아내는 갈등했다. 대기 시간을 감안하여 가장 가치 있는 놀이기구를 타지 않는 것은 마지막 남은 패스트 패스를 허망하게 쓰는 것 같았다. 하지만 딸들은 단호하게 "반스토머!"라고 말했다.

아이들은 종종 어른들보다 나은 결정을 내린다. 디즈니랜드를 찾은 다른 사람들은 70분을 기다릴 만큼 정글 크루즈를 좋아했지만 그 사실은 중요하지 않았다. 내 딸들이 가치 있다고 생각하는 놀이기구가 아니었기 때문이다. 줄이 똑같이 길었더라도 딸들은 정글 크루즈가 아니라 반스토머를 골랐을 것이다. 반스토머를 타려는 줄은 일곱 배나 짧았다. 이것은 부모인 우리 부부가 복잡하게 만들었을 뿐 정말 간단한 결정이었고, 아이들에게 물어보지 않았더라면 잘못된 결정을 내렸을 것이다.

집중의 한 가지 주요 측면은 자신이 해야 한다고 생각하는 일, 다른 사람이 하고 있는 일, 다른 사람이 가치를 두는 일을 하는 것이 아니라 자신이 정말 하고 싶은 일을 하는 것이다. 특히 카멜레온 같은 우리가 이렇게 하기는 어려울 때가 많다. 부모, 형제, 멘토처럼 우리가 존중하는 누군가의 의견을 따르고 있을 수 있기 때문이다. 따라서 당신이 무엇을 소중하게 여기고, 무엇이 당신에게 기쁨을 안기는지를 당신 자신에게 물어야 한다.

스티브 잡스의 마지막 말

스티브 잡스는 56세에 억만장자로 세상을 떠났다. 가까운 가족들은 그가 임종하면서 "오, 와우. 오, 와우, 오, 와우"라고 말했다고 전했다. 잡스가 죽음을 앞둔 며칠 동안 글을 썼을 가능성은 낮겠지만 특정 글이 여전히 사람들 입에 오르내리고 있다. 우리가 아는 것은 잡스가 사업에서 성공하기 위해 자주 가족을 희생시켰다는 사실이다. 한때는 리사가 자신의 친딸이라는 사실을 부인하기까지 했는데, 잡스가 어린 시절에 입양되었다는 사실을 고려하면 의외의 행동이었다.

다음은 잡스가 마지막 며칠 동안 썼다고 알려진 글이다. 진위여부는 여전히 논란의 대상이지만 글의 깊이는 절대 그렇지 않다.

나는 사업계에서 성공의 정점에 도달했습니다. 밖에서 보기에 내 삶은 성공의 전형이었습니다. 하지만 일을 제외하고는 삶이 거의 즐겁지 않았습니다. 결국 재산은 내게 익숙한 삶의 한 모습일 뿐입니다. 이

더 오래 살 수 없으면 더 깊이 살아라.
—이탈리아 속담

순간 침대에 누워 삶을 돌아보니 그토록 자부심을 느꼈던 모든 인정과 재산이 죽음 앞에서 시들해지고 무의미하다는 사실을 깨닫습니다.

사람을 고용해 차를 운전하게 하고 돈을 벌어주게 할 수 있지만, 병을 대신 앓게 할 수는 없습니다. 잃어버린 물건은 찾거나 교체할 수 있습니다. 하지만 잃어버리고 나서 절대 찾을 수 없는 것이 있습니다. 바로 생명입니다. 당신이 지금 삶의 어떤 단계에 있든 시간이 지나면 막이 내릴 날을 맞이하기 마련입니다.

가족, 배우자, 친구를 향한 사랑을 소중하게 여기십시오. 자신을 잘 대우하고 다른 사람을 소중하게 생각하십시오. 나이가 들면서 희망하건대 더욱 현명해지면서 3,000달러짜리 시계나 30달러짜리 시계나 가리키는 시간은 같다는 사실을 깨닫습니다. 당신은 내면의 진정한 행복이 세상의 물질에서 비롯하지 않는다는 사실을 깨달을 것입니다. 일등석을 타든 이코노미석을 타든 비행기가 추락하면 모두 같이 추락합니다.

그러므로 짝, 친구, 형제자매가 있어서 함께 수다 떨고, 웃고, 말하고, 노래하고, 동서남북이나 천국과 현세에 대해 이야기하는 것이 진정한 행복이라는 사실을 깨닫기 바랍니다. 자녀들에게 부자가 되라고 가르치지 마세요. 행복하라고 가르치세요. 그러면 아이들은 성장하면서 물건의 가격이 아니라 가치에 눈을 뜰 것입니다.

당신을 사랑하는 사람은 당신 곁을 떠나 다른 사람에게 가지 않습니다. 당신을 포기할 100가지 이유가 있더라도 당신을 붙잡고 당신 곁에 남아 있을 한 가지 이유를 찾을 것이기 때문입니다. 사람과 사람다운 것에는 큰 차이가 있습니다. 그 차이를 진정으로 이해하는 사람은 소수뿐입니다. 당신은 태어났을 때 사랑을 받고, 죽을 때 사랑을 받을 것입니다. 그 사이의 기간은 스스로 관리해야 합니다.

세상에서 가장 좋은 여섯 명의 의사는 햇빛, 휴식, 운동, 다이어트, 자신감, 친구입니다. 이 여섯 명의 의사를 삶의 모든 단계에서 곁에 두고 건강한 삶을 누리세요.

쥐를 사냥하고 있는가? 아니면 영양을 사냥하고 있는가?

사자의 예리한 황금빛 눈에서 우리는 집중에 관한 교훈을 얻을 수 있다. 말 그대로뿐 아니라 비유적으로도 그렇다. 사자는 하루종일 들쥐를 잡아먹기에 충분할 만큼 강하고 빠르다. 하지만 잡아먹어서 얻는 것보다 더 많은 에너지를 사용해서 들쥐를 잡는다. 들쥐를 내버려두고 영양을 사냥하는 데 집중하는 편이 사자에게 유리하다. 영양은 들쥐보다 잡기는 더 어렵지만 사자와 사자의 자존심에 충분한 영양분을 공급한다. 사자는 들쥐만 먹고살 수 없지만 영양을 먹으면서는 오래 행복하게 살 수 있다.

받은 이메일 편지함을 비우는 것처럼 작고 쉬운 일을 하는 것은 유혹적이기는 하지만 들쥐를 쫓는 것과 마찬가지다. 단기적으로는 기분이 좋고 보람도 느끼지만 장기적으로는 자신을 시들어 죽게 만든다. 들쥐를 사냥해 먹느라 바쁜 사자는 서서히 굶어 죽고 만다.

앞서 설명했듯 우리는 목표를 달성하기 위해 작은 단계를 밟고 싶어 하는데, 이때 단계들은 올바른 목표를 향해야 한다. 다시 말해, 들쥐가 아니라 영양을 잡을 수 있는 단계여야 한다. 공허하고 정신적으

로 굶주리게 만들지 않으면서 자신에게 성취감을 안겨주는 단계들을
추구해야 한다.

이번 달에는 들쥐를 무시하고 영양을 잡는 데 집중하자. 강력한 힘
을 가진 두 글자 단어 'No'로 무장하고 이번 달을 시작하자.

최고의 생산성 도구는 'No'라고 말하는 것이다

우리는 전부 할 수 있다는 사고방식으로 살아간다. 이것은 삶에 긍정
적으로 접근하는 방식이기는 하지만 현실적이지 않다. 우리는 전부
할 수 있지만 동시에 전부 할 수는 없다.

"오늘 내가 일하는 동안 개를 산책시켜 줄래요?" — 알았어.
"오후 3시 30분에 학교에 가서 사라를 집으로 데려올래요?" — 물론
이지.
"나 대신 회의에 참석해줄 수 있어요?" — 그럼.
"오늘 밤 학부모와 교사 회의에 가져갈 과자를 사다 줄 수 있어요?"
— 그렇게 하지.

우리는 이 대화처럼 언제나 'Yes'라고 자동으로 대답함으로써 스
트레스와 실패에 직면할 환경을 조성한다. 스티브 잡스가 남긴 유명
한 말처럼 "집중은 'No'라고 말하는 것이다". 이 말은 단순하게 들리
지만 실천하기는 쉽지 않다. 사실 우리는 대부분 거절을 잘하지 못한
다. 불편한 상황을 피하기 위해 극단의 태도를 취한다. 최근 레스토랑

에 가서 수준 이하의 경험을 했을 때를 떠올려보자. 웨이터가 와서 모든 것이 괜찮은지 물었을 때 당신은 이렇게 대답했는가? "별로였어요. 앉을 때 보니 테이블이 더럽더군요. 포크가 없어서 기다리다가 달걀이 식었고요. 정중하게 요청했는데도 커피를 리필 받지 못했어요." 오히려 "좋아요, 고마워요"라고만 대답했을 것이다. 우리 대부분은 다른 사람의 기분을 맞춰주면서 갈등을 피한다. 대개는 그렇게 하는 것이 유리하기 때문이다.

하지만 두드러지게 눈에 띄는 예외가 있다. 가장 중요한 것에 집중할 수 없기 때문에 'No'라고 말하지 못하는 경우가 많다는 것이다. 방정식은 간단하다. 연루되는 일을 줄이면 정말 중요한 일에 시간을 더 많이 쓸 수 있다. 성공한 사람과 대단히 성공한 사람의 차이는 무엇일까? 대단히 성공한 사람은 거의 모든 일에 'No'라고 말한다. 'No'라고 말하는 것에 미숙하면 결국 자신에게 해가 돌아온다. 따라서 'No'라고 말하는 데 능숙해져야 한다.

많은 사람이 그렇듯 나도 타인의 기분을 맞춰주는 쪽으로 행동한다. 그러다 보니 'No'라고 말하는 것이 어렵다. 'No'라고 말하면 종종 존중을 얻는 대신에 인기를 잃는다. 개인적으로 하나를 선택해야 한다면 나는 인기보다 존중을 선택할 것이다. 그래서 'No'라고 말할 수 있도록 도와주는 요령과 꿀팁을 끊임없이 찾는다.

아래에 나열한 꿀팁 여섯 가지와 더불어 내가 특히 유용하다고 경험한 비결은 시간을 사업처럼 다루는 것이다. 나는 다른 사람의 요청을 온라인 주문이라고 생각한다. 따라서 특정 품목의 재고가 소진되면 그만이다. '미안합니다만, 이 품목은 현재 품절입니다!' 이때 재고가 떨어진 품목은 내 시간이다. 좀더 구체적으로 말하면, 요청을 받고 'Yes'라고 대답하는 내 능력이다. 미안한 말이지만 우리에게 'Yes'는 품절 품목이고, 이제 선반에 남은 것은 'No'뿐이다. 이것은 전형적인 공급과 수요의 문제로 앞으로 다음과 같이 다뤄야 한다.

"생각해보고 나중에 말해줄게"라고 대답하지 마라. 대답을 늦추면 오히려 기대만 키워서 더 큰 실망을 안길 뿐이다.

'No'라고 말하는 여섯 가지 방법:

1 그냥 말하라. 지나치게 많이 생각하지 마라. 친구나 동료에게 당당하게 'No'라고 대답하라. 거절하는 이유를 정중하고 간략하게 설명하라. 이때 설명은 간략할수록 좋다. 충분히 설명할 이유도 없다. 그저 솔직하게 말하라. "미안합니다, 지금 할 일이 너무 많아서요."

2 자신이 할 수 있는 대안을 제시하라. "오늘은 할 수 없지만 내일 그쪽으로 가니까 그때 커피를 마시면 되겠어요."

3 'No'라고 말할 것에 대비해 미리 계획을 세워라. 자신의 일정을 파악하라. 이번 주에 시간을 낼 수 있을까? 이번 주에 바쁜데 누군가가 도와달라고 요청하는 경우에 내세울 수 있는 계획을 몇 개 세운다. 내가 가장 좋아하는 계획은 "원고를 써야 해서요. 그 일을 할 수가 없겠어요"이다.

4 이기적으로 행동하라. 요청받은 일은 요청한 사람의 일정이 아니

라 요청받은 사람의 일정에 영향을 미친다. 타인의 문제를 맡아서 처리하고 정작 자기 문제를 처리하지 않으면 자신의 목표를 달성할 길이 없다.

5 작은 규모로 시작하라. 이번 주에는 두 가지 요청에 대해 'No'라고 대답하려 노력하라. 두 가지는 우선 작은 요청에서 시작하라.

처음에는 거절하기가 결코 쉽지 않겠지만 운동과 마찬가지로 연습하면 나아진다.[40, 41, 42]

경제학자 팀 하포드Tim Harford는 이렇게 주장한다. "우리가 부탁을 받고 'Yes'라고 말할 때마다, 그 시간에 달성할 가능성이 있는 다른 일에 'No'라고 말하는 것이다."[43] 이 말을 염두에 두고 생각해보자. 딸이 다니는 학교에서 열리는 뮤지컬에 가는 것에 'No'라고 말하고 추가 근무를 할 것인가? 역사상 가장 위대한 하키 선수이면서 집중하는 것으로 유명했던 웨인 그레츠키Wayne Gretzky는 "나는 스케이트를 퍽이 있는 곳으로 타지 않고, 퍽이 갈 곳으로 탄다"라고 말했다.

집중 프로젝트를 수행하면서 우리는 더욱 선택적 성향을 띠기 시작해서 좋은 일에 'Yes'라고 말하는 데서 벗어나 이제는 예외적인 것에만 'Yes'라고 대답한다.

'Yes'라고 대답할지 'No'라고 대답할지 결정할 때는 자신이 느끼는 흥분의 수준을 생각해야 한다. 데릭 시버스Derek Sivers가 제안하는 "당연히 'Yes'지, 아니면 'No'" 방법을 사용해서 요청에 대한 자신의 반응을 판단하라. 요청을 받았을 때 '와, 정말 멋지게 들리는걸. 정말 하고 싶어!'라는 생각이 들지 않으면 그냥 '단연코 No'라고 대답하라. '단

똑똑한 바보는 상황을 더욱 크고 복잡하고 폭력적으로 만들 수 있다. 반대 방향으로 움직이려면 약간의 천재성과 많은 용기가 필요하다. — E. F. 슈마허Schumacher(영국의 경제학자─옮긴이)

연코 No'는 단호한 'Yes!'를 이끌어내는 효과가 있다.[44]

예리하고 단호하게 'No'라고 말한다

강력하면서도 정중하게 'No'라고 말할 수 있는 능력은 목표를 달성하기 위해 반드시 갖춰야 하는 요건이다. 사람들을 계속 도와야 하는 것은 확실하지만 모든 사람을 도울 수 없고 그럴 필요도 없다. 따라서 우리는 'No'라고 말할 수 있는 능력을 키워야 한다.

외과의사가 시간을 사용하는 방식을 들여다보자. 많은 외과의사는 사람들을 돕고 치유하기 위해 치료에 열중한다. 그들에게는 치료를 포기하는 것이 오히려 어렵다. 이러한 상황은 생사가 갈리는 시점에서 종종 벌어진다. 하지만 최고의 외과의사라 하더라도 모든 환자를 치료할 수는 없다.

연구 결과를 보더라도 외과의사는 피곤할 때 치명적인 실수를 할 가능성이 있다. 미국 의학협회 학회지에 실린 연구 결과를 보면 수면이 부족한 외과의사에게 수술을 받은 환자가 합병증을 앓을 확률은 83퍼센트 크다. 이러한 사태를 방지하기 위해 법은 외과의사가 수술할 수 있는 총 시간을 제한한다.

의사도 매일 밤 '대기 상태'에 있진 않다. 그런데 하물며 매일 아침이고 낮이고 밤이고 자신을 대기 상태에 놓는 사람이 많다. 이렇게 계속 살 수는 없다. 외과의사처럼 행동하기 시작하라. 모든 사람을 수술하려고 덤비지 마라. 대신에 일상과 비상사태를 일관성 있는 방식으로 구분해서 일정 시간대를 구획하라. 또 자신이 '일하는 인간human doing'이 아니라 '인간 자체human being'라는 사실을 기억하라. 시간을 더 많이 만들어낼 수는 없지만, 자신이 좋아하는 일을 할 시간은 늘릴 수 있다.

최정상 베스트셀러 저자인 세스 고딘Seth Godin은 자신이 구하지 않은 요청이나 이메일을 받을 때는 매우 정중하지만 간단하게 답변한다.

세스, 잘 지내나?
내 친구인 켈리 크레이머가 라운드 오렌지즈Round Oranges Inc.에서 CEO로 일하고 있네. 자네들 둘을 만나게 해주면 좋겠다는 생각이 들어서 연락했네.

테리가

이러한 유형의 이메일을 받았을 때 세스가 보인 반응은 간단하다.

켈리, 오랜만이네.
자네 소식을 들으니 반갑군. 한데 나는 현재 진행하고 있는 프로젝트 때문에 다음 몇 가지 일을 하지 않고 있다네.
1. 기업에 투자하는 일
2. 제품이나 서비스를 홍보하는 일
3. 회의에 참석하는 일
이 외의 일이라면 내가 무엇을 해주면 되겠나?

세스 씀

이와 비슷한 예로 나는 트래블주Travelzoo에서 마케팅 책임자로 근무할 때 팀원들에게 이메일이 그다지 중요하지 않다는 사실을 알려주었다. 들어오는 이메일이 많더라도 즉시 처리해야 할 만큼 중요한 이메일은 거의 없기 때문이다.

핵심을 제대로 알리기 위해 나는 휴가를 떠나며 다음과 같은 부재 중 답장을 보냈다.

이메일을 보내주셔서 감사합니다. 죄송하지만 서버가 일시적으로 꽉 찼습니다. 중요한 일로 메일을 보내셨다면 서버 용량이 늘어나는 10월 10일에 다시 보내주시겠습니까?

10월 10일 휴가를 다녀와서 편지함을 확인했더니 이메일 1,420개가 들어 있었다. 나는 모조리 삭제했다. 이렇게 삭제했는데도 나쁜 결과는 전혀 발생하지 않았다. 해고를 당하지 않았을 뿐더러 중요한 일을 하나도 놓치지 않았다. 사안이 중요하다고 생각해서 이메일을 다시 보낸 사람은 여덟 명뿐이었다.

이것은 이메일 처리량이나 '가짜 업무'가 그다지 중요하지 않다는 반증이었다. 우리는 사용하는 시간의 거의 절반만 사업에 필요한 산물을 생산하는 데 쓴다. 1970년 노벨상 수상자인 허베트 사이먼Herbet Simon은 다가오는 정보화 시대에 대해 "정보의 풍요는 주의의 빈곤을 낳는다"고 경고했다.

대표작인《좋은 기업을 넘어 위대한 기업으로Good to Great》를 포함해 저서를 1,000만 권 이상 판매한 기록을 세운 짐 콜린스Jim Collins는 가짜 작업의 함정과 매력을 간파했다. 콜린스는 이러한 함정을 피하고 틀에 박히지 않기 위해 자기 일정을 스프레드시트에 기록하면서 추적하고, 12개월 동안 반드시 1,000시간 이상을 창의적인 사고를 시도하는 데 쓰는 것을 핵심 목표로 삼았다.

우리는 매일 무엇을 할지 선택하는 능력을 잃지 않았다. 하지만 현재 무엇을 할지 선택하는 능력이 자신에게 있다는 사실을 때때로 잊는다.

나는 누구에게 우선순위를 두는가?

자신에게 도착한 모든 메시지에 답장을 쓰느라 퇴근하지 않고 필요한 정도보다 한두 시간 늦게까지 사무실에 머무는 일이 자주 있는가? 이러한 일이 지속적으로 일어난다면 당신은 가족을 소홀히 하고 있을 가능성이 크다. 노스포인트 사역재단North Point Ministries을 이끄는 수석 목사 앤디 스탠리Andy Stanley는 가족과 함께 앉아 가족의 눈동자를 들여다보며 이렇게 말해보라고 조언한다.

이번 주 내내 집에 몇 시간씩 늦게 들어올 거 같아 가족에게 미리 사과하고 싶어. 잘 알지 못하는 사람들이 보내오는 이메일, 전화 메시지, 문자, 트윗에 답장하는 것을 우선순위로 삼을 거야. 그들이 어떤 주제를 들고 올지 나도 몰라. 하지만 앞으로 그들의 메시지를 받으면 거기에 답장하는 것을 가족보다 우선순위에 두려고 해. 분명히 말하자면 이렇게 메시지에 대답하는 것이 내게는 가족보다 중요해.

우스꽝스럽게 들리는가? 물론 그렇다. 이 책을 읽는 어느 누구도 가족을 앉혀 놓고 이렇게 말하는 사람은 없을 것이다. 하지만 가족을 뒷전으로 미루며 행동할 때마다 자신이 사랑하는 사람에게 이러한 메시지를 보내고 있는 것이다. 진실은 말보다 행동으로 더욱 잘 드러나는 법이다.

우리는 가족뿐 아니라 자신에게도 이렇게 한다. 자신의 목표와 꿈을 자주 파괴한다. 다음과 같이 연습해보라. 종이에 자신의 목표를 적고 그 종이를 테이프로 거울에 붙인다. 거울에 부착한 목표와 거울에 비친 자기 모습을 보면서, 가족에게 하고 싶었던 말을 반복하되 이번에는 자신의 목표에 대해 자신에게 말한다. 본질을 따져보면 자신의 목표가 미래의 변덕, 메시지, 아직 알 수 없는 요청보다 덜 중요하다고 말할 것이다. 이것은 어리석은 연습처럼 들리지만 사람들 대부분은 이렇게 행동한다. 우리는 자신의 열정과 삶의 목적보다 미래에 받을 이메일, 문자, 요청, 트윗 등을 더 중요하게 생각하고 그렇게 행동하고 있다.

모든 사람에게 'Yes'라고 말하면 사실 모든 사람에게 'No'라고 말하는 것이다. 자신이 'No'라고 대답하면 사람들이 실망하리라 느끼는 감정은 연습을 많이 할수록 줄어들지만 결코 사라지지 않는다. 이러한 순간을 잘 넘기려면 오늘 'No'라고 말함으로써 앞으로 누군가에게 또는 무엇에 대해 'Yes'라고 말할 수 있다는 사실을 기억하라. 이 점을 간단하게 '오늘 No라고 말했기에 내일 Yes라고 말할 수 있다'라고 표현할 수 있다. 이 말을 뒤집으면 '오늘 Yes라고 말하면 미래에 무언가에 대해 No라고 말하게 된다'는 뜻이다. 따라서 자신이 말할

'Yes'를 소중하게 생각하라.

자동적으로 'Yes'라고 말하는 태도

내게 'Yes'는 가족과 관계가 있을 때 가장 중요한 의미를 띤다. 나는 'No'라고 말하는 법을 배움으로써 중요한 순간에 말할 수 있는 'Yes'를 더 많이 비축할 수 있다.

집중 강화 프로젝트를 시작하기 전에 나는 이상하게도 가족에 관한 문제에는 자동적으로 'No'라고 말했다. 내 경우는 가족이었지만 당신에게는 가족, 친구, 자선활동, 교회, 조용한 시간 등일 수 있다. 우리는 주변 사람들에게 자동적으로 'No'라고 반응하는 함정에 빠지기 쉽다. 주변 사람들은 기다릴 수 있지만, 중요한 애니메이션 프로젝트나 원고는 당연히 기다릴 수 없다고 느낀다.

나는 최소한 한 달 동안은 가족에게 자동적으로 'Yes'라고 하기로 마음먹었다! 가족에게 Yes 사고방식을 끝까지 적용하겠다고 마음먹었다.

딸들   아빠, 아침밥 대신 아이스크림 먹어도 돼요?

나   Yes! 아침밥 대신 아이스크림을 매일 먹을 수는 없겠지만 오늘은 특별히 아이스크림을 먹자!

이러한 순간들은 다음과 같은 추억을 만들었다. "아빠, 우리 그날 아침밥 대신에 아이스크림을 먹었잖아요?"

작은 것에 노예가 되면 큰 것을 달성할 수 없다.

엄청난 비바람이 몰아치고 난 뒤 딸들은 스쿠터를 타고 주차장에 고인 물을 통과하고, 한술 더 떠서 집으로 오는 길에 있는 웅덩이에 뛰어들어도 되느냐고 물었다. 자동으로 "절대 안 돼. 물이 얼마나 더 러운지 알아?"라는 말이 목구멍까지 치밀어 올랐다. 하지만 그 지점 에서 멈추고 생각했다. '그게 무슨 해가 되겠어?' 딸들은 막 입는 반바 지로 갈아입고 집에 오자마자 샤워를 하면 될 터였다. 몇 달만 지나면 키가 자라서 그 옷을 입지 못하겠지만 추억은 결코 작아지지 않을 것 이다. 내가 웅덩이에 뛰어드는 것을 좋아하지 않는다는 이유만으로 아이들이 하고 싶어 하는 놀이를 막을 수 있을까? 그렇지 않더라도 아이들은 금방 성장한다. "물론이지, 그래도 되고말고!"

아이들은 스쿠터를 타고 고인 물을 통과하고 웅덩이에 뛰어들었더 니 정말 재밌었다고 다음 날 엄마에게 말했고, 할아버지와 할머니에 게 전화를 걸어서 말했다. 아이들에게 정말 좋은 추억이었다.

나는 아이들이 부탁할 때 "Yes!"라고 허락한 것이 정말 기뻤다. 다 음 날 소피아가 내게 "아빠, 나랑 같이 그림 그릴래요?"라고 물었다. 당시 나는 중요한 고객에게 보내는 메모를 작성하고 있었다. 예전에 는 자동으로 "조금만 기다려. 이 일만 끝내고"라고 대답했다. 그러면 그 상황이 그냥 지나가거나, 소피아가 나 없이 다른 놀이를 했다.

하지만 이번은 달랐다. 소피아가 그림을 같이 그리자고 부탁했을 때, 나는 조금의 주저도 없이 "Yes!"라고 대답했다. 이것은 다른 모든 사람에게는 "No"라고 대답했으리라는 뜻이다.

그림을 그리고 싶지 않았기 때문에 처음에는 마음이 가볍지 않았 다. 하지만 내게 편리한 시간보다 딸이 원하는 시간을 선택하자 다시

동심으로 돌아간 것 같았다. 소피아는 "와, 아빠, 정말 대단해요. 이 세상에서 아빠가 그림을 제일 잘 그려요!"라고 소리쳤다. 솔직히 내 그림은 피카소에 한참 밀리지만 아빠로서 느끼는 자부심만큼은 피카 소에 결코 밀리지 않았다. 마지막에 소피아는 불쑥 "와, 정말 재밌었어요. 아빠, 고마워요"라고 했다.

대부분의 경우에는 자동으로 'No'라고 대답해야 하지만, 살아가면서 자동으로 'Yes'라고 대답해야 하는 영역이 하나 있다. 그레첸 루빈Gretchen Rubin을 비롯해 많은 사람이 말하듯 "알려진 진실의 정반대도 진실일 때가 많다."

내가 아이들에게 'Yes'라고 말함으로써 오히려 'No'라고 말할 때보다 더 많이 배우게 된다. 전에는 아이들이 왜 못 하게 하느냐고 물으면, 별생각 없이 자동으로 "아빠가 그렇게 말했으니까 안 되는 거야. 그게 바로 이유야!"라고 대답했다. 이것은 사업을 할 때도, 가족을 이끌 때도 좋은 방법이 아니다.

'해리포터의 마법세상Wizarding World of Harry Potter(유니버설 스튜디오에 있는 해리포터 테마파크 – 옮긴이)'을 방문한 아이들은 해리포터 시리즈에 나오는 버터 맥주를 마시며 한껏 흥분했다. 버터 맥주는 매우 달달한 크림소다와 비슷한 맛으로 상당히 달다. 첫 점심 식사를 할 때는 아이들이 한 병을 나눠 마셨다. 두 번째 점심 식사를 할 때는 둘 다 따로 한 병씩 마시겠다고 졸랐다.

"그렇게 해도 되지만 너무 달아서 한 사람이 한 병을 다 마시기 힘들 거야. 한 병을 나눠 마시지 않고 각자 한 병씩 마시고 싶은 것이 확실하니?" 내가 물었다.

"그럼요, 아빠." 둘은 한목소리로 대답했다.

아니나 다를까 딸들은 음료수를 반쯤 마시더니 더 마시지 못했다. 놀이공원에서 파는 물건을 살 때와 마찬가지로 버터 맥주를 살 때도 나중에 대가를 치러야 한다는 점을 생각해야 했다. 아내는 딸들에게 엄하게 말했다. "한 방울도 남기지 말고 전부 다 마셔, 알겠지?"

하지만 아이들이 불만을 품은 채 입을 뿌루퉁하게 내밀고 있는 데다가 나중에 롤러코스터를 타야 했으므로 우리 부부는 버터 맥주 두 병을 살 때 지불한 비용을 매몰비용으로 생각하는 것이 낫겠다고 결정했다. 게다가 나만 해도 남은 버터 맥주를 마저 마시느라 그날 내내 곤혹을 치르고 싶지 않았다.

이런 일화를 겪으면서 생각해낸 교훈을 아이들에게 말해주었다.

나   너희도 느꼈겠지만 버터 맥주를 한 병만 사서 나눠 마셨으면 더 좋았을 거야. 너희는 부모가 하는 말을 듣고 싶지 않았을 수 있지만, 부모가 너희에게 가장 좋은 것을 주기 위해 애쓰고 있다는 사실을 알고 있지?

딸들   예, 아빠.

나   그러니까 다음에 오늘과 같은 상황이 벌어지면 엄마와 아빠는 "버터 맥주를 기억하니?" 아니면 그냥 "버터 맥주"라고 말할 수 있어. 그러면 너희가 이번 일을 기억해낼 수 있겠지. 이번 일을 겪으면서 우리는 교훈을 얻은 거야. 무슨 말인지 알겠니?

딸들   예, 아빠.

이후에 딸들이 거실에서 무지개 점액질을 만들거나, 초코 잼을 병째 다 먹고 싶다고 말하며 줄기차게 조르면, 아내와 나는 실랑이하지 않고 "버터 맥주"라고만 말할 것이다.

진실의 순간

92세인 할머니의 건강이 나빠지고 있었다. 할아버지는 고등학교 때 처음 만났을 때부터 지금까지 계속 그랬듯 할머니 곁을 지켰다. 할머니는 명문 사립여자대학교인 웰슬리칼리지Wellesley College를 다녔고, 여성 사업가를 색안경을 끼고 보던 시절에 사업을 했다. 할머니는 현명하고 강인했으며 무엇에도 굽히는 법이 없었다.

할머니는 자신이 만난 사람들에게 종종 "내가 좀 더 나다웠을 때 만났더라면 좋았을 텐데요. 하지만 당신을 전혀 만나지 않는 것보다는 나아요"라고 말했다.

말년에 할머니는 치매로 고통을 겪었고, 마지막 순간이 다가오자 이 강인하고 독립적인 여성은 침대에서 몸을 일으킬 때에도 도움을 받아야 했다. 이상한 말이기는 하지만, 할머니의 신체와 정신이 모두 급속하게 그러면서도 점진적으로 쇠락한 것은 역설적이었다.

우리는 할머니가 하늘나라로 가시는 것이 시간문제라는 사실을 알았지만, 막상 할머니의 임종을 알리는 전화를 받을 마음의 준비는 되어 있지 않았다. 할머니가 호스피스 병동에 있고 살 시간이 며칠밖에 남지 않았다는 말을 듣자 가슴이 철렁 내려앉았다.

나는 기도했다. 기도하고 나자 내 두뇌의 실용적인 부위가 생각을 잔인하게 지배했다. 만약 할머니가 내일 돌아가신다면 주말에 비행기를 타고 장례식에 참석할 수 있다. 하지만 며칠 더 있다가 돌아가시면 문제가 컸다. 취소할 수 없는 계약에 따른 강연이 몇 건 있었기 때문이다. 이 일로 나는 다시 '깨달음'을 얻었다. 대체 어떤 종류의 인간이 이런 생각을 할까? 하지만 많은 사람이 이렇게 생각한다. 이것은 매우 빠른 속도로 진행되는 세상에서 살고 있기 때문이다. 이 점을 깨닫자 마치 뺨을 맞은 것 같았다. 게다가 내 영혼이 나를 흔들면서 "네 모습을 봐! 중요한 일에 집중해야 해!"라고 말하는 것 같았다. 이 사건은 살아가면서 내게 가장 중요한 것에 우선순위를 두려면 집중이 필요하다는 사실을 일깨워주었다. 또 우리가 내일은 고사하고 오늘조차도 생존을 결코 보장받을 수 없다는 사실을 상기시켰다. 그러니 가장 중요한 일을 가장 먼저 하라.

장례식이 끝나고 나는 앞으로 강연과 책 사인회에 참석하기 위해 출장을 갈 때 아이들을 더 자주 데리고 다니면 어떻겠냐고 아내에게 물었다. 아내는 적극 찬성했다. 한번은 아시아에서 강연할 기회가 생겨서 두 딸을 싱가포르, 베트남, 태국에 데리고 갔다. 딸들은 내가 강단에 서서 1만 1,000명 앞에서 강연하는 모습을 지켜보았다. 또 포르투갈, 스페인, 프랑스에서도 내 강연을 지켜보았다.

출장을 갈 때 가족을 데려가면 죄책감을 덜 수 있었다. 사실 딸들에게 이런 독특한 경험을 하게 해줄 수 있다고 생각하니 기분이 한결 좋았다. 아침 강연이 있기 전날 밤 아픈 카티아를 안고 있느라 잠을 한숨도 자지 못하는 등 이따금 힘들기는 했지만, 가족과 함께 출장을 가는 것은 모든 힘든 일을 감수하고라도 가치가 있었다.

깨달음의 순간 삶과 일의 균형을 잡는 것은 어렵다. 삶과 일의 조화를 추구하라.

세계 최고의 아빠라면 어떻게 행동할까?

나는 비교 교환Comparative trading에 관해 교훈을 얻었다. 출장을 가면 매 순간을 의식해야 한다. 저녁에 호텔 방에 들어가서 NBA 경기를 시청하거나 별생각 없이 소셜 미디어를 훑어보기 시작하면 시간을 낭비하게 된다. 궁극적으로 아내와 아이들과 함께 지내는 시간이 줄어든다. 단순히 NBA 경기를 보는 데 그치는 게 아니라, 가족과 함께 보낼 귀중한 시간이 사라지는 것이다.

나는 스스로 이렇게 묻기 시작했다. "이것이 세계 최고의 아빠가 하는 행동일까?" 어느 사이 재미있는 영상을 보고 있다는 사실을 깨달으면 행동을 멈추고 물었다. "이것이 세계 최고의 아빠가 하는 행동일까?" 조금 어리석은 접근법일 수 있지만 내게는 효과가 있었다! 마음속으로 이렇게 짧게 질문하다 보면 하루는 길지만 한 해는 짧다는 사실을 상기할 수 있다.

나는 누군가를 비난하고 싶을 때도 자주 이렇게 자문한다. 칵테일 파티에 참석해선 과음하지 않는다. 다음 날 아침 아이들과 함께 있을 때 숙취로 늘어져 있는 모습을 보이고 싶지 않기 때문이다. 이렇게 자신에게 질문하며 행동을 자제하는 방법이 항상 효과적이지는 않고, 이따금씩 마티니를 한 잔 더 마시고 싶은 유혹을 떨쳐버리지 못한다. 그렇더라도 내가 아빠 역할에 진전을 보이는 데 유용하다. 이 책을 읽는 당신에게도 이 방법이 유용하게 쓰이기를 바란다. 세계 최고의 엄마, 세계 최고의 친구, 세계 최고의 할머니, 세계 최고의 작가, 세계 최고의 피아니스트, 세계 최고의 아들, 세계 최고의 이모, 세계 최고의 사촌, 세계 최고의 그래픽 디자이너라면 어떻게 행동할까?

내가 떠나고 나면 너는 나를 그리워할 거야

나는 철인 3종 경기에 출전하기 위해 수영을 시작했다. 과거 경험으로 비추어볼 때 경주하는 날 얼굴에 발길질을 당하거나 짠 소금물을 먹지 않으려면 첫 200미터를 전력 질주해야 한다. 따라서 대충 연습해서 될 일이 아니었다.

딸들이 수영을 잘하는 데다가 수영장 폭이 좁아서 수영 연습을 할 때 딸들을 데리고 갈 수 있어서 좋다. 또 수영 연습을 하는 동안에도 딸들을 틈틈이 지켜볼 수 있다.

딸들을 지나치게 자주 지켜보는 것이 흠이라면 흠이다! 딸들은 내가 수영하는 동안 잠수해서 내 밑으로 헤엄쳐 왔다. 그래서 발차기를 할 때는 아이들이 다칠까 봐 조심해야 했다. 또 아이들은 내 발목을 잡고는 "수경으로 보면 왜 거울처럼 보여요?"라거나 "인어들은 얼마 동안이나 숨을 참을 수 있어요?"라고 질문을 해댔다.

예전 같았으면 이렇게 연습을 방해받으면 틀림없이 짜증을 냈을 것이다.

"훈련할 시간이 30분밖에 없어. 저쪽 레인에 가 있어!"

하지만 이번에는 초점을 옮겼다. 아이들이 방해하는 것에 초점을 두지 않고, 아이들이 어떻게 물속에서 내게 손을 흔들고 활짝 웃는지, 나와 얼마나 경쟁하고 싶어 하는지, 얼마나 내 곁에 있고 싶어 하는지에 초점을 맞췄다. 그러면서 세월이 흐를 것이고, 이 특별한 순간이 사라질 것이고, 언젠가 이 순간들을 그리워하리라는 사실을 깨달았다.

안나 켄드릭Anna Kendrick이 부른 노래의 가사가 떠올랐다.

내가 떠나고 나면,

내가 떠나고 나면,

내가 떠나고 나면 너는 나를 그리워할 거야.

내 머릿결을 그리워하고

어디서나 나를 그리워할 거야.

내가 떠나고 나면 너는 나를 그리워할 거야.

정말 그렇다. 나는 짜증을 내지 않고 그 순간을 즐겼다. 그 순간 더 좋은 아빠가 되는 것에 집중하는 편이 딸들에게 내 레인에서 비키라고 소리를 지르고 기록을 몇 초 단축하는 것보다 백만 배나 더 낫다. 비유를 들어 말하면 내 레인에서 벗어나는 사람들에 대해 생각하는 것도 부질없었다. 성공은 혼자 이룰 수 있는 것이 아니다. 삶에서 성공하려면 다른 사람이 필요하다. 우리가 헤엄치는 레인을 다른 사람들이 쉴 새 없이 들락날락하리라는 사실을 받아들여야 한다.

누가 유익하고 누가 유익하지 않은지 인식하는 것이 중요하다. 또 살아가면서 누군가가 당신을 끌어내리려 한다면 레인을 바꿔도 괜찮다.

만약 가족이나 어떤 조직에 속한 사람이 자신들의 극적 상황이나 부정적인 소용돌이에 당신을 끌어들이려 한다면 마음속으로 '이것은 내 서커스가 아니고, 내 원숭이도 아니야'라고 되뇌어라. 우리에게는 레인을 바꿀 힘이 있다. 초점을 옮길 힘이 있다.

우리가 앞이 탁 트인 넓은 레인을 차지하고 수영하리라 생각한다면 실패할 길에 들어설 공산이 크다. 살아가다가 빙산, 파도, 표류물, 장애물을 만나는 데는 나름의 이유가 있다. 그것들은 우리를 더욱 나은 사람으로 성장시키고 경쟁을 막아내기 위해 존재한다. 잘 살아내는 삶은 살아내기 쉽지 않은 법이다.

나는 아이들이 여전히 내 레인에서 수영하고 싶어 해서 기쁘다.

아이들의 사랑을 쓰는 철자법

아이들은 사랑의 철자를 T-I-M-E이라고 쓴다는 사실을 이해하라. 내가 출장을 갈 때 아이들은 아빠가 일하려고 이틀 동안 집을 비운다고 생각한다. 따라서 아빠가 출장에서 돌아온 다음 날 사무실로 출근하는 이유를 도무지 이해하지 못한다. 일리가 있는 생각이다. 그래서 요즘 나는 출장 가지 않는 날을 골라서 여행 가방을 꾸리지 않는 '여행일'로 정했다. 이러한 '스테이케이션staycation(집에서 차로 갈 수 있는 가까운 거리에서 보내는 휴가-옮긴이)' 동안에는 마치 실제로 출장 가는 것처럼 사무실에 출근하지 않고 특정 시간대를 정해 외부 연락도 받지 않는다. 스테이케이션 덕분에 나는 딸들이 다니는 학교에 가서 함께 점심을 먹거나 수업시간에 들어가 책을 읽어줄 수 있다. 내 키가 워낙 크다 보니(198센티미터) 딸들의 반 친구들은 내 머리가 천장에 닿는지 보고 싶어서 "뛰어보세요, 힘껏 뛰어보세요!"라고 외치기도 한다. 아니면 나를 올려다보면서 "와, 정말 나이가 많겠어요"라고 말하기도 한다.

수백 가지 긴급한 필요는 사랑하는 사람들과 함께하는 시간을 방해한다. 긴급한 필요에 매달리다 보면 사랑하는 사람들을 당연히 곁에 있는 사람으로 여기기 쉽다. 우리가 추구하는 대상은 종종 명예나 부와 관계가 있다. 올바른 대상에 집중할 수 있도록 나는 자주 이렇게 자문한다. "아내나 딸이 오늘 내 삶에서 사라진다면 나는 그들과 한 번 더 춤을 추기 위해 얼마를 지불할 것인가?" 내게는 대답하기 쉬운 질문이다. 전 재산이다. 100억 달러를 모았더라도 몽땅 내놓을 것이다.

아이들은 사랑을 '시간(T-I-M-E)'이라고 쓴다. 𝕋·𝕀·𝕄·𝔼

가시 돋친 파인애플에서 얻은 교훈

슈퍼마켓에 가서 껍질을 벗긴 파인애플 4분의 1쪽에 붙은 가격을 볼 때마다 황당하다. 껍질을 벗기지 않은 파인애플 한 개를 3달러에 사온 적이 몇 번 있다. 껍질을 벗긴 파인애플을 사느라 9달러를 지불하는 대신 3달러를 지불한 것이다.

집에 와서 파인애플의 껍질을 벗기기 시작한다. 경험해본 사람은 누구나 공감하듯 이것은 쉬운 일이 아니다.

1 파인애플은 크고, 질기고, 가시가 있다.
2 반드시 딱딱한 심을 제거해야 한다.
3 다음에는 껍질을 얇게 벗긴다. 파인애플에서 가장 단 부분은 껍질
   에서 가장 가까운 부분이므로, 먼저 껍질을 얇게 벗기고, 브이 자로
   칼집을 넣어 파낸다.
4 파인애플 주스를 만들다 보면 껍질에 붙은 가시에 찔려 손에 작은
   상처가 나기 쉽다.
5 내가 파인애플을 제대로 자르는 데 걸리는 시간은 대개 15~25분
   이다.
6 한마디로 파인애플을 자르는 과정은 성가시다. 따라서 요즈음에는
   20분을 절약하고, 두통을 피하고, 더 나은 모양의 파인애플을 먹기
   위해 기꺼이 6달러를 추가로 지불한다. 게다가 손도 더 이상 따갑
   지 않다.

내가 파인애플을 자르는 과정을 즐기지 않는다면, 이미 자른 상태
로 판매하는 신선한 파인애플을 돈 주고 사 먹는 편이 더 낫다. 내 뇌
의 한쪽에서는 파인애플을 사다가 직접 자를 수 있는데 굳이 돈을 낭
비한다고 말한다. 하지만 뇌의 다른 쪽에서는 사랑하는 사람들과 보
낼 시간을 더 벌 수 있으니 잘한 일이라고 말한다. 사고방식을 바꾸자
내가 좋아하지 않는 일에 쓰는 시간을 줄이고, 좋아하는 사람들과 함
께 있는 시간을 늘릴 수 있으므로 기쁘다.

우리의 시간은 얼마나 가치가 있을까?

연간 15만 달러를 벌면서 52주 동안 주당 45시간을 일한다 치자. 여기서 4주간의 휴가와 공휴일을 빼면 시간당 약 70달러를 버는 셈이다.

우선 자신에게 한 시간이 자유시장에서 어느 정도로 가치가 있는지 알아야 한다. 그 가치를 알면 파인애플을 통째로 살지 조각으로 살지를 포함해 여러 결정을 더 쉽게 내릴 수 있고, 더 중요하게는 세상에서 가장 소중한 상품인 시간을 살 수 있다.

집에 있는 나무로 된 야외 데크에 페인트칠 하는 것을 좋아하지 않는다고 치자. 시간당 70달러로 계산하면 나무 바닥에 손수 페인트칠을 하는 비용은 얼마일까? 다섯 시간이 걸린다면 비용은 350달러다. 아니면 페인트칠할 사람을 200달러에 고용할 수 있다. 그만한 돈이 있다면 당연히 사람을 고용할 것이다.

당신이 무언가에 시간을 쓸 때마다 기회비용이 발생한다. 나무 바닥에 손수 페인트칠을 하느라 쏟는 시간을 활용할 수 있으므로 다른 일을 해서 350달러를 벌 수도 있다. 비용이 349.99달러 이하이면 외주를 주는 대안에 즉시 "Yes"라고 해야 한다.

이 공식은 꽤 간단해 보이지만 설사 돈이 있더라도 실천하기 어렵다. 잔디를 깎거나 나무를 다듬거나 집을 청소하기 위해 사람을 고용하는 것을 '게으르다'라고 생각하는 사람이 많기 때문이다.

하지만 돈을 지불해서 시간을 살지 묻는 질문을 받으면 사람들은 어떻게 대답할까? 누구나 단호하게 "Yes"라고 대답한다. 사람을 고용해서 집 청소를 맡기면 우리는 시간을 사는 것이다! 우리는 아웃소싱 세상에 살고 있다. 차를 운전할 줄 안다고 해서 여행할 때마다 차를 빌려야 하는 것은 아니다. 우버를 타는 것이 더 경제적일 때가 많다. 다른 사람이 운전해서 목적지까지 데려다주는 동안 일을 하거나 재충전하기 위해 잠을 잘 수 있다는 점을 고려하면 특히 그렇다. 억만장자들은 흔히 운전기사를 고용한다. 그들이 특권을 누리려 하거나 게으르기 때문이 아니라, 손수 운전하는 것보다 리무진 뒷좌석에 앉아 일하면서 돈을 더 벌 수 있기 때문이다.

시간을 돈으로 사는 것은 집중하는 또 하나의 방법이다. 개인이든 기업이든 조직이든 반드시 직접 하지 않아도 되는 일은 모두 외부에 위탁하라.

균형보다 조화를 이룬다

균형보다 조화를 이루기 위해 노력해야 한다. 수영장 파티, 아이들의 잠옷 파티, 밤샘 파티, 마감, 회의, 축구경기장에 가기 위해 승용차 함께 타기, 물이 새는 파이프, 항공편 지연, 학부모회, 이메일 반송 등이 현실이며 이러한 현실은 항상 깔끔하게 정리되지 않는다는 사실을 이해해야 한다.

생산성 전문가인 조슈아 저컬Joshua Zerkel은 이렇게 설명한다.

"일과 삶의 균형을 완벽하게 맞추려고 시도하거나 이미 맞추었다고 주장하는 사람이 많다. 하지만 실제로는 급격하게 우선순위를 낮추어서 할 일을 줄였을 뿐이다. … 핵심은 현실을 받아들이고, 일과 삶을 조화시키는 생활방식에 맞게 우선순위를 매기는 전략을 세우는 것이다. 균형 잡힌 삶을 살려고 노력할 때 부딪히는 최대 난제는 모든 것을 그 틀 안에 맞추고 싶어 하는 것이다. 이것은 테트리스 게임과 같다. 각자 자신에게 합당한 방식으로 삶의 조각을 맞춰야 한다. 이때 중요한 점은 구석에 블록 더미를 크게 쌓아놓고 불안해할 것이 아니라, 어떤 블록을 끼울지 선택하는 것이다."[45]

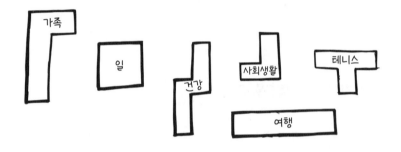

저컬은 자기 삶에 무엇을 밀어 넣을지 결정하지 말고, 무엇을 밀어낼지 자문하라고 강조한다.

강연과 책 원고, 기사를 쓰면서 나는 믿을 만한 사람에게 원고를 보여주고 내용에서 25퍼센트를 삭제해달라고 요청한다. 남에게 부탁하는 이유는 내가 원고 내용에 지나치게 가깝기 때문이다. 자식처럼 소중하기 때문에 직접 잘라내기가 어렵다. 이러한 전략은 삶에도 훌륭하게 작용한다.

나는 친한 친구인 토드와 캐롤라인에게 서로의 생활을 평가하게 했다. 상대방은 친구가 영위하는 생활의 어느 영역에서 25퍼센트의 군더더기를 제거할 수 있었을까?

두 친구의 대답을 정리해보자.

토드는 다음 영역을 줄이거나 제거할 수 있었다.

1 스포츠 경기 관람하기
2 비디오게임 하기
3 사람들이 비디오게임 하는 모습 시청하기
4 재밌는 유튜브 영상 시청하기
5 온라인 포커 하기

캐롤라인은 다음 영역을 줄이거나 제거할 수 있었다.

1 헬스장에서 운동하기
2 넷플릭스 시청에 푹 빠지기
3 인테리어 전문 채널인 HGTV 시청하기
4 인스타그램 하기
5 과도하게 강박적으로 집 청소하기

당신의 목록은 어떠한가? 25퍼센트를 제거해서 25퍼센트나 50퍼센트를 얻을 수 있는 영역은 무엇인가?

삶의 목표가 커다란 섬들 중 하나에 도달하는 것이라면서 어째서 작은 섬들을 향해 쉬지 않고 맹렬하게 노를 젓고 있는가?

3월 요약

한 가지 중요한 사항

'Yes'라고 말하는 능력은 거의 모든 다른 것에 'No'라고 대답할 수 있는 능력에서 비롯한다. 'No'라고 대답할 수 있는 능력을 존중하는 것부터 시작하라.

점수: B

이번 달에 집중하기로 선택한 주제는 내가 좋아하는 주제였고, 덕택에 가족과 친구들에 대해 좀 더 능숙하게 우선순위를 매길 수 있었다. 처음에는 친구들에게 'No'라고 말하기가 어려웠지만, 좀 더 노련하게 'No'라고 말하는 방법을 터득하고, 더 자주 'No'라고 말하기 시작했다. 또 'No'라고 말하기 시작하자, 그 후로는 가족과 친구들에게 'Yes'라고 말할 수 있게 되었다. 내가 이번 달 과제에 대한 점수로 A를 매기지 않은 것은 개선할 여지가 남아 있기 때문이다. 특히 개인적인 삶과 사업을 일관성 있게 조화시킬 필요가 있다. 이번 달 과제는 나와 주변 사람에게 주목할 만하고 긍정적인 영향을 미쳤다. 나는 자신에게서 가장 중요한 사람들과 더욱 잘 지낼 수 있을 가능성을 보고 부푼 기대를 품을 수 있었다.

주요 요점

1 단호하게 'Yes'라고 말할 수 없으면 단호하게 'No'라고 말해야 한다. 최고의 생산성 도구는 'No'라고 말하는 것이다.

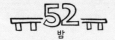

2 자신의 삶에서 중요한 것을 보호하기 위해 52일 외박 규칙처럼 보호 난간을 설치하라.

3 세계 최고의 아빠, 누나, 할머니, 친구라면 어떻게 행동할까?

4월

건강에
집중하기

FOCUS PROJECT

내가 건강을 유지하기 위해 하는 운동은 틀에 박힌 듯 일정했다. 나만 그런 것은 아니다. 사람마다 운동 습관은 각기 다르다. 울트라 마라톤을 완주하려고 운동하는 사람이 있는 반면에 체중을 몇 킬로그램 빼려고 난생처음 헬스장에 등록하는 사람도 있다.

삶의 측면이 대부분 그렇듯 건강을 추구할 때 진전을 성취하기 위한 열쇠는 목표를 정하고 그 목표를 달성하기 위해 계획을 세우는 것이다. 가시적인 목표를 세우면 기존의 고정된 틀을 깨는 데 유용하다. 나는 운동 목표를 세우지 않는 나쁜 습관에 빠져 있었다. 지금껏 해오던 운동을 그저 기계적으로 반복했다. 혼자서 운동을 하든지 웨이트트레이닝을 하든지 출장 갔을 때 호텔에서 일립티컬 머신elliptical machine(팔과 다리를 동시에 움직이는 타원형 운동기구-옮긴이)을 사용하는 정도에 그쳤다. 그동안 팀 스포츠를 많이 해왔으므로 운동할 때 느끼는 동지애와 사회적 상호작용을 늘 그리워했다.

고민을 많이 한 끝에 나는 다음과 같은 목표를 세웠다.

첫째, 팔굽혀 펴기를 쉬지 않고 100회 할 수 있다.

나는 가시적인 도전을 원했다. 팔이 길고 키가 198센티미터이므로 내 몸은 농구, 조정, 수영 같은 운동에 잘 맞았다. 대신 스노우보드를 타거나, 말을 타거나, 팔굽혀 펴기를 많이 하기에는 적합하지 않았다. 컨디션이 좋은 날에는, 아마도 엉터리겠지만 팔굽혀 펴기를 연속으로 40번 정도 할 수 있었다. 그러므로 팔굽혀 펴기 100번은 쉽게 달성할 수 없는 목표였다.

둘째, 테니스 대회에 참가한다.

배구 리그가 훨씬 팀 지향적인 성격을 띠지만, 나는 출장 일정을 소화해야 했으므로 성실한 팀원으로 제 몫을 할 수 없었다. 대학 시절에는 농구를 했지만, 고등학교 시절에는 테니스팀에서 뛰기도 했고 기량을 더 닦을 수 있는 스포츠를 선택하고 싶었다. 게다가 가족끼리 테니스를 함께 배우고 칠 수 있었다. 나는 다른 선수들을 만나고 그들과 경쟁하기 위해 테니스 대회에 참가하기로 결심했다. 시간이 허락한다면 팀을 짜서 복식 경기에 출전하고 싶었다.

자신을 알라, 자신의 약점을 알라

주변을 돌아보면 닮고 싶은 몸매를 가진 친구가 있다. 내게는 친구 빌이 그렇다. 그래서 빌에게 정크푸드를 절제하는 비결을 물었다. 빌은 이렇게 대답했다.

"절제란 있을 수 없지. 나는 이 사실을 오래전에 깨달았어. 내 약점은 짠 음식을 좋아하는 거야. 특히 밤에 말이지. 식욕을 채우기 위해 음식을 주먹 크기 정도만 섭취하라는 등의 글을 읽으면 어이가 없다네. 내게는 전혀 통하지 않거든. 나는 감자칩을 한 봉지 통째로 먹든지 입에도 대지 않든지 해야 해."

나는 빌의 말에 크게 공감했다. 특정 음식을 놓고 같은 고통을 겪었기 때문이다.

사실 알고 보면 사람들은 대부분 이와 같이 행동한다. 《에센셜리즘Essentialism》을 쓴 베스트셀러 저자 그레그 맥커운Greg McKeown은 이렇게 설명한다. "사람들은 대부분 절제를 그다지 잘하지 못한다. 내 식단에서 설탕을 뺄 때는 완전히 즉 100퍼센트 빼야 했다. 그렇지 않으면 '오늘은 명절이니까' 내지는 '오늘은 아내의 생일이니까'처럼 설탕이 들어간 음식을 먹어도 괜찮은 이유를 계속 궁리해낼 것이다."

베스트셀러 저자인 브레네 브라운Brené Brown도 같은 고민을 털어놓는다. "내가 절제에 약하다는 사실을 깨달았다. 빵바구니에서 빵을 꺼내 조금만 먹고 나서 내려놓을 수가 없다. 그러니 처음부터 절대 손을 대지 말아야 한다."

나는 다크 초콜릿을 입힌 프레첼에 가장 약하다. 빌, 그레그, 브레네와 마찬가지로 나도 절제를 잘하지 못한다. 초콜릿 프레첼을 세 개만 먹고 멈출 수가 없다. 아예 먹지 않든지 아니면 한 봉지를 다 먹어야 한다.

이제 초콜릿 프레첼을 '내 근처 어디에도 두지 말아야 할 식품 목록'에 넣었다. 최고의 방법은 초콜릿 프레첼을 사지 않는 것이다. 걸스카우트 쿠키도 마찬가지다. 걸스카우트 쿠키를 사면 친구에게 즉시 선물한다. … 마치 성인용 뜨거운 감자 게임 같다.

깨달음의 순간 자신을 알라. 자신의 약점을 알라.

불쌍한 작은 윌마

테네시주의 빈민촌에서 한 소녀가 태어났다. 가난하고 작은 윌마에게 처음부터 불행이 거듭 일어났다. 윌마는 4세 때 소아마비를 앓아 다리가 마비되었다. 의사는 윌마에게 특수 부목을 주면서도 발을 땅에 디디지 못할 것이라고 했다.

윌마의 어머니는 어린 윌마에게 끈기와 믿음을 가지면 원하는 것은 무엇이든 할 수 있다고 가르쳤다. 윌마는 미소를 지으며 "나는 세상에서 가장 빠른 여성이 되고 싶어요"라고 말했다.

9세 되던 해에 윌마는 의사의 충고를 아랑곳하지 않고 부목을 내려놓았다. 그러고는 의사가 불가능하리라고 말했지만 결국 첫 발을 내디뎠다. 13세 때는 경주에 첫 출전해 꼴찌로 결승선을 밟았다.

다른 경주에도 여러 차례 출전했고 계속 꼴찌를 했다. 하지만 윌마는 포기하지 않았다. 그러다가 꼴찌가 아닌 1위를 하기 시작했다. 15세 때 테네시주립대학에서 만난 육상 코치에게 윌마는 "나는 세상에서 가장 빠른 여성이 되고 싶습니다"라고 말했다.

윌마는 밤낮으로 끊임없이 노력했고, 결국 유타 하이네Jutta Heine라는 여성과 맞붙게 되었다. 하이네는 그 전에 모든 경주에서 단 한 번도 우승을 놓치지 않았다.

100미터 경주의 시작을 알리는 총성이 울렸고, 윌마가 하이네보다 먼저 결승선을 넘었다. 200미터 경주에서도 같은 일이 일어났다. 400미터 계주에서 윌마와 하이네는 각 팀의 중심 주자였다. 두 사람은 세 번째 주자에게서 바통을 받았다. 그런데 윌마가 바통을 떨어뜨렸다. 윌마는 하이네가 쏜살같이 앞으로 튀어 나가는 광경을 보았다. 윌마는 떨어진 바통을 집어 들고 있는 힘껏 뛰어 그날 세 번째로 하이네를 앞질렀다. 어린 시절에 다리가 마비되었던 윌마 루돌프는 1960년 올림픽 3관왕에 올라 올림픽 역사를 다시 썼고, 드디어 세상에서 가장 빠른 여성이 되었다. 윌마는 불가능하다는 사람들의 말이나 자신에게 일어난 불운에 초점을 맞추지 않고, 불가능한 꿈을 실현하는 데에만 집중했다.

비교 교환과 방아쇠

앞에서 '비교 교환'을 짧게 언급했다. 비교 교환은 체력을 단련하거나 건강을 유지하는 것을 포함해 대부분의 노력에 적용할 수 있다. 예를 들어, 나는 파리로 향하는 비행기에서 이렇게 자문했다. '이 항공사에서 주는 평균 품질 이하의 젤라틴 디저트를 먹을 것인가, 아니면 파리 거리에 있는 카페에서 초콜릿 크루아상을 먹고, 지금 이 젤라틴 디저트를 먹지 않을 것인가.' 별로 고민할 필요가 없는 질문이었다. 파리 카페에서 먹는 초콜릿 크루아상이 당연히 승자다. 내가 마치 음식이

라는 렌즈를 통해 아인슈타인의 상대성
이론을 시험하는 것 같았다. 모든 것은
상대적이기 마련이다.

식욕을 자극하는 부정적인 방아쇠

가족 모임을 마치고 집으로 돌아오는 차 안에서 아내가 말했다. "사
촌 동생이 불쾌한 대화에 방아쇠를 당기는 정치 이야기는 꺼내지 말
았으면 좋겠어요."

아내가 말하는 문장에서 중심 단어는 '방아쇠'였다.

나쁜 식습관이나 건강상 위험을 유발하는 방아쇠를 억제할 수만
있다면 나는 크게 승리할 것이다. 나는 친구들에게 식습관이나 건강
에 작용하는 방아쇠를 정의하라고 요청하고, 이 방아쇠가 좋은지 나
쁜지 물었다. 사람들은 대부분 자신의 식욕을 자극하는 방아쇠가 무
엇인지 알고 있다는 사실을 깨닫고 흥미로워했다.

맥주를 마실 때다. 나는 맥주를 마시면 짠 음식 특히 옥수수칩이 몹
시 먹고 싶다. 설상가상으로 간식을 먹기에 가장 나쁜 시간대인 밤늦
게 특히 그렇다.

몸이 추울 때다. 아들이 출전하는 축구 경기를 관전하는 데 날씨가
추우면 따뜻한 음식을 닥치는 대로 먹기 시작한다. 고등학교 미식축
구 경기장에서는 핫도그, 커다란 프레첼, 나초 등을 먹는다.

스트레스를 받을 때다. 나는 스트레스를 받으면 커다란 아이스크림 한 통을 눈 깜짝할 사이에 먹어 치운다! 그러고 나면 잠시 괜찮다. 하지만 커다란 아이스크림 한 통을 다 먹었다는 사실 때문에 나중에 스트레스를 더 많이 받는다.

다른 사람들과 마찬가지로 나도 식욕을 유발하는 방아쇠를 쉽게 식별할 수 있다. 각자 자신이 먹은 음식을 주의 깊게 기록하면 식욕을 유발하는 방아쇠가 무엇인지 알아차릴 수 있다.

내 식욕을 유발하는 부정적인 방아쇠

1 커피
2 적포도주
3 스포츠 경기 시청

나는 30대 중반에 커피를 마시기 시작했다. 하지만 나이가 들어도 변함없이 커피를 좋아한다. 커피는 내가 좋아하는 마약이다. 나는 만드는 과정부터 향기까지 커피에 관한 것이라면 무엇이든 사랑한다. 태양이 떠오르는 지평선을 응시하면서 천천히 한 모금씩 마실 때 두 손으로 전해지는 따뜻한 도자기 컵의 감촉까지 사랑한다. (어린 자녀가 둘 있으므로 이렇게 호사를 누리는 일은 1년에 몇 번 되지 않는다. 하지만 이렇듯 평온한 순간을 정기적으로 맞이할 수 있다고 상상하기만 해도 좋다.)

이번 달에 나는 커피만 마시는 일이 드물다는 사실을 깨달았다. 커피를 즐기는 동안 군것질을 하고 싶었다. 그때 깨달았다! 커피와 잘 어울리면서 건강에 좋은 군것질거리는 없다. 커피와 잘 어울려서 즐기는 간식을 나열해본다.

- ☐ 크루아상
- ☐ 초콜릿
- ☐ 머핀
- ☐ 스콘
- ☐ 쿠키
- ☐ 와플
- ☐ 팬케이크
- ☐ 케이크
- ☐ 시나몬롤
- ☐ 디저트

그렇다면 이제 커피를 마시지 말아야 할까? 절대 그렇지 않다! 커피는 마실 만한 가치가 있다. 하지만 커피를 마실 때 내가 하는 행동은 조절할 필요가 있었다. 식욕 유발 요인을 파악하고서 나는 커피를 마실 때 커다란 벨기에 와플 대신 잡곡 와플을 먹었다. 버터와 가공 시럽을 두껍게 바르는 대신에 아몬드 버터와 꿀을 사용했다. 그러면서 커피와 와플을 '가치가 있는 음식' 목록에 넣었다. 이것은 기존 습관을 고쳐서 개선한 예이다.

다음으로는 와인 문제를 해결해야 했다. 나는 와인을 많이 마시지는 않지만 가끔씩 레드와인 한 잔을 즐긴다. 내게 레드와인은 커피와 비슷하다. 레드와인을 마실 때는 언제나 음식을 곁들인다. 다행히도 포도, 견과류, 살구 등 레드와인과 잘 어울리는 음식이 모두 건강에 나쁜 것은 아니다. 내가 부딪힌 문제는 레드와인을 마실 때면 언제나 900그램의 치즈와 크래커, 다크 초콜릿 바에 손이 간다는 사실이다.

두 마리 토끼를 쫓으면 한 마리도 잡지 못할 것이다. —러시아 속담

이때 나는 '그만한 가치가 있는가?'라는 편리한 지표를 사용한다. 와인의 질이 그다지 훌륭하지 않다면 잔을 비우지 않는다. 매몰 비용은 어차피 돌아오지 않는 돈인데, 어째서 맛이 좋지 않은 데다가 아침에 두통까지 동반하는 와인을 마셔서 실수를 키우겠는가?

깨달음의 순간 가치가 없으면 그냥 가치가 없는 것이다.

운동 친구를 찾는다

사람들이 새해 들어 가장 많이 하는 결심 중 하나는 체중 감량이지만, 미국 성인의 약 3분의 2는 여전히 과체중이거나 비만이다.[46]

과학적으로 분석해보면 사람들이 체중 감량 목표를 달성하지 못하는 이유는 구체적인 목표를 세우지 않았거나 진전을 보지 못하기 때문이다. 이 두 가지는 실천하기 쉬운 것 같지만 실제로는 쉽지 않다.[47]

체중 감량에 성공할 가능성을 높이는 방법 중 하나는 함께 운동할 친구, 팀, 그룹을 찾는 것이다. 연구 결과는 우리가 본능적으로 알고 있는 사실을 뒷받침한다. 즉 다른 사람과 함께 운동하면 목표를 고수하고, 성과와 책임감을 증진하고, 즐거움을 배가시킬 수 있다. 운동할 때 분비되어 기분을 좋게 만드는 엔도르핀 호르몬에 영향을 받아서 러너스 하이runner's high(격렬한 운동을 30분 이상 했을 때 느끼는 행복감 - 옮긴이)를 경험해본 적이 있을 것이다. 친구들과 함께 운동할 때 몸은 기분을 좋게 북돋워주면서 훨씬 많은 양의 엔도르핀을 분비한다.[48] 운동을 하고 나서 만족과 기쁨을 느끼면, 운동을 정기적인 일정에 짜 넣을 가능성이 커진다.

한 특정 연구 결과를 보면 친구들과 함께 체중 감량 프로그램을 시작한 참가자의 95퍼센트가 프로그램을 완주했고, 그 후에도 체중 감량 목표를 유지할 가능성은 42퍼센트 컸다.[49]

이런 성공적인 결과의 근거는 친구들에게 지지를 받기 때문만은 아니다. 우리는 주변 사람들의 행동을 모방하는 경향이 있다. 이것은 쾰러 효과Köhler Effect 때문으로 어느 누구도 무리에서 가장 약한 고리로 인식되기를 원치 않기 때문이다.[50]

1920년대, 독일 심리학자 오트 쾰러Otto Köhler는 집단 안에서 일어나는 작용이 개인의 성과에 어떤 영향을 미치는지 실험했다. 쾰러는 베를린 조정 클럽에게 44킬로그램짜리 추를 달고 더는 지속할 수 없을 때까지 스탠딩컬standingcurl(웨이트 트레이닝의 한 종류 - 옮긴이)을 하라고 요청했다. 그런 다음에 클럽 구성원들을 여러 그룹으로 나누고, 추를 매단 막대를 협력해 들어 올리는 임무를 부여했다. 추는 2인조 그룹에는 두 배, 3인조 그룹에는 세 배 무거웠으므로, 그룹 구성원 한 명이 포기하면 나머지 구성원들은 추를 계속 들고 있을 수 없었다. 쾰러는 가장 약한 선수가 스스로 가능한 수준보다 상당히 더 오래 버틸 수 있다는 사실을 여러 그룹에서 발견했다. 또 운동선수들 사이에 신체 능력의 차이가 클수록 가장 약한 선수를 위해서 버텨내려는 동기가 더 컸다.[51] 이러한 발견을 오늘날 '쾰러 효과'라고 부른다.

쾰러 효과는 주변에서도 목격할 수 있다. 예를 들어, 체력이 더 좋은 훈련 파트너와 짝을 이룬 참가자들은 플랭크 시간이 24퍼센트 늘었다.[52]

따라서 혼자서 운동할 때 만족감을 느끼더라도 가급적 자신보다 체력이 좋은 사람들과 정기적으로 함께 운동하라.

나쁜 습관을 좋은 습관으로 바꾼다

연구를 살펴보면, 나쁜 습관을 중단하는 경우 사람들은 그 습관을 다른 것으로 대체할 필요를 느낀다. 그래서 담배를 끊고 나서 체중이 느는 사람이 많다. 그들은 흡연을 음식 섭취로 대체한다. 알코올중독자가 술을 끊고 나서 달리기에 미칠 수도 있다. 하지만 똑같이 해롭거나 더 나쁜 습관으로 대체한다면 나쁜 습관을 고쳐봤자 아무 소용이 없다. 초콜릿 케이크를 먹거나 코카인을 흡입하여 와플 먹는 습관을 없앤다면 올바른 방향으로 나아가는 것이 아니다.

커피가 식욕을 자극하는 방아쇠라는 사실을 파악하고 나서 나는 커피를 다른 음식으로 이따금이라도 대체할 방법을 적극적으로 찾았다. 한 일본인 친구가 커피를 따뜻한 물로 대체해보라고 추천했다. 따뜻한 물은 확실히 커피만큼 맛있지는 않지만 내가 정한 '커피 마시지 않는 날'에 따뜻한 물을 마시는 것은 커피를 마시는 것 같은 느낌과 온기를 주는 동시에 건강에 좋은 대체 방식이었다. 흥미롭게도 연구를 살펴보면 플라시보효과(커피를 따뜻한 물로 대체할 때)로 얻는 이익은 남성보다 여성에게 많았다.

나는 여전히 커피를 마시고 와플을 먹지만, 매일 마시고 먹지는 않는다. 나는 완벽을 추구하지 않고 더 나아지려고 노력했다. 완벽은 성장과 위대함의 적이기 때문이다.

달콤한 꿈

집중력을 유지하려면 잘 쉬어야 한다. 팀 페리스Tim Ferris는 자신의 저서 《타이탄의 도구들Tools of Titans》에서 지식인, 금융 전문가, 엘리트 운동선수를 포함해 세계 일류 성취자 200명을 인터뷰했다. 그러면서 그들에게서 놀라운 공통점을 발견했다. 그들은 대부분 8~10시간 정도 잠을 자려고 의도적으로 노력했다.[53]

우리는 이러한 성취자들이 수면을 충분히 취하지 않고, 남들이 잘 때에도 잠자는 시간을 아끼기 때문에 남들보다 앞질러 나아갈 수 있다고 정반대로 추측한다. 하지만 그렇지 않다. 몸과 마음을 잘 쉬는 것은 집중을 유지하기 위한 습관이다.

아래는 더욱 잘 휴식하기 위해 미국수면협회가 제시한 1-2-3 점검표이다.[54]

1 수면 루틴을 정하고 유지하라. 매일 같은 시간에 잠자리에 들고 일어나도록 노력한다. 어린 자녀를 키우는 부모, 군대에 복무 중인 남녀, 출장 간 사람들을 포함해 많은 사람이 실천하기에 약간 힘들어하는 방법이다. 하지만 최선을 다한다. 아이들과 같은 시간에 잠자리에 들도록 노력한다. 출장을 가서도 평상시 수면 루틴을 지키도록 노력한다.

2 프로처럼 낮잠을 자라. 낮잠은 한번에 20분으로 제한한다. 20분 이상 낮잠을 자면 밤에 쉽게 잠들기가 더 힘들어진다.

3 되도록 오후 2시 이전에 운동하라. 잠자리에 들기 직전에 운동하는

것은 피하는 것이 좋다. 운동은 엔도르핀을 분비시키므로 잠을 방해할 수 있다.

이 세 가지 권고 사항으로 효과를 보지 못했다면 팀 페리스가 추천하는 수면용 혼합음료를 마셔보라. 아래 조제법을 소개한 '사과 사이다'가 수면의 질을 높이는 데 효과가 있다는 의견이 많다.

잠자리에 들기 전에 혼합한다.
1 따뜻한 물 1컵
2 유기농 사과 사이다 식초 2큰술
3 유기농 꿀 1큰술

내 경우에는 특히 국제선 비행기를 탈 때 천연 멜라토닌을 한 알 먹으면 수면을 취하는 데 도움을 받는다.

성취자들은 수면의 중요성과 하루를 일찍 일어나 시작하는 습관의 이점을 이해한다. 자수성가한 백만장자 177명을 대상으로 5년 동안 수행한 연구에서 저자 토마스 콜리Thomas Corley는 인터뷰한 사람들의 약 50퍼센트가 늦어도 일을 시작하기 세 시간 전에 기상한다고 밝혔다. 콜리는 이렇게 말한다. "이러한 습관은 눈송이와 같아서, 쌓이면 성공의 눈사태가 발생한다."

버진 그룹Virgin Group을 설립한 모험심 강한 리처드 브랜슨Richard Branson은 하루 일과를 시작하기 전에 운동을 하기 위해 오전 5시 45분에 일어난다.[55] 스퀘어Square의 CEO이고 스위터의 설립자인 잭 도시Jack Dorsey는 오전 5시 30분에 명상하고 조깅을 10킬로미터 한다. 아래 도표는 이 책에서 인용하자마자 더 이상 최신 정보가 아니더라도 많은 성공한 사업가들이 아침 일찍 일어난다는 사실을 잘 보여준다.

여기에 류 월리스Lew Wallace의 이름은 없다. 누구인지 모른다고? 우리가 잠에서 깨면서 원망하는 대상이다. 그가 '스누즈snooze 버튼'을 발명했다고 알려져 있기 때문이다. 그는 《벤허Ben Hur》를 써서 전 세계인에게 감동을 선사했지만, 어떤 사람에게는 스누즈 버튼 때문에 원망을 듣는다. 스누즈 버튼은 1956년 GE가 세상에 공개했다.

이름	직위	기업명	기상시간
메리 바라Mary Barra	CEO	GM	6:00
팀 암스트롱Tim Armstrong	CEO	AOL	5:15
우르술라 번스Ursula Burns	CEO	제록스Xerox	5:15
제프 이멜트Jeff Immelt	CEO	GE	5:30
인드라 누이Indra Nooyi	CEO	펩시코PepsiCo	4:00
세르지오 마르치오네Sergio Marchionne	CEO	피아트크라이슬러Fiat Chrysler	3:30
빌 그로스Bill Gross	공동설립자	PIMCO	4:30
리처드 브랜슨Richard Branson	설립자/회장	버진그룹Virgin Group	5:45
데이비드 쿠시David Cush	CEO	버진 아메리카Virgin America	4:15
잭 도시Jack Dorsey	CEO	스퀘어Square	5:30
팀 쿡Tim Cook	CEO	애플Apple	3:45
밥 아이거Bob Iger	CEO	디즈니Disney	4:30
미셸 오바마Michelle Obama	전 영부인	미국	4:30
하워드 슐츠Howard Schultz	설립자	스타벅스Starbucks	5:00
프리츠 반 파셴Frits Van Paasschen	CEO	스타우드Starwood hotels	5:50
칼 맥밀런Carl McMillon	CEO	월마트Walmart	5:30

일찍 잠자리에 들고 일찍 일어나면 건강해지고 부유해지고 현명해진다. ─ 벤 프랭클린

'수면 의사Sleep Doctor'라고 알려진 마이클 브레우스Michael Breus는 스누즈 버튼이 수면을 방해하는 최악의 물건이라고 주장한다. 애당초 스누즈 버튼을 누르고 싶다는 자체가 여전히 7~9시간 동안 평온한 수면을 취하지 못했다는 뜻이기 때문이다.[56]

휴식 상태이지 않으면 사람들은 수면 관성sleep inertia(낮잠을 오래 자고 깨어난 후 비몽사몽인 상태–옮긴이)을 경험한다. 미국국립수면재단은 수면 관성 상태를 "비틀거리고 정신적으로 혼란한 느낌"이라고 정의한다.

수면 관성 상태에 있으면 의사결정 능력이 저하되고, 기억력이 약화되고, 일단 침대에서 일어났을 때 전반적인 수행이 손상된다.[57]

수면장애센터의 의료 책임자인 로버트 로젠버그Robert S. Rosenberg는 "스누즈 버튼을 누르면 자신에게 두 가지 부정적인 영향을 미친다"라고 설명한다.

첫째, "자신이 확보할 수 있는 약간의 추가 수면을 쪼개므로 수면의 질을 떨어뜨린다." 기본적으로 여분의 수면시간이 무의미해진다. 둘째, "한 바퀴를 완주할 시간이 없는 새로운 수면 사이클을 시작하게 된다." 그러면서 "뇌 호르몬을 교란하고" 깨어 있는 시간과 수면시간을 조절하는 신체 시계인 생체리듬을 방해한다.[58]

스누즈 버튼을 장착한 알람시계를 최초로 발명한 사람들은 스누즈 버튼의 단점을 이해했다. 연구에 따르면 스누즈 버튼을 누르는 기간이 10분 이상이면 사람들은 다시 깊은 수면에 빠진다. 따라서 대부분의 알람시계 제조업체들은 스누즈 버튼이 작동하는 시간을 10분 미만으로 제한한다.[59]

스누즈 버튼을 한 번 누르고 잠자리에서 몸을 일으키고 나면 하루 종일 더 나른할 것이다. 애당초 일어날 계획이 없는 시각에 알람을 맞추는 행위 자체가 이상하기도 하다. 뒤집어 말하면 알람이 울릴 때 일어나지 않겠다는 의도가 이면에 숨어 있기 때문이다.

브레우스 의사는 우리에게 있는 자연스러운 생체리듬은 세월이 흐르면서 조정될 수 있다고 강조한다. 예를 들어, 19세 청소년은 새벽 4시까지 깨어 있는 것을 선호하는 반면에 90세 할머니는 저녁 8시에 잠자리에 들었다가 새벽 4시에 일어날 것이다. 나이가 몇이든 '스누즈 버튼을 누르면 지는 것'이다.

수면 형태를 기준으로 사람을 새에 비유하면 세 가지 유형, 즉 울새족(아침), 독수리족(중간), 올빼미족(밤)으로 나눌 수 있다. 사람들은 대부분 두 극단의 중간인 독수리족에 속한다. 독일 하헨 공과대학교RWTH Aachen University의 제시카 로젠버그Jessica Rosenberg와 동료들은 연구를 통해 전체 인구의 20~25퍼센트는 올빼미족이고, 10~15퍼센트는 울새족이라고 결론을 내렸다.[60]

자신이 속한 유형을 판단할 수 있는 매우 단순한 방법이 있다.

약속도 만들지 않고 알람 시간도 설정하지 않고 여덟 시간 동안 잘 수 있다면 당신은 자연스럽게 몇 시에 일어나겠는가?

각자 속하는 새 유형은 세월이 흐르며 변하는 생활방식에 맞춰 달라질 수 있다. 예를 들어 어린아이, 할아버지, 할머니 대부분은 울새족인 반면에 10대 대부분은 올빼미족이다. 우리는 생활하면서 매일 리듬, 파괴, 회복이라는 세 가지 일반적인 흐름을 탄다. 예를 들어 전형적인 울새족이 보내는 하루는 이렇다.

오전 7시 이전 = 울새족

오전 7~10시 사이 = 독수리족

오전 10시 이후 = 올빼미족

오전 6시~오후 1시(리듬)	자신이 인식한 난이도 높은 과제나 문제 해결을 수반한 과제를 수행해야 한다.
오후 1시~5시(파괴)	두뇌가 피로하기 시작하면 이메일, 전화 회신, 정리 같은 단순한 일을 하는 방향으로 전환해야 한다.
오후 5시~9시(회복)	독서, 명상, 일기, 친구나 가족과 함께 저녁 식사하기, 산책 등의 활동을 한다.

핵심은 자신이 울새족인지, 독수리족인지, 올빼미족인지 판단하고 자신의 몸, 마음, 일상의 욕구에 어떤 활동이 가장 적합한지 시험하는 것이다.

저서《습관을 바꿔라, 삶을 바꿔라Change Your Habits, Change Your Life》에서 콜리는 이렇게 말한다. "살다 보면 하루가 비틀릴 때가 있다. 자신이 완수하고 싶었던 서너 가지 일이 예상하지 못했던 방식으로 방해를 받아서, 근무가 끝날 무렵 좌절감을 느끼고 백기를 들고 마는 사람이 얼마나 많은가."

콜리는 이렇게 덧붙인다. "이러한 혼란이 우리를 지치게 하고, 결국 스스로 삶을 통제할 수 없다는 생각을 형성한다. 이러한 생각이 결국 자신을 무력하게 만든다." 이러한 무력감을 피하기 위해서는 혼란을 느끼기 전에 자신에게 가장 중요한 일을 공략해야 한다.[61]

자, 올새족 즉 아침형 인간이 아니더라도 걱정할 것 없다. 중요한 점은 그래야 하기 때문에 억지로 잠자리에서 일어나기 전에, 즉 바깥 세상 때문에 주의가 산만해지기 전에 잠자리에서 일어나는 것이다. 많은 성인은 아이들을 키우기 시작하면서 아침형 인간으로 바뀐다. 부모는 아이들이 잠자리에 들 때 자신도 잠자리에 들 수 있도록 훈련한다. 그렇지 않으면 하루종일 아이들을 쫓아다니느라 쉽게 지치기 때문이다. 그러다가 나이가 들어가면서 자연스럽게 더 일찍 잠자리에 들고 더 일찍 일어나기 시작한다. 우리 할아버지가 생활하는 실버타운에서 새해 전야 파티를 자정이 아니라 밤 9시에 시작하는 것도 바로 이 때문이다!

작은 단계부터 시작하라. 평소보다 30분 일찍 일어나기 시작하거나, 운이 좋아서 서머타임을 해제하는 시기가 가깝다면 평상시 일정을 그대로 유지한다. 그러면 아무 노력을 기울이지 않아도 자연스럽게 한 시간 일찍 일어난 셈이 된다. 아침형 인간이 되고 싶다면《비즈니스 인사이더Business Insider》에 소개된 다음 단계가 좋은 시작점이 될 수 있다. 이 단계들이 내게 효과적이었는지에 대해 개인적인 경험을

괄호 안에 적었다.[62]

1 스누즈 버튼을 누르는 습관을 중단하라. 스누즈 버튼을 누르지 않는 자신의 모습을 잠자리에 들기 전에 상상한다. (효과가 있었다. 나는 전화기 설정에서 스누즈 기능을 해제했다. 전화를 손이 닿지 않는 곳에 놓아두는 것도 아침에 몸을 일으키게 만드는 방법이다.)

2 감사한 일을 아침에 기억하라. (효과가 있었다.)

3 방을 어둡고 선선하게 유지하라. 아침에 일찍 일어나는 비결은 밤에 푹 쉬는 것이다. 방이 어두울수록 수면의 질이 좋아진다. 필요하다면 편안한 수면 안대를 장만한다. 잠자는 시간에 자동으로 선선해지도록 방 온도를 조절한다. (편안한 수면 안대를 찾는 데 시간이 걸렸지만 찾고 난 뒤에는 도움을 받았다. 방을 선선하게 하는 방법이 유용하기는 하지만 아내가 추운 것을 싫어해서 방 온도를 맞추는 문제에는 언제나 갈등이 따른다. 출장 가서 호텔 객실의 온도를 16도로 선선하게 맞춰 놓으면 숙면을 취하는 데 훨씬 도움이 된다.)

4 잠자리에 들기 30분 전에 전자기기의 전원을 꺼라. (말처럼 쉽지는 않지만 일단 실천하자 효과가 있었다!)

5 아침에 몸을 움직여라. 그러면 기분이 좋아지면서 에너지가 생겨난다. (효과가 있었다.)

6 찬물을 마셔라. 잠에서 깬 뒤 매우 차가운 물을 마셔서 수분을 공급해야 한다. 잠을 깨는 데 믿기지 않을 정도로 효과적인 방법이다. (내가 이 방법을 늘 꾸준히 실천한 것은 아니고, 제빙기가 돌아가는 소리 때문에 가족 전체를 깨울 수도 있지만 어쨌거나 효과적이었다.)

7 신선한 공기를 마셔라. 문을 열어놓고 잘 수 있으면 그렇게 한다. 우리가 하품을 하는 이유 중 하나는 산소를 더 많이 흡입하기 위해서이다. 산소는 아침에 잠을 깨우는 데 유용하게 작용한다. 라스베이거스 카지노가 사람들에게 에너지를 더 많이 제공해서 도박을 더 오래 할 수 있게 하려고 도박 테이블 주위에 산소를 더 많이 공급한다고 믿는 사람이 많다. (알레르기 철이 아니라면 효과가 있었다.)

8 루틴을 정하라. 아침형 인간으로 바꾸는 가장 좋은 방법은 아침 일과뿐 아니라 밤 일과도 정해놓는 것이다. (효과가 있었다. 출장을 가서 지키기는 어려웠지만 가능하다면 확실히 효과가 있다.)

내 친구 멜 로빈스Mel Robbins는 스누즈 버튼을 누르지 않을 수 있는 독특한 방법을 사용한다. 멜은 아침을 로켓 발사 시간으로 생각한다. 알람이 울리면 5초, 4초, 3초, 2초, 1초로 카운트다운을 하고 침대에서 벌떡 일어난다. 이 방법이 매우 효과적이라는 사실을 깨달은 멜은 삶의 다른 영역에도 같은 개념, 즉 '스누즈 버튼은 이제 그만!' 개념을 채택하고 베스트셀러인《5초의 법칙The 5-Second Rule》을 썼다.

이번 달에는 취침시간을 엄격하게 지키는 것이 상당히 유용했다. 이것은 아이들에게 취침시간을 정해주는 것만큼이나 중요하다.

잠들기 위한 최선의 방법

뇌는 소프트웨어이고, 수면은 컴퓨터를 재부팅하고, 정크 메일을 전부 삭제하고, 바이러스를 모조리 제거하는 과정이다. 뇌는 우리 몸이 소비하는 전체 에너지의 25퍼센트를 소비한다. 중앙 운영 체계를 재충전하려면 적절한 휴식을 우선순위에 두어야 한다.

일부 연구에서는 태아 자세로 잠을 잘 때 뇌를 가장 효과적으로 재부팅할 수 있다고 말한다. 태아 자세로 자는 것은 똑바로 눕거나 엎드려 자는 자세보다 낫다. 한 단계 더 나아가서 왼쪽을 보며 자는 자세는 혈액순환을 최대화하므로 매우 적절하다. 정맥혈은 대부분 오른쪽에서 순환하므로 오른쪽을 보며 자는 경우에는 혈관에 압박을 가할 수 있다.[63]

일단 잠자리에 누우면 네 가지 수면 단계를 경험한다.

깨어 있는 상태	일반적으로 우리는 매일 밤 10분~30분 동안 깨어 있다. 나이가 들수록 밤에 깨어 있을 가능성이 더 크다.
렘수면	빠른 눈동자 운동Rapid Eye Movement을 하는 시간이다. 주로 저녁 늦게 발생하는 단계이며, 기억과 기분 형성을 위해 중요하다. 렘수면을 하는 동안 뇌에서 불필요한 요소가 제거된다. 꿈은 더욱 선명해지고, 심박수가 증가하고, 호흡은 빨라진다.
얕은 수면	우리는 밤 동안 대부분 이 단계에 머문다. 얕은 수면은 정신적·신체적 회복을 촉진한다.
깊은 수면	이 단계는 신체적 회복, 기억, 학습을 돕는다. 기분

이 특별히 상쾌하다면 깊은 수면을 푹 취했을 가능성이 크다. 이 단계에서 몸은 세포 재생과 관련 있는 성장 호르몬을 분비하고 생각은 대부분 꺼져 있다. 깊은 수면은 면역 체계를 강화하는 데에도 유용하다.

수면 사이클은 다양하지만 일반적인 흐름은 대개 이렇다.

깨어 있는 상태 → 얕은 수면 → 깊은 수면 → 얕은 수면 → 렘수면

각 수면 단계에 머무는 일반적인 시간의 비율을 알아보자.

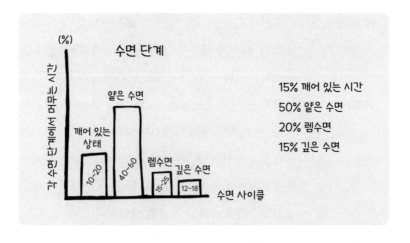

그리 비싸지 않은 제품이라도 스마트 워치에 장착된 건강 추적기를 사용하면 수면 패턴을 알 수 있다. 그래서 "어젯밤 잘 잤어요?"라

는 질문을 받았을 때 "확인해볼게요"라고 대답할 수 있다.

헬스장에서 운동 진전 상황을 추적하듯 수면에 유용하거나 해로운 요소를 추적해야 한다. 수면은 뇌 건강을 좌우한다. 현재 수면을 양호하게 취하고 있다면 지금 방법을 고수하라.

습관적으로 먹는 걸까, 배가 고파서 먹는 걸까?

나는 다음 세 가지 이유로 먹는다.

1 습관이다.
2 위장보다 뇌가 원한다.
3 실제로 배가 고프다.

시간이 되었다는 이유만으로 먹는 사람이 몇 명이나 될까? 먹는 것은 습관이다. 정오니까 점심 식사를 한다. 많은 사람이 실제로 배가 고프지 않더라도 특정 시간에 습관적으로 먹는다! 아니면 행사 때 먹고 마신다. 축구 경기를 시청할 때는 예외 없이 감자튀김을 옆에 가져다 놓는다. 명절 때 집에서는 어떤가? 친척들과 와인을 마신다.

단순히 지루해서 먹기도 한다.

깨달음의 순간 배고플 때 먹는다. 이것은 쉬울 것 같아도 실제로 행동으로 옮기기는 쉽지 않다.

이처럼 뿌리 깊은 습관과 싸우기 위해 "이 음식을 원하는 것은 내 마음일까, 위일까?"라고 늘 자문한다. 대개 문제는 위가 아니라 마음에 있었다. 몸은 음식을 필요로 하지 않지만 마음이 원했다.

간단하게 예를 들어보자. 나는 아침에 커피를 마시면서 미니 와플에 아몬드 버터를 발라 먹는다. 아침 식사를 하고 나면 배가 부르고 에너지도 충분히 얻지만, 대개는 공항으로 출발하기 전에 커피와 따뜻한 와플을 앞에 놓고 다음에 출간할 책의 원고를 쓰며 평화롭게 앉아 있는 모습을 상상하고 그렇게 하고 싶다. 누구나 나와 비슷하게 평화로운 분위기에서 즐기고 싶은 의식이 있을 것이다. 문제는 이처럼 목가적인 순간을 상상한 만큼 자주 맞이하지 못한다는 것이다.

실제로 예상하지 못한 방해물이 자주 등장해서 우리를 시간에 쫓기게 내몬다. 결국 문을 박차고 나가며 커피를 허겁지겁 마시고 살짝 탄 와플을 입속에 꾸역꾸역 집어넣는다. 이러한 상황에서는 의식이 즐겁지도 않으려니와 지킬 만한 가치도 없다.

당신이 즐기는 의식은 즐길 시간이 있을 때를 대비해 아껴두는 편이 낫다. 그러면 결과적으로 (1)더욱 능숙하게 시간을 확보하고 계

획할 수 있다. (2)매일 하는 활동이 아니므로 자신을 특별하게 대접하는 것처럼 느낄 수 있다.

동료 중에는 며칠 동안 단식하고 단식을 극찬하는 사람이 많다. 며칠 동안 단식하는 방법이 내게는 맞지 않았으므로 대안으로 간헐적 단식을 선택했다.

집중하기 위한 단식

운동은 알츠하이머와 같은 기억력 장애를 예방하는 등 장기적인 이점이 있다고 밝혀지고 있다. 규칙적으로 운동하는 사람은 평생 어떤 형태로든 치매를 앓을 확률이 그렇지 않은 사람보다 50퍼센트 낮다.

인간의 조상들에게 대부분의 신체 활동은 포식자를 피해 도망치거나 굶주림을 모면하려고 동물을 사냥하는 등 긴급 상황에 직면해 일어났다. 이러한 순간에는 뇌로 가는 혈류량이 증가했다. 그러면서 신체 반응시간이 짧아지고 본능이 예민해졌다. 그러므로 정신적 차단을 경험하고 집중할 수 없으면 헬스장에 가거나 바깥으로 나가서 걸어라.[64]

진화와 연결해 생산성과 집중력을 높이는 방법으로 간헐적 단식이 있다. 인류의 조상은 주로 수렵과 채집을 하며 생활했다. 그러다 보니 식량이 부족하고 굶주리는 시기가 많았다. 이 기간 동안 인체는 음식 없이 지내는 주기를 통과하는 것에 익숙해졌다. 이 주기가 간헐적 단식의 간격으로 옮겨졌다. 음식을 먹지 않고 지내는 기간 동안 집중력

이 강화되면서 호랑이를 사냥할 때처럼 주변에 있는 먹이나 음식을 감지할 가능성이 커졌다.[65]

용어에 익숙하지 않은 사람들을 위해 설명하자면 간헐적 단식은 칼로리 섭취량을 정해진 기간 동안 제한하는 것이다. 보통 일주일에 2~3일 동안 칼로리를 제한하거나, 일주일에 한 번 24~36시간 동안 단식하거나, 가장 인기 있는 방법으로는 매일 열여섯 시간 동안 단식하고 여덟 시간 동안 식사하는 16/8법칙을 지킨다.

간헐적 단식은 체중 감소, 혈압 감소, 심장 박동수 감소, 뇌 건강 개선에 기여할 수 있다.[66]

최근 연구들을 살펴보면 간헐적 단식은 학습과 기억에 관여하는 시냅스 가소성을 증가시킨다. 이뿐만 아니라 인체에 소염 효과를 일으켜 노화가 뇌에 미치는 영향을 줄일 수 있다.[67] 그리고 인지기능을 긍정적으로 조작할 수 있어서 기억력 테스트 성적을 향상시키고, 알츠하이머와 파킨슨병의 위험성을 감소시키는 데 유용하다.[68]

나는 이번 달에 간헐적 단식을 2주 동안 실천했다. 내 제한된 경험으로는 효과가 좋았던 것 같다. 예상하지 못했던 혜택은 아침 식사를 준비하고 먹을 필요가 없으므로 아침에 자유롭게 쓸 수 있는 시간이 더 생긴 것이다. 당신도 마음 편하게 직접 시험해보라. 몸을 잔뜩 웅크리고 호랑이에게 몰래 다가갈 수 있는 가장 가까운 거리다.

몸에 꽉 끼는 스웨덴 정장

나는 스웨덴을 좋아한다. 만약 미국에 살고 있지 않다면 말뫼나 스톡

홀름에 있는 물가에 집을 마련하고 살았을 것이다.

스웨덴 그리고 유럽에는 국경을 초월해 보편적으로 스며 있는 스타일 감각이 있다. 이탈리아인과 스웨덴인은 미국인이 선호하는 정도보다 훨씬 몸에 꽉 끼는 옷을 입었을 때 더 어울린다는 평을 듣는다. 내가 꽉 낀다고 말할 때는 정말 꽉 끼는 것이다. 나는 몸에 꽉 끼는 유럽산 바지가 찢어지는 불상사가 일어나지 않도록 차에 오르내릴 때 매우 조심해야 했다. 이번 출장에 내가 가져간 단 두 벌의 바지 중 하나는 청바지였다. 그러니 서커스 용어를 사용해 말하자면 나는 '그물을 치지 않고' 몸을 날린 셈이다. 출장하는 동안 내내 바지 두 벌로 버텨야 했다.

'꽉 끼는 바지 클럽'에 들어 있는 사람은 나뿐이 아니었다. 함께 움직였던 스웨덴 직원 두 명은 각자 다른 상황에서 바지가 찢어졌다. 그들은 꽉 끼는 바지를 입고 생활하는 데 이골이 난 사람들이 아닌가! 청중이 나를 찍어 소셜 미디어에 올린 사진 몇 장을 보고 아버지는 지당하신 말씀을 하셨다. "배부른데도 욕심내서 머핀을 집지 마라. 그렇지 않으면 지금 입고 있는 바지가 금세 작아지겠구나."

해외에서 책 사인회를 하는 동안 기자들과 참석자들에게 자주 질문을 받았다. 다른 나라에서 진행되는 질의응답 시간은 특히나 활기차다. 내가 뜻밖의 질문을 받아서 놀라기도 하고 질문을 받으면서 배우는 점도 있다.

청중의 질문 가운데 내가 좋아하는 몇 가지를 나열하면 이렇다. "몇 살인가요?", "왜 녹색 안경을 쓰나요?", "어머니나 아버지는 키가 큰가요?", "안경에 렌즈가 있나요?" 스웨덴에서 일주일 동안 개최되는 강연회의 마지막 날 청중 한 사람이 이례적인 질문을 했다. "좋은 몸매를 유지하는 비결이 뭔가요?"

당시 나는 빡빡한 출장 일정을 소화하느라 무리한 탓에 몸 상태가 좋지 않았다. 특히 며칠 동안 스웨덴 초콜릿을 잔뜩 먹었던 터라 더더욱 그랬다. 하지만 청중에게 이 질문을 받자 무의식적으로 내 행동이 바뀌었다. 남은 출장 기간 동안 건강에 좋지 않은 음식을 무조건 피하기 시작했다. 스웨덴에서 갑자기 몸매 유지를 목표로 세운 것이다. 그러자 그때부터 사람들이 내게 이렇게 묻기 시작했다. "설탕을 좋아하세요? 설탕을 먹나요?", "채식주의자인가요?", "하루에 몇 시간이나 운동하세요?"

연구 결과에 따르면 스스로 특정 유형의 사람이라 믿으면 그 믿음에 따라 행동을 극적으로 바꿀 수 있다. 예를 들어, 담배를 끊고 싶다면 '나는 담배를 끊어야 하는 흡연자다'라고 생각하지 말고, '나는 더 이상 흡연자가 아니다'라고 말하고 그렇게 믿는다. 두 말의 뜻 차이는 크지 않지만 믿는 대로 행동하면 극적인 변화를 이끌어낼 수 있다.

내 경우에는 스웨덴에 출장을 가 있는 동안 다음과 같은 사고 과정을 거쳤다.

나는 몸매가 좋은 사람이다. 몸매가 좋은 사람은 운동을 한다. 아침 식사를 충분히 하고 난 뒤에는 크림치즈를 바른 베이글을 먹지 않는다. 몸매가 좋은 사람은 강단 뒤에서 오래된 초콜릿칩 쿠키를 먹지 않는다.

사고방식의 틀을 새로 짜면 행동을 바꾸는 데 유용하다.

자아개념 이론에 따르면 우리는 스스로 인식하는 대로 된다. 개인 존재에 대한 태도, 신념, 의견으로 정의되는 자아개념은 우리의 행동 방식과 사고방식을 궁극적으로 주도한다. 자아개념은 자신이 어떤 사람인가에 대한 자기 의견이다.[69]

연구 결과 우리는 일관성을 좇는다. 성공한 운동선수들은 일관성 있는 루틴을 실천한다.[70] 루틴은 모든 환경에 대비할 수 있도록 운동선수들을 돕는다. 일관된 일정을 계획하고 꾸준히 실천하는 행동은 운동선수를 포함해 누구에게나 이롭다. 루틴은 정신 건강과 인지기능을 증진시킬 수 있다.[71]

타인이 우리를 어떻게 인식하는지도 특정 행동을 선택하는 동기로 작용할 수 있다. 이렇게 생각해보자. 몇몇 친구가 당신이 언제나 무리에서 가장 건강한 음식을 먹는다고 말하면, 당신은 치킨 프라이드 스테이크보다 구운 연어를 주문할 가능성이 높다. 또 친구들 중에서 가장 재미있는 사람이라거나, 옷을 잘 입는 멋쟁이라거나, 이밖에 무엇이든 주변 사람들이 믿는 모습을 뒷받침하기 위해 자기 행동을 조정할 것이다. 주변 사람들의 믿음에 일관되게 행동하기 위해 노력하는 것이다.

아직 특정 루틴이나 습관을 개발하지 않았다면 지금이라도 시도하라. 과거에는 새로운 습관을 몸에 익혀서 일관성 있게 실천하기까지 21일이 걸린다고 믿었지만, 연구 결과를 보면 66일에 더 가깝다고 한다.[72]

우리는 목표를 추구하는 과정에서 종종 습관을 형성한다. 이때 목표를 중심으로 자신을 밀거나 당길 수 있다. 미는 힘은 의지력에서 생겨나지만 이때 의지력은 신뢰할 만하지 않다.

미는 힘은 이렇게 작용한다. '나는 헬스장에 가야 한다. 따라서 몸을 강제로 일으켜 헬스장으로 갈 것이다.' 반면 당기는 힘은 결과에 기초한다. '결혼식에 입을 예복에 맞춰야 하니까 체중을 5킬로그램 빼야 한다.' 토니 로빈스Tony Robbins는 다음과 같이 즐겨 말한다. "우리는 원하는 일을 항상 달성하는 것은 아니지만, 반드시 해야 하는 일은 달성한다."

이달 말까지 팔굽혀 펴기 100개라는 목표를 추진하기 위해 당기는 힘의 모양새는 이렇다. 내 이름의 머리글자 E와 성인 Qualman을 합한 이퀄먼Equalman은 슈퍼히어로의 이름 같다. 내가 책을 쓰고 강연을 하는 이유 중 하나는 개인에게 있는 독특한 슈퍼 파워를 발현하고 발휘하도록 돕기 위해서다. 그렇다면 나는 앞으로 30일 동안 어떤 마음가짐을 가져야 할까? 슈퍼히어로처럼 보이도록 내 몸을 바꿔야 한다. 대부분의 슈퍼히어로는 헐렁한 바지나 두툼하고 큼직한 코트를 입지 않는다. 오히려 허벅지를 꽉 감싸는 타이즈를 즐겨 입는다. 따라서 나는 아침 운동을 건너뛰고 싶은 유혹을 느끼면 자신에게 이렇게 묻는다. "슈퍼히어로라면 아침 운동을 건너뛸까?"

몸매를 유지하는 것도 내 직업의 일부라는 생각이 들었다. 나는 강단에 서야 하고, 배우처럼 역할에 충실해야 했다. 사진과 영상에 찍혀야 하니 몸매를 유지해야 했다. 체중이 지나치게 불어나면 강단에서 입을 복장이 맞지 않을 것이다. 게다가 카메라로 들여다보는 내 모습은 이미 5킬로그램이나 불어난 것처럼 보였다. 텔레비전 쇼인〈프렌

경주의 출발에 대해 생각하지 말고, 결승선을 생각하라.─우사인 볼트(자메이카의 육상 단거리 달리기 선수─옮긴이)

즈Friends〉에서 들은 재미있는 대사가 떠올랐다. "저 친구한테는 카메라가 몇 대나 붙어 있는 거지?"

만약 내가 몸매를 유지하지 않으면 강연 기회를 놓칠 수도 있다. 그러면 돈을 벌지 못할 것이고 결과적으로 딸들의 대학 학비를 충당하는 계획에 차질이 생길 수 있다. 이것은 어리석은 추론이기는 하지만 몸매를 유지하도록 몸을 부추기기 위해 뇌를 사용한 예이다.

이 방법이 항상 통하지는 않지만 호텔 로비에 있는 과자를 집어먹거나 헬스장에 가지 않는 사태를 가끔씩 막아주었다.

연구 결과들을 보면, 이면에 숨은 이유를 이해할 때 목표를 달성할 가능성이 커진다. 이때 이유는 구체적일수록 좋다. 결혼식 때 자신이 좋아하는 드레스를 입고 싶다거나, 고등학교 동창회에 참석할 때 멋진 모습을 보이고 싶을 수 있다. 나는 다음에 스웨덴에서 강연할 때 몸에 딱 붙는 바지를 멋지게 입어 보이고 싶다.

재빨리 달려가 양치질한다

식욕을 조절하려 할 때 실천하기가 쉬우면서 나를 포함해 많은 사람에게 효과가 있는 요령이 있다. 만약 자신이 작성한 '가치 없는 식품' 목록에 있는 식품을 먹고 싶으면 즉시 양치질을 한다. 불소 맛을 느끼고, 다시 양치질해야 한다고 생각하면 식욕을 억제할 수 있다. 나는 강연할 때 치아에 음식물이 낀 모습을 보이고 싶지 않아서 늘 배낭에 칫솔을 넣어 다닌다. 그러다가 메인 코스를 먹고 나서 디저트 메뉴를 고를 시간이 되기 전에 재빨리 화장실에 가서 양치질한다. 그러면 디저트를 먹으라는 유혹을 받았을 때 "No"라고 할 용기가 생긴다.

커피는 집중력과 생산성에 유용할까 유해할까?

적절하게 휴식을 취하지 않으면 주의집중 기간, 주의력, 동기부여, 성과가 감소한다. 나를 포함해서 많은 사람이 일하는 동안 정신을 차리려고 커피를 마신다. 하지만 커피에 들어 있는 카페인이 도움이 될까, 아니면 해가 될까? 연구 결과를 보면 다른 약물과 비교해 카페인의 효력은 상대적으로 약하다. 연구자들은 카페인에 세 가지 영향이 있다는 데 동의한다.

1 잠을 쫓는다.
2 피로와 권태에 맞선다.
3 손 떨림을 유발한다.

카페인은 청각과 시각의 반응시간을 줄일 수 있다.[73] 카페인이 기분을 최대 세 시간까지 끌어올릴 수 있다는 연구 결과도 있다. 이뿐만 아니라 사용자가 이따금 섭취하는지, 정기적으로 섭취하는지에 따라 다른 생리학적 영향을 미칠 수 있다.[74]

요약해보면 카페인의 영향은 사람마다 다르게 나타나지만, 일반적으로는 약간만 섭취해도 기분과 수행에 영향을 미칠 수 있다. 나처럼 수시로 커피를 마시는 사람들이 아침에 커피를 마시지 않으면 생산성을 발휘할 수 없다고 믿는 부분적인 이유기도 하다. 하지만 이것은 생각일 뿐일까 아니면 실제로 그럴까?

카페인이 극도로 강한 중독성을 보인다는 사실은 잘 알려져 있다. 카페인을 정기적으로 섭취하면 뇌의 화학적 구성에 영향이 미친다. 중독자들이 마약을 사용하지 않았을 때 피로, 두통, 메스꺼움을 경험하는 것도 이 때문이다. 카페인도 분명히 마약의 일종이다. 카페인을 섭취하지 않으면 몸은 24시간 안에 금단 증상을 느끼기 시작한다.

금단 증상은 정신적인 몽롱함과 기민성 결핍 같은 작은 증상에서 시작한다. 나중에는 지근거리는 두통이 생기면서 정신을 집중하지 못할 수도 있다. 근육통이나 독감 같은 증상도 나타날 수 있다. 카페인에 화학적으로 중독성이 있다는 사실을 깨닫지 못하는 사람이 많다. 많은 카페인 중독자들이 커피를 마시지 않고서는 제대로 기능할 수 없는 것처럼 느끼는 것도 이 때문이다.[75]

실천하기 어렵지만, 커피 중독에서 벗어나면 집중력 향상에 상당히 도움이 된다. 카페인은 몸속에서 스트레스 호르몬 수치를 증가시킨다. 따라서 카페인을 섭취해서 추가로 스트레스를 받지 않으면 중요한 일에 노력을 좀 더 기울일 수 있다. 푹 쉬었다고 느끼려면 어느 정도로 잠을 자야 하는지 판단하라. 수면을 충분히 취하면 정신을 깨우려고 카페인에 손을 뻗는 횟수를 줄일 수 있다.

바르셀로나 대학교에서 실시한 한 연구에서는 커피가 미치는 영향이 여성과 남성에게 다르게 나타난다고 밝혔다.[76] 남성은 마시고 나서 10분 뒤부터 커피의 영향을 느끼기 시작한다. 여성은 정신적 기민성을 느끼기 시작하기까지 35~40분 걸리고, 이때 느끼는 영향의 정도도 남성보다 약하다. 일반적으로 커피의 영향은 섭취한 지 두세 시간 안에 나타나지만 나이와 신진대사에 따라 그 기간은 길거나 짧을 수 있다.

또 여성은 플라시보효과를 더 많이 경험했다. 단순히 커피잔을 쥐고 있으면 따뜻하겠다고 생각하고, 카페인을 섭취했을 때 느끼는 자극적인 효과를 예상하는 것만으로도 이러한 효과를 실제로 느끼기에 충분할 수 있다. 연구자들이 참가자들에게 카페인을 제거한 커피를 마시게 한 경우, 남성은 정신적 기민성이 약간 증가했다고 보고한 반면, 여성은 정신적으로 훨씬 더 기민해졌다고 보고했다.[77]

미국인은 커피를 가리켜 '조의 한 잔Cup of Joe'이라고 부르기도 한다. 이 표현의 기원은 1914년으로 거슬러 올라간다. 해군 장관 조지퍼스 대니얼스Josephus Daniels는 미국 해군 함정에서 알코올 음료를 금지시켰다. 알코올 다음으로 좋은 약은 커피였다. 이때부터 대니얼스의 이름인 조지퍼스를 넣어 만든 용어인 '조의 한 잔'이 미국 문화에 뿌리를 내렸다. 당시 사람들은 이 갈색 액체가 얼마나 중독성이 강한지 알지 못했다.

무엇이 당신과 당신이 마시는 '조의 한 잔'에 가장 적합한지 결정하라. 많은 연구 결과를 보면 하루에 커피 한 잔은 건강에 좋지만, 좋은 것이라도 과도하게 섭취하면 지나친 것이다. 따라서 적절한 균형을 찾아야 한다.

내 경우에는 일주일 중 하루를 '커피 마시지 않는 날'로 정했다. 지키기가 정말 어려웠다.

커피를 마시지 않겠다고 선택한 날은 주로 아침에 바쁘거나 출장 중일 때다. 아침에 바쁘면 커피를 여유롭게 음미할 시간이 없고, 출장 가서 마시는 커피는 집에서 멀리 떠나 있을 때이므로 그다지 맛있지 않다. 나는 커피를 엔진오일 정도의 농도로 마시는 것을 좋아한다. 농도가 진하고 맛이 강할수록 좋다. 이런 커피는 집 밖에서 마시기가 어렵다. 종이컵으로 마시는 커피도 내 '가치 없는 식품' 목록에 들어가 있다. 환경에도 맛에도 좋지 않을 뿐더러 명상을 하기에도 좋지 않다.[78]

집중에 유익한 음식

옛 속담인 "쓰레기가 들어가면 쓰레기가 나온다garbage in, garbage out"란 말은 우리의 정신을 떠올릴 때 특히 잘 들어맞는다. 우리는 대부분 운동능력, 외모, 웰빙용 음식에는 신경을 쓰지만 정신에 좋은 음식에는 좀처럼 관심을 기울이지 않는다.

집중에 유익한 음식을 스노우보드나 스키에 바르는 왁스로 생각하라. 왁스를 바르면 모든 부위가 훨씬 부드러워진다. 그렇다면 집중에 최고로 유익한 음식을 찾아보자.

아보카도는 다른 어떤 과일보다도 단백질 함량이 높으면서 설탕 농도는 낮다. 그렇다. 아보카도는 과일이다.[79] 몸의 다른 부위와 마찬가지로 뇌도 혈류에 의존하는데 아보카도는 혈류를 개선한다.[80] 이 녹색의 놀라운 과일은 집중과 기억  같은 인지능력을 향상시키는 데 유용한 비타민K와 엽산을 많이 함유하고 있다.

블루베리는 꼭지에 항산화 물질을 함유하고 있어서 뇌로 가는 혈류를 강화한다. 암, 심장병, 치매를 예방하는 데도 유익하다.[81] 연구 결과를 보면 블루베리는 기억을 증진시키고,[82] 항산화 기능도 으뜸이다.[83]

앞에서 살펴봤듯 카페인은 적절히 섭취하면 집중력, 속도, 정확성, 정신적 기민성을 향상시킨다. 녹차에는 천연 카페인이 다소 함유되어 있다. 일반적으로 커피 한 잔에는 카페인이 100~200밀리그램 들어 있는 반면, 녹차 한 잔에는 약 24~40밀리그램이 들어 있다.[84]

녹차는 L-테아닌을 함유해서 커피보다 카페인을 느리게 방출한다. 카페인이 몸에 서서히 흡수되면 카페인 때문에 과도하게 자극을 받았을 때 겪는 충격을 막을 수 있다. 또 녹차는 자연적으로 지방을 태우는 등 우리의 신진대사를 돕는다.[85]

한 신경학 연구의 결과에 따르면 채소, 특히 잎이 무성한 푸른 채소를 하루 두 차례 이상 섭취하면 또래보다 다섯 살 어린 수준의 정신 집중력을 발휘할 수 있다.[86] 잎이 무성한 푸른 채소는 두뇌 능력을 증진시키는 데 유익한 항산화 물질, 카로티노이드, 비타민B를 함유하고 있다. 또 안에 들어 있는 엽산은

정신을 맑게 해준다.[87]

녹색이 진할수록 좋은 채소다.

기름기가 많은 생선은 오메가3 지방산을 함유하고 있어서 기억력, 정신적인 작업, 행동 기능에 유익하다. 오메가3가 부족한 사람은 기억력 저하, 기분 변화, 우울증, 피로감을 느낄 가능성이 크다. 생선은 집중력을 향상시키고 기분을 좋게 한다. 기름기 많은 생선으로는 연어, 송어, 고등어, 청어, 정어리 등이 있다. 특히 연어는 태양 빛의 자외선이 우리 피부에 미치는 해로운 영향을 막아준다.

물은 생명의 비약이다. 사고 과정과 기억 과정을 거치는 데 필요한 전기 에너지를 뇌에 공급한다. 더욱 빨리 명확하게 생각하고, 더욱 집중하고, 창의성을 경험하도록 하는 데 물이 도움이 된다는 사실이 연구로 입증되었다. 우리 몸의 모든 기능은 물에 의존하므로 물을 충분히 섭취하는 것이 매우 중요하다. 그러므로 물 한 잔을 마시면서 하루를 시작하라.

만세! 다크 초콜릿을 먹어도 좋다는 초록색 신호등이 켜졌다. 하지만 이 신호등은 사람들이 좋아하는 설탕, 옥수수 시럽, 우유가 많이 함유된 대부분의 초콜릿에는 해당하지 않는다. 그러므로 허쉬 키세

다크 초콜릿

스를 탐닉해선 안 된다.

다크 초콜릿에 함유된 마그네슘은 엔도르핀과 세로토닌처럼 건강에 좋은 화학 물질을 자극해서 스트레스를 줄이고 기분을 고조시켜 몸 상태를 전반적으로 개선시킨다.

적어도 코코아 함량이 70퍼센트인 다크 초콜릿을 찾아보라. 내 경우에는 처음에 쓴맛이 났지만 시간이 지나면서 그 맛에 익숙해졌다. 슈퍼푸드 두 개를 한 번에 먹는 방법은 없을까? 다크 초콜릿을 녹이고 그 위에 아마씨를 뿌리고 신선한 블루베리를 얹는다. 그런 다음 종이 호일 위에 올려놓고 얼린다.

다크 초콜릿을 생각할 때는 '모든 좋은 것은 작게 포장되어 있다'란 옛 속담을 기억하라.

아마씨

아마씨는 정신의 명료함, 체중 감소, 궁극적으로 집중에 유익한 마그네슘, 비타민B, 오메가3 지방산, 섬유질을 풍부하게 함유하고 있다. 또 대뇌 피질을 자극해서 결과적으로 뇌의 기능을 증진시키는 유익한 지방인 알파-리놀렌산이 풍부하다.[88] 아마씨는 시리얼, 요구르트, 오트밀, 샐러드에 뿌려 먹으면 간편하다.

견과류에는 항산화 작용을 하는 비타민E가 풍부해서 노화와 더불어 인지능력이 쇠퇴하는 현상을 지연시킨다. 이러한 이익을 얻으려

면 하루에 비타민E 28밀리그램이 필요하다. 또
견과류에는 집중을 돕는 에센셜오일과 아미노산
도 풍부하다.

아몬드를 정기적으로 섭취하라. 아몬드는 주
의력, 인식력, 기억력을 증진시킨다. 호두는 인지
기능을 향상시키고 기억력을 최대로 증진시킨다. 호두를 한 움큼 이
내로 먹으면 최적의 결과를 얻을 수 있다.

가장 잘 팔리는 티셔츠 가운데 "하지만 먼저
커피를 주세요But first, coffee"라고 적힌 것이 있다.
어떤 사람들은 커피를 마셔야 비로소 정신이 완
전히 깨어난다고 느낀다. 커피는 카페인을 함유
하고 있어서 정신적 기민성과 집중력을 향상시
킬 수 있다. 하지만 커피를 마신 결과는 사람마다 다를 수 있다.

식사에 달걀을 함께 먹으면 유익하다. 달걀은
인지기능을 자극하는 비타민B, 항산화 물질, 오
메가3 지방산을 풍부하게 함유하고 있다. 하루에
달걀 두 개를 섭취하면 건강을 상당히 개선시킬
수 있다. 달걀에는 몸속에서 도파민 생성을 자극
하는 티로신이 풍부하게 들어 있다. '동기부여 분자motivation molecule'로
불리는 도파민은 집중력, 동기부여, 에너지 수위를 증가시켜 생산성
을 높인다.[89]

비트

빙빙 돌리지 않고 비트에 대해 단도직입적으로 말해보자. 비트는 호불호가 강하게 갈리는 식품이지만 집중력을 끌어올리는 강력한 동인으로 밝혀졌다. 비트는 뇌로 가는 혈류와 산소를 증가시켜 뇌 기능을 개선한다. 또 피로를 막아주어 운동 수행을 자극할 수 있다.[90]

반가운 소식이 있다. 집중에 좋은 음식은 슈퍼푸드이기도 해서 건강과 웰빙을 향상시키는 데 유익하다.[91]

아침 식사 메뉴를 정해 결정 피로를 줄인다

매일 우리는 결정 피로Decision Fatigue에 직면한다. 스티브 잡스가 매일 검정 티셔츠만 입은 것은 자신이 내려야 하는 결정을 하나 줄이기 위해서였다. 집중 강화 프로젝트를 실행하는 동안 나는 결정해야 하는 일을 하나 줄이기 위해 집에서 아침 식사를 할 때 매일 같은 음식을 먹어봤다. 건강한 아침 식사는 하루를 제대로 시작하는 데 필요한 영양분을 섭취하도록 도와줄 것이다.

- 달걀흰자 오믈렛: 작은 팬에 달걀흰자를 붓고 적당한 때 한 번 뒤집는다.
- 그린 스무디: 바나나, 꿀, 어린 시금치, 민트, 풋콩, 파인애플, 식물성 단백질 가루, 치아 씨, 물, 얼음

- 작은 아보카도
- 방울토마토 5개
- 무염 칠면조 고기 몇 조각

워낙 자주 가다 보니까 가게에서 일하는 영리하고 마음씨 좋은 직원들은 내가 가게에 들어오는 것을 보자마자 무염 칠면조 고기를 썰기 시작했다.

어느 날 아내와 함께 가게에 갔다. 우리는 똑같은 교회 자원봉사 티셔츠를 입고 있었다. 가게에서 일하는 마리암이 내게 "이 가게에 당신과 똑같은 티셔츠를 입은 여자분이 있는데, 알고 있어요?"라고 물었다.

"알다마다요. 제 아내입니다"라고 대답했다.

"내 말이 맞잖아. 무염 씨의 아내라니까!" 마리암이 동료들을 향해 큰 소리로 말했다.

나는 가게에 와서 무염 칠면조 고기를 자주 주문하기 때문에 '무염 씨'라는 별명을 얻었다. 재미있게도 이제 아내는 '무염 씨 아내'로 불린다.

쉬는 시간을 초등학교 1학년처럼 누려라

오후에 잠깐 쉬는 시간이 생기면 탄산음료, 에너지음료, 커피, 차를 마시지 말고 산책을 하거나 계단을 오르내려라. 조지아 대학교 소속인 데릭 랜돌프Derek Randolph와 패트릭 오코너Patrick O'Connor는 적당한 운동을 10분간 하는 것이 카페인 50밀리그램을 섭취한 것보다 심신을 더욱 자극할 수 있다고 밝혔다. 카페인 50밀리그램은 탄산음료 한 캔이나 에스프레소 한 잔을 마셨을 때 섭취할 수 있는 양이다.

쉬는 시간에 운동을 하면, 특히 야외에서 운동을 하면 심리적·신체적 건강을 향상시킬 수 있다. 또 숙면에도 도움이 된다. 오전에 이미 피곤해져서 오후에 카페인을 섭취하고, 밤에 잠을 충분히 자지 못하면서 다음 날 오후에 피곤해지고 그래서 다시 카페인을 섭취하는 악순환을 깨는 데 운동 휴식이 유용하다.

앉아 있는 것을 흡연으로 간주하라. 낮 동안 엉덩이를 바닥에서 떼야 하는 일이 생기면 더욱 좋다. 산책하며 회의하는 것은 훌륭한 선택 사항이다. 다음에 열릴 회의를 산책 회의로 대체하라. 책상에 앉아 있는 단조로움에서 벗어날 수 있을 뿐 아니라 약간의 신체 활동이 주는 자극은 커피보다 강력할 수 있다.[92]

아침 운동

하루 운동 권장량을 채우는 미국인은 전체의 5분의 1에 불과하다.[93] 그리고 전체 미국인의 69퍼센트는 아침이 아니라 오후에 운동 일정을 잡는다.[94] 하지만 오후에 운동 일정을 꾸준히 지키는 사람은 거의 없다.

아침 일찍 운동 일정을 짜면 실천 가능성을 높일 수 있다.[95] 아침 일찍 운동하고 다른 사람들이 깨기 전에 집에 돌아오면 가족이나 친구와 보낼 귀중한 시간을 빼앗기지 않을 수 있다. 아침에 운동을 할 때 얻는 이점을 열거하면 다음과 같다.

1 아침 식사를 하기 전에 운동하는 동안 지방 산화가 이루어지므로 지방을 더욱 효율적으로 태울 수 있다.[96] 이 과정에서 지질분자가 분해되면서 체중 감량이 일어나고, 2형 당뇨를 감소시킨다.
2 세계 대부분의 지역에서는 아침 기온이 운동하기에 더욱 유리하다.
3 이른 아침에 운동하고 성취감을 느끼면 하루 동안 활동할 추진력을 얻는다.
4 샤워를 하루에 한 번만 하면 된다.
5 운동하는 숙제를 일찍 마칠 수 있다!

스누즈 버튼을 누르고 싶은 유혹을 물리칠 수 있을지 확신할 수 없으면 어떻게 할까? 전날 밤 잠자리에 들기 전에 다음 날 아침에 입을 운동복과 운동화를 꺼내 놓는다. 연구 결과를 보더라도 이렇듯 간단한 준비를 미리 해두면 운동할 확률이 더욱 높아진다. 운동을 마치고 난 뒤에는 에너지가 생기고 하루 동안 수행할 과제를 완수하겠다는 의욕을 느낄 것이다.

자신의 일정과 몸에 가장 효과적인 방법으로 운동하라. 하지만 아침에 일어나자마자 운동을 해본 적이 없다면 이번 달에 한번 시작해보라.

집중하는 데 성공하기 위한 옷차림

바쁜 날에는 급히 서두르느라 무엇을 입을지에 그다지 시간을 들이거나 신경을 쓰지 않는 경우가 많다. 사실 집에서 급히 나올 때 바지를 뒤집어 입지만 않아도 무언의 승리라고 생각한다. 하지만 옷차림이 집중과 효과에 영향을 미친다는 사실을 알아야 한다.[97]

가장 성공한 지도자들 가운데 일부는 편안한 복장을 선호한다. 예를 들어 마크 저커버그Mark Zuckerberg는 사무실에 있을 때 회색 티셔츠와 청바지처럼 격식을 차리지 않은 옷을 즐겨 입었다. 옷차림에 신경을 덜 쓰면 더욱더 중요한 문제에 관해 생각할 시간을 벌 수 있다고 믿기 때문이다. 스티브 잡스는 항상 검은색 티셔츠와 청바지를 입었지만 가장 영향력 있는 재계 리더의 반열에 올랐다. 버진 그룹 설립자인 리처드 브랜슨Richard Branson은 넥타이를 매지 않는다.[98]

이러한 리더들은 효율성에 비중을 두고 평상복을 입는 반면, 성공한 사람들 중에는 다르게 생각하는 사람들도 있다. 맞춤 양복 재단사인 로베르토 레빌라Roberto Revilla는 이렇게 주장한다. "일반적으로 말하자면 사무실에서 입은 옷은 생산성에 어느 정도 영향을 미칩니다. 내게 양복을 맞추는 한 CEO 고객은 이렇게 강조합니다. '내가 사무실에 있을 때는 사업을 하고 있는 것이므로 진지하게 사업을 하는 것으로 보여야 합니다. 아이들과 집에 있거나 럭비 경기를 할 때는 별개의 경우라서 나는 두 가지 종류의 옷을 절대 섞어 입지 않습니다. 사업을 할 때와 평상시 생활할 때 입는 옷을 철저하게 구분합니다.'"[99]

옷차림에 대한 의견은 사람마다 다르지만 연구 결과를 살펴보면 옷차림은 개인이 생각하고 정보를 처리하는 방식과 상관관계가 있다. 앞에서도 언급했지만 나는 슈퍼히어로의 팬이다. 슈퍼히어로처럼 생각하고 싶은가? 하트퍼드셔대학교 소속 연구자들은 슈퍼맨이나 원더우먼 티셔츠를 입은 사람들은 자연스럽게 자신이 더욱 강하고 자신만만하다고 느낀다고 밝혔다.[100]

다른 연구에서 과학자들은 '착용자 인식enclothed cognition 현상', 즉 옷차림이 생각과 집중에 미치는 영향을 실험했다. 의사나 연구자가 입는 흰색 가운은 부지런하고 정확한 지식인의 상징으로 널리 인식된다. 해당 연구에서는 참가자들에게 흰색 실험실 가운을 주고 관련이 없는 시도를 하게 했다. 반면에 다른 참가자들에게는 평상복을 입고 같은 시도하게 했다. 결과는 어땠을까? 의사나 연구자가 입는 흰색 가운을 입은 사람들은 가운을 받자마자 시도에 더욱 집중하면서 세부사항에 주의를 기울였고 가운을 입지 않은 참가자보다 실수를 절반이나 줄였다.[101]

나는 대부분 녹색 안경, 검은색 셔츠, 흰색 벨트, 짙은 회색 바지, 패션 운동화 차림으로 강단에 선다. 이처럼 일관성 있게 복장을 갖추면 입고 있는 옷에 집중하는 정도를 줄이고, 청중과 내 강연에 더욱 집중할 수 있다.

그러므로 이런저런 옷차림을 시도해보라. 옷차림은 타인이 우리를 인식하는 방식인 동시에 우리가 자신을 인식하고 집중하는 방식에 영향을 미친다. 이번 달에는 자신에게 가장 효과적인 복장이 무엇인지 시험하라. 정장, 흰색 실험실 가운, 청바지, 원더우먼 셔츠를 입어보면 어떨까?

4월 요약

조금 걷더라도 전혀 걷지 않는 것보다 낫다. 호텔에서 10분 동안 운동하더라도 전혀 운동하지 않는 것보다 낫다.

점수: B-
내가 많은 영역에서 발전하기는 했지만 수면, 운동, 다이어트를 일관성 있게 실천할 수 있는 여지가 여전히 남아 있다.

주요 요점
1 식욕을 유발하는 부정적인 방아쇠를 식별하고 이를 피한다. (맥주 = 옥수수칩)

2 긍정적인 방아쇠를 식별해서 가까이한다. (운동용 반바지를 입고 잠자리에 든다 = 아침에 운동할 마음을 더 쉽게 낼 수 있다)

3 무엇을 하든 적당한 수준을 유지한다.

4 비교 교환과 상대성 음식 이론을 고려한다. 지금 이 음식을 먹을까, 아니면 나중에 좀 더 나은 음식을 먹을까?

5 이따금 초콜릿 케이크 한 조각을 즐긴다. 삶을 즐겨라! 하지만 식탐에 가치가 있는지 따져보는 것이 중요하다. 예를 들어, 무작위로 집어든 할로윈 사탕처럼 그저 그런 음식에 식탐을 내지 않아야 한다. 그 전에 '먹을 만한 가치가 있는가?' '나는 정말 배고픈가?'라고 자신에게 묻는다.

6 집중력을 향상시키기 위해 뇌 건강에 좋은 음식을 먹는다.

5월

관계에
집중하기

FOCUS PROJECT

한 대학교의 총장이 내게 자신은 물론 교수진과 학생들이 내 책을 좋아한다는 내용의 이메일을 보내왔다. 내가 쓴 책들이 교수진과 학생들에게 긍정적인 영향을 미치고 있으므로 명예박사학위를 주고 싶다고 했다.

기분이 우쭐했다. 굉장한 영광이었다. 명예박사학위를 받으리라고는 단 한 번도 상상해보지 못했다. 이 소식을 들은 날은 나뿐 아니라, 믿을 만한 구석이 거의 없을 때도 나를 믿어주고 도와주었던 사람들에게도 기쁜 날이었다.

해당 대학교는 봄 졸업식에서 명예박사학위를 수여하기로 일정을 잡았다.

그날 졸업식 연설을 맡은 사람은 나보다 불과 몇 년 선배였지만 이미 주 대법원 판사 자리에 올라 있었다. 그녀의 연설은 듣는 사람들의 마음을 사로잡을 만큼 인상적이었다.

그녀는 졸업 예정자들과 커다란 경기장을 가득 메운 부모들과 가족들 수천 명 앞에서 연설했다. 예전에 텍사스 대학교에서 졸업식 연설을 해본 경험이 있었으므로 나는 10대부터 할아버지 할머니에 이르기까지 정말 다양한 청중에게 반향을 일으키는 일이 얼마나 어려운지 알고 있었다. 게다가 솔직히 청중들 대다수는 그저 연설이 끝나기만을 기다리므로 더욱 그렇다.

존경하는 판사는 계속 말을 이어나갔다. "나이가 들수록 시간은 점점 더 빨리 지나갑니다. … 여섯 살 때는 크리스마스이브가 영원처럼 느껴지지만 … 마흔다섯 살 때는 크리스마스 장식을 치우고 먹고 남은 에그노그를 버린 것이 엊그제 같은데 눈 깜짝할 사이에 라디오에서 다시 명절을 알리며 송출하는 노래를 듣기 시작합니다."

사실 그렇다. 생일, 기념일, 종교 행사는 시간을 구분하는 데 유용한 기준이다. 우리는 종종 스물한 번째 생일, 10주년 기념일처럼 행사를 기준으로 삶을 구분한다. 행사를 맞이하면서 한숨 돌릴 시간을 갖는다. '와, 정말 1년이 지났어? 나는 그동안 뭘 했지? 무엇을 성취했지? 나는 1년 전보다 행복한가? 1년 전보다 더 큰 성취감을 느끼는가? 더 큰 성취감을 느끼도록 다른 사람을 도와주었나? 지난해에 무엇을 했지? 50만 분 동안 무엇을 했지?'

하루는 괴롭고 길지만 한 해는 짧다. 이러한 생각을 곰곰이 하면서 우리는 '나는 중요한 문제에 집중했나?'라고 자문한다.

자신의 삶이 언제 끝날지는 아무도 모른다. 명예박사학위를 받은 지 몇 주만에 이러한 사실을 마음 아프게 느꼈다. 내게 학위를 수여해준 토마스 플레거Thomas Pleger 총장이 48세의 나이로 갑작스럽게 세상을 떠났다. 플레거는 평상시처럼 완전히 건강한 컨디션으로 잠자리에서 일어났고, 그날 늦게 몸 상태가 좋지 않아서 의사에게 진찰을 받았다. 의사는 뇌에서 종양 덩어리를 발견하고는 응급 수술을 해야 한다고 말했다. 플레거는 며칠 뒤 세상을 떠났고, 이 사건은 가족과 지역 사회에 비극적인 상실이었다.

아마도 당신에게도 지나치게 일찍 세상을 떠난 특별한 누군가가 있을 것이다. 결승선을 언제 넘을지 아무도 모르기 때문에 이러한 상실을 경험하는 것은 오늘 나도 경주를 뛰고 있다는 사실을 상기시켜 줄 만큼 충격이다.

오랜 세월에 걸쳐 사람들은 '메멘토 모리Memento Mori'라는 라틴어 문구를 마음에 새겼다. 마르쿠스 아우렐리우스 같은 사람들은 항상 곁에 두고 기억하기 위해 이 문구를 동전에 새겨 몸에 품고 다녔다. '우리 모두 언젠가 죽는다'로 번역할 수 있는 이 문구는 작은 일 때문에 스트레스를 받지 말고 인생을 최대로 풍부하게 살라고 일깨워주는 긍정적인 문구다.

그래서 우리는 생산적으로 살기를 원할 뿐만 아니라 잠시 멈춰 서서 주변의 아름다움에 초점을 맞추고도 싶어 한다. 자신이 언젠가 죽으리라는 사실을 자신에게 상기시키는 것이 이상할 수 있지만, 자신이 죽음을 면할 수 없는 존재라는 사실에 대해 깊이 생각하는 것은 요점을 제대로 이해하면 우울하지 않다. 메멘토 모리는 우선순위, 절박함, 의미를 창조하는 도구며, 시간이 사소한 일에 낭비하지 말아야 하는 인생의 선물이라는 사실을 상기시킨다. 죽음을 생각하며 우리는 삶이 무의미하지 않고 삶에 목적이 있다는 사실을 기억한다.

나는 경력을 추구하는 동안 토마스 플레거, 훌륭한 전업주부,《포춘》지 선정 500대 기업 CEO, 학교 선생님, 스타트업 창업자, 비영리 조직의 회장, 대통령처럼 크게 성공한 사람들을 만나 직접 대화하는 축복을 누렸다. 그들에게 있는 공통점 중 하나는 즉각적인 결과보다 중요한 사항에 집중하는 점이다. 그들은 가장 중요한 사항인 관계에 집중한다. 즉 가족, 친구, 이웃, 배우자, 팀원, 동료와 형성하는 관계를 중요하게 생각한다. 당신은 가장 중요한 것에 집중하고 있는가? 메멘토 모리.

이번 달에 나는 관계 심화하기에 집중한다. 어떤 관계든 심화시키려면 한 가지 필요조건 즉 의미 있는 시간이 필요하다. 예를 들어, 내가 딸들과 아침 식사를 하는 내내 소셜 미디어를 들여다보고 있다면, 의미 있는 시간을 보내지 못한 것이다.

셋의 규칙

짐 콜린스가 베스트셀러《좋은 기업을 넘어 위대한 기업으로》에서 썼듯 우선순위가 세 개보다 많으면 하나도 없는 것과 같다. 라틴어 문구인 'omne trium perfectum'을 번역하면 '셋으로 이루어진 것은 모두 완벽하다' 또는 '셋으로 이루어진 세트는 완벽하다'이다.

나는 저자이자 강연자로서 이 셋의 규칙을 지키려고 최선을 다한다. 커뮤니케이션에서 셋의 규칙은 글을 쓰거나 강연할 때 유용하다. 세 가지 사건이나 세 명의 등장인물을 인용하면, 다른 수를 인용할 때

> 우정은 학교에서 배우는 것이 아니다. 하지만 우정의 의미를 배우지 못했다면 정말 아무것도 배우지 못한 것이다.
> —무하마드 알리Muhammad Ali(전 권투 세계 헤비급 챔피언 – 옮긴이)

보다 청중이 더욱 유머러스하게 받아들이고 더욱 만족한다.[102]

따라서 청중은 정보를 세 개씩 묶어서 제공했을 때 기억할 가능성이 크다. 그 이유를 추론해보면 세 개의 정보는 패턴을 만들 수 있는 최소의 양이다. 셋의 규칙은 리듬을 만들어내기에 유용하고 광고에 종종 사용된다. 스냅Snap, 크래클Crackle, 팝Pop(아침용 시리얼 브랜드인 라이스 크리스피의 만화 마스코트이다 – 옮긴이), 저스트 두 잇Just Do It이 그 예이다. 셋의 규칙을 적용하면 첫 단어를 읽기만 해도 패턴을 쉽게 완성할 수 있다.

- 생명, 자유, 행복 추구 (독립선언문)
- 동작을 멈추고, 땅에 누워서, 구른다. (화재가 나서 몸에 불이 붙었을 때)
- Veni, Vidi, Vici (라틴어: 율리우스 카이사르가 한 말로 알려진 "왔노라, 보았노라, 이겼노라.")
- 호! 호! 호! (산타클로스)
- 성부, 성자, 성령 (성경)
- 피, 땀, 눈물 (패튼 장군)
- 좋은 놈, 나쁜 놈, 고약한 놈 (영화 〈석양의 무법자〉)
- 베이컨, 양상추, 토마토 (샌드위치)

아마존 설립자이자 CEO인 제프 베조스는 1990년대 후반 이사진에게 편지를 보내 셋의 규칙을 적용해서 회사의 비전을 설명했다. 편지에서 베조스는 아마존이 계속 뛰어난 성과를 거두기 위해 자신이

생각하는 가장 중요한 단일 조건을 밝혔다,

이 조건은 무엇일까? 직원의 채용 기준을 높게 설정하라는 것이었다. 베조스는 인터넷처럼 역동적인 환경 아래에서 특별한 직원을 채용하지 않고 성공하는 것은 불가능하리라는 사실을 알았다. 팀원들끼리 형성한 관계가 아마존이 걸어갈 궁극적인 궤적을 결정할 것이다.

베조스는 미래의 탁월한 팀원이 되기에 적합한 후보들을 식별하기 위해 셋의 규칙을 채택했다. 그래서 모든 채용 관리자들에게 채용 과정 동안 세 가지 질문을 자신에게 해보라고 지시했다. 세 가지 질문은 '고객을 최우선으로 생각하는 똑똑하고, 열심히 일하고, 열정적인 직원'을 채용하는 데 유용하다.[103]

1 나는 이 사람에게 감탄할까?

살아가면서 자신이 감탄했던 사람들을 떠올려보면 아마도 자신에게 교훈을 주었거나 본보기가 되었던 사람들일 것이다. 내 경우를 예로 들면, 언제나 내가 감탄하는 사람들과만 일하려고 무던히 애를 썼다. 그래서 직원들에게도 함께 일하는 사람을 까다롭게 선택하라고 격려한다. 인생은 짧다. 그러므로 자신이 감탄하는 사람들을 주변에 두어야 한다.

2 이 사람은 직원의 평균 수준을 끌어올릴까?

기준은 계속 높여야 한다. 나는 직원들에게 지금부터 5년 뒤 회사의 모습을 시각화하라고 말한다. 그때가 되면 주변을 둘러보며 이렇게 말할 수 있어야 한다. "지금은 채용 기준이 정말 높아. 내가 그 전에 입사했으니 얼마나 다행인지 몰라!"

3 이 사람은 슈퍼스타가 될 수 있을까?

많은 사람이 작업 환경을 향상시킬 독특한 기술, 흥미, 관점을 지니고 있다. 이것은 심지어 직업과 관계가 없는 경우가 많다. 내 지인은 과거에 전국 철자대회 우승자였다. 이 전력이 매일 업무를 수행하는 데 유용하지는 않겠지만, 당신이 그녀를 복도에서 이따금 만났을 때 "onomatopoeia는 무슨 뜻이죠?"처럼 가볍게 질문을 던질 수 있다면 회사에서 일하는 것이 더욱 즐거울 것이다.

베조스는 이러한 인재를 찾는 것이 쉽지 않다는 것도, 이 세 가지 질문이 까다롭다는 것도 알고 있었다. 하지만 '역사의 한 조각을 창조하는 일'이 쉽지 않으리라는 점도 인식했다.

글을 쓰거나, 말하거나, 제품을 팔거나, 살아가며 복잡한 난제에 직면할 때마다 셋의 규칙을 사용하도록 노력하라.

자신에게 있는 재능을 세상과 공유한다

우리에게 삶의 의미는 자신에게 있는 재능을 발견하는 것이고, 삶의 목표는 이 재능을 베푸는 것이다.

배우인 짐 캐리Jim Carey는 마하리시 대학교Maharishi University 졸업식에서 이렇게 연설했다.

내 아버지는 훌륭한 코미디언이 될 수 있었지만, 그것이 불가능하다고 믿었기에 보수적인 선택을 했습니다. 그래서 회계사라는 안전한 직업을 택했지만, 내가 열두 살 때 해고당하면서 우리 가족은 살아남기 위해 무슨 일이든 닥치는 대로 해야 했습니다.

나는 아버지에게 훌륭한 교훈을 많이 배웠습니다. 그중에서 가장 중요한 교훈은 자신이 원하지 않는 일을 하다가 실패할 수 있으므로, 자신이 사랑하는 일을 할 수 있는 기회를 놓치지 말라는 것이었습니다.

물론 이것이 아버지가 내게 가르쳐준 유일한 교훈은 아니었습니다. 나는 나의 세상에 아버지의 사랑과 유머가 미치는 영향을 지켜보며 성장했습니다. 그러면서 이것이 내가 해야 할 일이고, 내 시간을 쏟을 가치가 있는 일이라고 생각했습니다.

아버지는 내가 햄이 아니라고 자랑하시곤 했습니다. 햄이 아니라 온전한 돼지라는 뜻이었죠. 그리고 내가 지닌 재능을 당신의 두 번째 기회로 생각하고 행동했습니다. 내가 직업 코미디언으로 활동한 지 10년이 지나 28세쯤 LA에 있을 때였습니다. 어느 날 밤, 아버지 같은 사람들을 시름에서 해방시켜주는 것이 내 삶의 목적이라는 사실을 깨달았습니다. 그래서 나는 그 목적에 '시름에서 해방된 교회The Church of Freedom From Concern, Church of FFC'라는 이름을 붙이고 이 사역에 헌신했습니다.

그렇다면 여러분의 목적은 무엇입니까? 세상에 어떻게 봉사할 것입니까? 사람들은 여러분의 어떤 재능을 필요로 할까요? 이 점만 파악하면 됩니다. 여러분이 이제 막 시작하려는 길을 걸어본 경험자의 입장에서 나는 여러분이 타인에게 미치는 영향이 가장 귀중한 자산이라고 말할 수 있습니다.

치즈, 와인, 친구는 오래되어야 좋다.
—쿠바 속담

두 번째 인상

첫인상은 중요하다. 연구 결과를 보면 사람이 첫인상을 남기는 데 걸리는 시간은 7초이다.[104] 이 개념을 이해하는 사람이 많기는 하지만 사람들은 대부분 '삶은 첫인상의 연속이다'란 말의 뜻을 제대로 이해하지 못한다. 심지어 20년 동안 알고 지낸 사람이더라도 그 사람을 상대할 때마다 첫 몇 분 동안은 첫인상이다. 당신은 평생동안 같은 사람에게서 수천 개의 첫인상을 받을 것이다. 두 번째 인상도 중요하다. 700번째 인상도 중요하다. 나는 아내에게 부탁할 일이 있을 때는 아내의 기분을 살피고, 분위기가 심상치 않으면 부탁하려 한 마음을 접는다.

다음 다섯 가지 간단한 행동은 타인에게 깊은 인상을 남기려 할 때 유용하다.

1. 다른 사람이 말을 대부분 하게 한다

이번 달에는 말하는 것보다 더 많이 듣는다. 빨리 듣고 천천히 말한다. 새로운 사람을 만났을 때 그들에 대해 질문을 함으로써 자신이 중요한 사람이라고 느끼게 해준다. 연구 결과를 보더라도 사람들은 자신에 대해 말하는 것을 좋아한다. 그래서 모든 대화의 약 40퍼센트는 자신의 감정과 생각에 대한 말로 채운다.[105] 아니면 데일 카네기Dale Carnegie가 설교했듯 "어떤 언어에서든 사람의 이름은 본인에게 가장 달콤하고 중요한 소리라는 사실을 기억하라."

경청이 안기는 다른 이익은 배우는 것이다.

LISTENING = LEARNING
경청   학습

중력은 자기 자신에 대해 말하는 방향으로 작용한다. 초점을 타인에게로 옮기는 유용한 방법 중 하나는 상대방의 질문에 짧게 대답한 후에 같은 질문을 상대방에게 되묻는 것이다.

2. 미소 짓는다

미소는 다가가기 쉽게 만들고 호감을 주기에 가장 손쉬운 방법이다. 연구 결과에 따르면 미소 짓는 사람은 더욱 매력적이고 진실하다는 평가를 받는다.[106]

나는 미소를 지으면 바보처럼 보인다고 잘못 생각해서 미소를 짓는 천성을 억제하려고 꾸준히 애썼다. 게리 베이너척Gary Vaynerchuk은 나를 "이를 다 내보이는 사람"이라고 불렀다. 그러다 보니 나는 암울한 이야기나 나쁜 소식을 전해들을 때 미소 짓지 않으려고 무던히 애를 쓴다. 머릿속으로 계속 '안 돼, 지금도 미소를 띠고 있는 것 같아. 그만해. 그만두라니까'라고 되뇐다.

하지만 지금은 시도 때도 없이 나타나는 미소를 저주보다 재능이라고 생각하고, 이 재능을 주위에 베풀려고 노력한다.

3. 결점을 인정한다

사람들은 설사 약점을 인정해야 하더라도 진정성에 가치를 부여한다. 실패에 겸손한 태도는 성공을 나열하는 태도보다 깊은 인상을 준

미소를 짓지 않는 친구에게는 당신이 먼저 미소를 보여주라. ─속담

다. 자신의 결함을 인정하려면 그만큼 정신력이 강해야 하므로 자신의 잘못을 말하고 잘못을 바로잡기 위해 조언을 구하는 태도는 우리에게 가장 매력적인 특징 중 하나가 될 수 있다.[107]

사람들이 우리나 우리 조직을 사랑하는 것은 우리가 완벽하기 때문이 아니라 완전무결하지 않기 때문이다. 따라서 결점을 인정하고 사랑하라.

결점을 인정하고 사랑하는 태도는 이렇다.

1 자신이 실수했다는 사실을 인정하라.
2 실수를 바로잡을 계획을 제시하라.
3 계획을 끝까지 실행하라.

4. 진심을 담아 칭찬한다

따뜻한 격려를 좋아하지 않을 사람이 있을까? 누군가를 진심으로 칭찬하면 그에게 기쁨을 안겨줄 수 있고, 칭찬을 받은 사람은 무의식적으로 감사하면서 당신을 호의적으로 생각할 것이다. 이러한 태도는 서로에게 이익을 준다. 연구 결과에 따르면 칭찬은 관련된 모든 사람의 기분과 건강을 향상시킨다.[108]

5. 이야기를 말한다

자신이 말할 순서가 되었을 때 이야기를 사용해 의사소통한다. 가능하다면 자신의 사람 됨됨이와 입장을 전달할 수 있는 이야기를 몇 개 준비한다. 이야기, 경험, 재밌는 농담을 겪거나 들었을 때 기록해둔다. 그러면 나중에 메모를 훑어볼 수 있고, 적당한 때가 오면 이 이야기들을 더욱 쉽게 기억해내어 듣는 사람을 감동시킬 수 있다. 하지만 듣는 사람을 가장 손쉽게 열광시키는 방법은 먼저 듣는 것이다.[109]

나는 이 성벽에서 내려오지 않을 것이다

종교를 믿든 믿지 않든 상관없이 기원전 444년으로 거슬러 올라가서 우리에게 유익한 이 이야기를 살펴보다.

당시 페르시아 왕은 아닥사스다Artaxerxes였고, 왕이 독살당하는 사태를 막기 위해 와인을 먼저 시음하는 술 담당자를 항상 대기 시켜 두었다. 아닥사스다의 술 담당자는 느헤미야였다. 하지만 느헤미야는 일반적인 술 담당자 훨씬 이상이어서, 왕의 친구이자 관리였으며 지금으로 따지면 대통령 비서실장과 비슷한 위치에 있었다.

느헤미야는 예루살렘이 험난한 상황에 빠졌다는 사실을 알고 괴로워했다. 성벽은 파괴되었고 문은 불에 탔다. 지방에서 권력을 장악하고 있는 강력한 지휘관이라면 누구라도 성벽 안으로 쳐들어와서 재물을 훔칠 수 있었다. 느헤미야는 이러한 상황을 멀리서 지켜보다가 어느 날 더 이상 참을 수 없어 큰 위험을 무릅쓰기로 마음 먹었다.

왕과 사적인 문제를 의논할 만큼 긴밀한 사이였지만 여전히 느헤미야는 시간을 마음대로 쓸 수도 없었고, 간청하기 위해 왕에게 다가갈 수도 없는 노예였다. 그래서 예루살렘에 있는 자기 백성들을 도우러 갈 수 있도록 시간을 허락해주기를 왕에게 청할 용기를 달라고 오랫동안 열심히 기도했다.

관대하게도 아닥사스다는 휴가를 내주었을 뿐 아니라, 느헤미야가 예루살렘에서 일을 마치고 나면 다시 자신에게 돌아와야 한다는 조건을 달아 느헤미야를 예루살렘의 시장(당시에는 유대 총독으로 불렸다)으로 임명했다.

예루살렘에 도착했을 때 느헤미야의 마음은 무너졌다. 도시는 물리적으로뿐만 아니라 심리적으로도 생각했던 것보다 엉망이었다. 그는 백성들에게 보호받는다는 느낌과 자부심을 안겨주기 위해 도시 주변으로 성벽을 다시 쌓아야겠다는 결론을 내렸다.

예루살렘 재건은 막대한 공사였다. 느헤미야는 성읍에 있는 사람들을 모두 불러 모으고, 주변 성읍에 있는 사람들을 초대하고, 일목요연하게 계획을 세웠다. 초점은 벽을 다시 세우는 것이었다. 이 이야기에서 기적은 찾아볼 수 없다. 그저 성벽을 재건한다는 한 가지 확고한 목표에 집중한 사람의 놀라운 이야기다.

느헤미야는 모든 사람을 집결시키고 말했다.

1 문제가 있다.
2 해결책이 있다. (즉, 성벽이라는 해결책)
3 우리에게는 지금 이 일을 해야 하는 이유가 있다. (즉, 성벽을 세우는 것)

느헤미야는 이 세 가지 간단한 말로 백성들을 규합했다. 이것은 막대한 작업이었지만 모든 사람이 열심히 힘을 합해 진전을 이루기 시작했다. 하지만 성벽 밖에 있는 사람들은 강력해질 예루살렘을 잠재적인 위협으로 보았다.

성벽 재건에 가장 강력하게 반대한 사람은 산발라트였다. 산발라트는 소문을 퍼뜨리고, 성벽을 쌓는 일을 적극적으로 막기 위해 간첩을 보냈다. 이 방법이 통하지 않자 군대를 보내 성벽을 쌓는 사람들을 공격했다. 산발라트가 문제를 일으키고 공사의 진전을 방해했지만 느헤미야는 뜻을 굽히지 않았다. 성벽은 계속 올라갔다.

그러자 산발라트는 느헤미야를 살해할 계획을 세웠다. 느헤미야가 없어지면 일꾼들이 사기를 잃을 것이라고 생각했다.

산발라트의 군대는 느헤미야에게 편지를 보내 스비림Chephirim 마을에서 만나자고 말했다. 느헤미야는 산발라트와 그의 군대가 자신을 해칠 계획을 세웠다는 사실을 간파하고 날카롭게 응수했다. "나는 위대한 일을 하고 있으므로 내려갈 수 없다."

이것은 대단히 강력한 문장이다.

자신에게 맡겨진 가장 중요한 직책이나 책임, 즉 깊이 생각에 잠긴 조용한 순간마다 자신을 계속 끌어당기는 직책이나 책임을 생각해보자. 아마도 조금씩 손을 대보다가 옆으로 밀어놨을 것이다. 이제 느헤미야의 말을 되뇌어보자. "나는 위대한 일을 하고 있으므로 내려갈 수 없다."

느헤미야처럼 집중하고 헌신한다고 생각하면 흥분을 느낄 것이다. 예를 들어, 무언가를 요청하는 이메일을 받는다면 당신은 이렇게 즉시 대답할 수 있다. "나는 책을 쓰기 위해 한창 원고 마무리 작업을 하고 있습니다. 죄송하지만 원고 쓰는 작업 외에는 당장 어떤 일도 맡을 수가 없습니다. 양해해주시면 감사하겠습니다." 이것은 "나는 위대한 일을 하고 있으므로 내려갈 수 없다"라는 느헤미야의 말을 내 방식으로 표현한 것이다. 당신이라면 어떻게 표현할 수 있을지 생각해보고, 이렇게 말할 때 기분이 얼마나 좋을지 주목하라.

느헤미야는 계속 이렇게 대답했다. "나는 위대한 일을 하고 있으므로 내려갈 수 없다. 내가 너희에게 내려가느라 어째서 이 일을 중단해야 하는가?"

산발라트는 느헤미야를 내려오게 하려고 내용을 달리해 메시지를 네 차례 보냈지만, 느헤미야는 매번 비슷한 대답을 보냈다. 우리가 매일 이메일 폭탄을 맞는 것과 크게 다르지 않은 상황이었다. 오늘날 사람들은 산발라트처럼 우리를 죽이려 하지는 않지만 그 대신 우리 시간을 죽이려 한다.

느헤미야가 성벽 재건에 집중하지 않고 산발라트의 군대를 만나려고 내려갔다면 아마도 목숨을 잃었을 것이다. 우리가 고려해야 하는 중요한 점은 목표에 집중하지 않고 신경을 쓰지 않는 태도는 잠재적으로 행복을 망칠 수 있고, 일부 경우에는 삶을 파괴할 수 있다는 것이다.

그러므로 골프를 더 칠 수도 있고, 영화를 더 많이 볼 수도 있고, 더 많은 돈을 좇을 수도 있고, 더 큰 명예를 추구할 수도 있고, 여자친구와 늦게까지 데이트를 더 많이 할 수도 있지만 자신이 위대한 일을 하고 있다는 사실을 이해해야 한다. 많은 사람에게 위대한 일은 친구와 가족에서 출발한다. 그러므로 남자 친구, 여자 친구, 아이들, 배우자를 보면서 자신에게 "나는 여기서 위대한 일을 하고 있어"라고 말하라.

느헤미야의 적은 포기하지 않았다. 느헤미야가 유대의 왕이 되어서 아닥사스다 왕에 대항해 자신의 왕국을 세우려는 야심을 품고 성벽을 쌓고 있다는 소문을 퍼뜨리기 시작했다. 이렇게 하면 느헤미야가 마음을 바꿔서 자신을 보호하기 위해 성벽을 떠나리라 생각했다. 하지만 느헤미야는 그렇게 하지 않고, "나는 이 성벽에서 내려갈 수 없다"라고만 되풀이했다.

그러자 친구인 스마야가 찾아와 느헤미야를 설득하려 했다. 적어도 느헤미야는 그를 친구라고 생각했다. "느헤미야, 이 성읍에 자네의 적이 있다는 사실을 알고 있지 않은가? 이곳에 있는 많은 상인은 성벽 밖 사람들과 물물교환을 하면서 생계를 유지하고 있는데, 성벽을 다시 쌓으면 거래가 위축될까 봐 두려워하고 있다네. 게다가 자네가 잠든 틈을 타서 자네를 살해하려는 계획도 있어. 그러니 자네의 안전을 위해 제단으로 피신하게나."

하지만 느헤미야는 이렇게 대꾸할 뿐이었다. "자네 말대로 할 수 없네. 잠자는 동안 암살당한다는 소문을 들었다거나, 다른 기회를 잡기 위해서라거나, 왕이 두려워서 이 성벽을 내려가지는 않을 걸세. 그 무엇도 나를 이 성벽에서 끌어낼 수 없네. 나는 여기서 위대한 일을 하고 있고, 완성할 때까지 남아 있을 걸세."

느헤미야가 성벽 재건에 집중한 덕택에 느헤미야와 그의 군대는 52일 만에 성벽을 완성했다. 수백 년 동안 파편에 파묻혀 있던 커다란 성벽을 마침내 재건하자 여러 민족과 느헤미야의 적들은 깜짝 놀랐고, 완성된 성벽을 보자 사기를 잃었다.

우리는 자신의 성벽이 무엇인지, 자신을 성벽에서 끌어내리는 힘이 무엇인지 이미 알고 있다. 사람에 따라서 텔레비전을 지나치게 많이 보거나, 소셜 미디어에 지나치게 몰두하거나, 술을 지나치게 많이 마신다. 비디오 게임에 빠져 있거나 비디오 게임, 포커, 판타지 스포츠, 험담에 중독되어 있다. 지나치게 많은 기회를 한꺼번에 좇기도 하고, 가족 사이의 갈등에 말려들기도 한다. 자신을 성벽에서 끌어내리려고 하는 것이 무엇이든 성벽을 떠나지 않는 것이 우리에게 맡겨진 도전 거리다. 우리에게 위대한 일이 무엇인지 살펴보자.

- 가족에게 집중한다.
- 원고를 완성한다.
- 복학한다.
- 창업한다.
- 나쁜 관계에서 벗어난다.
- 빚을 갚고 재정을 정비한다.
- 사업을 다음 단계로 끌어올릴 프로젝트를 완수한다.
- 자신이 좋아하는 비영리 단체의 활동에 더 많은 시간을 투입한다.
- 언어를 학습한다.
- 증손자들을 계속 볼 수 있도록 더욱 건강한 생활습관을 유지한다.
- 마라톤을 하기 위해 체력을 기른다.

무엇이든 지금은 아닌 척하는 태도를 멈춰야 한다. 이제는 성벽에 머무는 것이 결코 쉽지 않다는 사실을 충분히 인지하면서 사다리를 타고 올라가 성벽에 머물러야 한다.

이 책은 성벽에 계속 머물 수 있도록 당신을 도와줄 안내서다. 당신과 마찬가지로 나도 성벽에서 내려오라는 유혹에 매일 시달린다. 예를 들어, 이 책을 쓰기 시작하며 원고를 매일 쓴다는 목표를 세웠다. 이 목표는 지난 1년 동안 내 성벽이었지만 생활하다 보니 예외 없이 여러 가지 일이 일어나면서 한 단어도 쓰지 못하거나 심지어 책 내용에 대해 전혀 생각하지 못한 채로 며칠을 보내기도 했다. 나는 무릎 깊이까지 집중했다가 내 성벽에서 계속 끌어 내려졌다.

몇 달이 지나면서 나는 장벽에 머물기 위해 마음, 몸, 영혼을 훈련했으므로 더욱 잘 집중할 수 있게 되었다. 우리가 사다리를 타고 성벽에 올라가더라도 외부에서는 아무 변화도 일어나지 않았다. 시간도 돈도 자원도 늘어나지 않았다. 하지만 마음가짐이 바뀌었다. 우리가 겪는 주요 문제는 결코 시간이나 자원의 부족이 아니라 우선순위의 부족이었다. 매일 주의를 분산시키는 상황들이 벌어지지만 느헤미야처럼 단순히 이렇게 말해야 한다. "나는 위대한 일을 하고 있으므로 이 성벽에서 내려갈 수 없다."

목적이 중요하다는 사실을 깨닫다

1952년 7월 4일 플로렌스 채드윅Florence Chadwick이 카탈리나해협을 수영해서 횡단한 첫 번째 여성이 되려는 참이었다. 전 세계가 생중계로 지켜보는 가운데 채드윅은 짙은 안개, 뼛속까지 스며드는 추위, 상어와 싸웠다. 그러다가 기진맥진했다. 이때 해안을 볼 수 있었다면 끝까지 수영할 수 있었을 것이다. 수경 너머로 아무리 보아도 짙은 안개뿐이었다. 해안을 볼 수 없었던 채드윅은 결국 포기했다. 해안에서

노래를 부르고 싶어 하는 사람이 언제나
노래를 발견한다. —스웨덴 속담

800미터밖에 떨어져 있지 않았지만 그 사실을 몰랐다. 채드윅은 쉽게 포기하는 사람이라서 그만둔 것이 아니라, 더 이상 목표를 볼 수 없었기에 그만두었다.

"해안을 보았더라면 도전에 성공할 수 있었을 것입니다." 두 달 뒤 채드윅은 카탈리나해협으로 다시 돌아갔다. 수많은 난관에 부딪혔지만 이번에는 안개가 끼지 않았으므로 해안, 즉 목표를 볼 수 있었다. 해안에 도착해 물에서 걸어 나오자 그녀가 남자 기록을 두 시간이나 앞당겼다고 누군가가 알려주었다.

즉 목적과 자신이 도달하고 싶은 목적지를 가시화하는 것이 중요하다.

집중 지도

마인드맵은 정보를 조직하고 처리하는 과정을 돕는 시각적인 보조 도구다. 시각적인 학습자인 나는 마인드맵의 열렬한 팬이다. 마인드맵은 색상, 이미지, 상징, 단어를 통합해 연결을 만들도록 뇌를 돕는다. 마인드매핑닷컴mindmapping.com은 마인드맵을 이렇게 정의한다.

마인드매핑은 아이디어를 '지도로 그리는 것'이고, 뇌와 정보를 주고받는 매우 효과적인 방법이다.

마인드매핑은 긴 정보 목록을 기억하기 쉽게 고도로 조직적인 다이어그램으로 전환하는데, 이때 다이어그램은 뇌가 사물을 자연스럽게 시각화하는 방식과 잘 맞는다.

마인드맵을 이해하는 간단한 방법 중 하나는 도시의 지도와 비교하는 것이다. 도심은 주요 아이디어, 중심에서 뻗어 나온 도로는 사고 과정에서 발생하는 핵심 생각, 2차 도로나 여기서 갈라지는 길은 2차 생각을 가리킨다.

재구성은 나중에 고민하고 일단 자신의 아이디어를 어떤 순서로든 기록할 수 있다.

노벨상 수상자인 로저 스페리Roger Sperry(1981년 노벨생리의학상 수상자 – 옮긴이)가 수행한 연구에서 마인드맵의 효과를 확인할 수 있다. 스페리는 뇌에 있는 대뇌피질이 두 개의 반구 즉 우반구와 좌반구로 분리되어 있다고 입증했다.[110]

마인드맵은 뇌에서 단어, 논리, 숫자를 담당하는 좌반구와 이미지, 색상, 공간, 리듬을 담당하는 우반구를 통합한다. 좌뇌와 우뇌가 함께 작용할수록 뇌는 최고의 효율을 내며 가동할 수 있다.[111]

한 특정 연구는 마인드매핑이 정보 처리를 강화해서 기억 형성을 향상시키는 데 유용하게 작용한다고 밝혔다. 한 가지 구체적인 예를 들어보면, 의대생이 마인드맵을 사용했을 때 사실을 기억하는 양은 10퍼센트 증가했다.[112] 또 마인드매핑은 아동의 발달에도 유익해서, 목록을 사용하는 경우보다 아이들의 단어 기억력을 더욱 성공적으로 증진시켜 32퍼센트까지 늘린다.[113]

간단하게 말해서 마인드맵은 8세에게도 80세에게도 재미있고 효과적이다.

확고하게 버틴다

내가 가장 좋아하는 활동 중 하나는 교회 주일학교에서 자원봉사하는 것이다. 나는 봉사활동을 하며 아이들보다 내가 더 많은 것을 얻는다고 믿는다. 당신이 다음에 무엇을 해야 할지 고민하고 있다면 다음 사항을 고려해보라.

1 자신에게 쉴 시간을 주라. 당신뿐 아니라 누구라도 삶의 어떤 시점에서 오갈 데 없이 궁지에 몰린 느낌을 경험한다.
2 시간을 기부해서 다른 사람을 도와라. 주저할 때 용기를 내서 자원한다.

나는 주일학교에서 아이들과 함께 시간을 보내는 것을 좋아하지만 강연과 책 사인회를 소화하기 위해 출장을 많이 다닌다. 그러다 보니 자원봉사를 할 때는 딸아이들의 반에 배정받고 싶어서 교장에게 그렇게 요청했다.

하지만 자원봉사의 손길은 초등학교 남학생들에게 필요한 경우가 많다. 나는 나쁜 자원봉사자가 되고 싶지 않고 죄책감을 느끼고 싶지도 않기 때문에 그 요청을 수락하곤 한다. 그리고 나서 딸들을 교실에 데려다주고는 아쉬운 심정으로 돌아선다. 남학생들을 돕는 것도 좋지만 딸들의 반에 들어가 활동하는 것과 같을 수는 없다. 나는 딸들과 함께 시간을 보내는 것이 더 좋다.

집중 강화 프로젝트를 실행하면서 나는 삶의 모든 측면을 검토했다. 목록에서 1위를 차지하는 항목은 가족과 더 많은 시간을 보내는 것이었다. 그래서 나는 교장에게 다시 메일을 보냈다.

교장 선생님께

제게 학교 아이들을 위해 자원봉사를 할 수 있는 기회를 주셔서 감사합니다. 아내와 저는 이 기회를 정말 소중하게 생각하고 있습니다! 제가 주중에는 출장을 많이 다니므로 일요일 아침을 포함해 주말에는 딸들과 최대한 많은 시간을 보내고 싶습니다. 따라서 아내와 저는 딸들과 시간을 보내는 동시에 다른 학생들을 돕기 위해, 학교에서 다음 반에 들어가 활동할 봉사자가 필요하다면 언제라도 기꺼이 자원하겠습니다.

- 2학년 여학생 반
- 3학년 여학생 반

반갑게도 우리는 다음과 같은 답변을 받았다.

물론입니다. 일리가 있는 말씀이세요. 메일을 보내주셔서 감사합니다. 아울러 당신 부부가 늘 주일학교 일에 협조해주셔서 감사합니다!

다음 주에 나는 둘째 딸의 반에 배정되었다. 그 주에 있었던 일 중에서 가장 신나는 일이었다. 그런데 다음 주에 다음과 같은 이메일을 받았다.

안녕하세요, 에릭

이번 주 일요일에 3학년 남학생 반을 맡아주시겠어요?

이 메일을 받자마자 내 첫 반응은 언제나 그렇듯 "그럼요, 기꺼이 돕겠습니다"였다. 습관은 깨기 어려운 법이다. 하지만 나는 집중 강화 프로젝트를 실행하는 중이었으므로 실험을 해보기에 이상적인 기회였다. 내가 예전과 똑같이 행동한다면 프로젝트를 실행할 의미가 없지 않겠는가? 더 나아가 이런 생각이 떠올랐다. '남학생 반을 맡아주시겠어요?'라는 요청에 즉각적으로 "Yes!"라고 말하지 않을 것이라면 즉시 "No"라고 대답해야 한다.

이러한 경우에는 대부분 가차 없이 명확하게 대답을 하는 것이 최선의 접근 방식이다. 나는 교회 문화를 잘 알고 있었으므로 가차 없는 거절이 잘 받아들여지지 않는 드문 예외라고 판단했다. 그래서 처음에는 이렇게 답장을 보내기로 했다. 우선 이전에 보낸 메일 내용을 복사해서 붙여넣었다.

안녕하세요, 교장 선생님.

제게 학교 아이들을 위해 자원봉사할 수 있는 기회를 주셔서 감사합니다. 아내와 저는 이 기회를 정말 소중하게 생각하고 있습니다! 제가 주중에는 출장을 많이 다니므로 일요일 아침을 비롯해 주말에는 딸들과 최대한 많은 시간을 보내고 싶습니다. 따라서 아내와 저는 딸들과 시간을 보내는 동시에 다른 학생들을 돕기 위해, 학교에서 다음 반에 들어가 활동할 봉사자가 필요하다면 언제라도 기꺼이 자원하겠습니다.

- 2학년 여학생 반
- 3학년 여학생 반

이 방법이 통했다고 말하고 싶은 마음은 굴뚝같지만 애석하게도 그렇지 못했다. 나는 곧 다음 메일을 받았다.

안녕하세요, 에릭.

답장을 보내주시고, 촉박하게 부탁드릴 때도 기꺼이 봉사해주셔서 감사합니다. 이번 주 일요일에 3학년 남학생 반을 맡아달라고 부탁드린 제 메일을 받으셨나요?

체스를 두듯 정말 전략적인 내용이지 않은가? 이제 나는 '킹이 공격받는 것을 피하기 위해' 더 적극적으로 나아가야 했다.

안녕하세요, 교장 선생님!

답장 잘 받았습니다! 저는 이번 주 일요일에 3학년 여학생 반을 맡고 싶습니다. 혹시 3학년 여학생 반을 맡고 있는 다른 선생님 중에서 남학생 반을 맡고 싶어 하는 분이 있다면 기꺼이 반을 바꿔드릴 의사가 있습니다. 그 선생님이 남학생 반에 들어가시고 제가 여학생 반을 맡으면 되지 않을까요? 이 방법이 가능한지 알려주시면 감사하겠습니다.

죄책감과 수치심이 몰려왔다. 대체 교회 자원봉사자가 어째서 이 모양일까? 조건을 내건 자원봉사라니! 교회에서 주차 봉사를 하면서 '기온이 24~25도이면서 화창한 날에만 기쁜 마음으로 봉사하겠다'라고 말하는 것과 무엇이 다른가? 죄책감과 수치심이 번갈아 마음을 괴롭혔다.

그러면서 집중 강화 프로젝트를 수행하기 위해 갖추고 있던 은유적인 주문 하나가 떠올랐다. '진정한 변화를 실천하기는 진짜 힘들다.'

죄책감과 수치심을 줄이기 위해 내가 남학생보다 여학생과 훨씬 더 잘 지냈다는 사실을 기억해냈다. 남학생들과 함께 지내는 경험을 진심으로 하고 싶어 하며, 초등학교 남학생이 뿜어내는 무한한 에너지를 다루고 그들과 대화할 준비가 나보다 잘 되어 있는 봉사자가 남학생들에게는 더 적합할 것이다.

다행히도 얼마 지나지 않아 교장에게 답장을 받았다.

에릭, 안녕하세요!

한 교사가 3학년 남학생 반을 맡겠다고 자원했어요. 그래서 당신이 3학년 여학생 반을 이끌어주면 좋겠습니다.

수치심과 죄책감이 여전히 약간 남아 있기는 했지만 딸과 시간을 보낼 수 있고, 딸과 딸의 친구들과 좀 더 깊이 교류할 수 있다고 생각하며 느끼는 기쁨이 이 모든 감정을 상쇄하고도 남았다. 또 자원봉사자 자리를 창의적으로 채울 수 있도록 교회를 도왔다고 생각하니 기분이 좋았다.

나는 그날 딸과 친구들이 했던 재밌는 말과 행동을 이야기하며 딸과 함께 지금도 유쾌하게 웃는다. 그렇게 우리는 평생 남을 추억을 쌓았다. 집중 강화 프로젝트를 수행하기 전이었다면 이 순간을 놓쳤을 것이다. 게다가 남학생을 맡은 자원봉사자가 남학생 반 수업을 즐겼다는 것도 기뻤다!

이것은 모두에게 좋은 경험이었다. 모든 사람이 자신의 욕구를 말하는 경우에 항상 유니콘과 무지개 같은 결과를 맺지는 않겠지만 얼마나 자주 노다지를 발견할 수 있는지 깨달으면 놀랄 것이다. 이 점에 관해서는 '애빌린의 역설Abilene paradox'에서 다룰 것이다.

애빌린의 역설

경영 전문가인 제리 B. 하비Jerry B. Harvey가 쓴 《생각대로 일하지 않는 사람들: 애빌린 패러독스》는 전 세계 교실에서 가르치는 유명한 '애빌린의 역설'을 집중적으로 다루고 있다.

기본적인 줄거리와 교훈은 다음과 같다.

텍사스주 콜먼시에서 어느 더운 오후 한 남자가 아내, 장인, 장모와 화기애애한 분위기에서 도미노 게임을 하고 있다. 장인이 저녁 식사를 하러 애빌린으로 가자고 제안한다. 아내가 "정말 좋은 생각이에요"라고 맞장구를 치자, 남자는 텍사스의 뜨거운 더위를 무릅쓰고 장시간 운전하는 것이 과연 좋을지 의구심을 품지만, 자신의 생각이 다른 사람과 틀림없이 다르리라 생각하고 토를 달지 않고 대답한다. "내 생각도 그래. 장모님이 가고 싶어 하시면 좋겠네." 그러자 장모도

"가고 싶고말고. 애블린에 가본 지도 정말 오래 됐네"라고 대답했다.

애빌린으로 차를 몰고 가는 길은 덥고 먼지가 풀풀 날리는 데다가 멀기까지 하다. 마을에 도착해 레스토랑을 골라 들어갔지만 음식은 운전해 온 길만큼이나 형편없다. 식사를 마치고서 지치고 불만에 차서 집으로 돌아온다.

장모가 마음을 숨기며 "정말 잘 다녀왔네, 좋았지?"라고 물었다. 사실 장모는 집에 있고 싶었지만 나머지 세 명이 정말 가고 싶어 하는 것 같아 따라나섰다. 남자는 솔직한 심정을 내보이며 투덜댔다. "나는 베란다에서 도미노 게임을 하는 것이 재밌었고, 계속 게임을 해도 좋았을 거 같아요. 가족들을 기쁘게 해주려고 따라나섰을 뿐이에요."

남자의 아내가 대꾸했다. "나도 사람들을 기분 좋게 해주려고 갔을 뿐이에요. 그러지 않고서야 이렇게 뜨거운 날 외출을 하고 싶었겠어요?" 그러자 장인은 다른 사람들이 도미노 게임을 하면서 지루해하는 것 같아서 애빌린에 가자고 제안했다고 말한다. 네 사람은 실제로는 아무도 가고 싶지 않았던 곳을 가기로 집단적으로 결정했다는 사실에 당황한다. 모두 게임을 하면서 오후를 편안하고 행복하게 즐기는 편을 선호했는데도 당시에는 아무도 그렇다고 말하지 않았다.

집중 강화 프로젝트를 수행할 때는 스스로 결정을 내리고 생각을 말하는 것이 중요하다. 하지만 이것이 항상 쉽지만은 않다. 장모의 입장을 생각해보자. 그녀는 결정 순서에서 마지막이다. 그녀처럼 행동할 사람은 얼마나 될까? 우리는 속으로 '나 혼자 풍파를 일으키고 싶지 않아'라고 여러 번 생각했을 수 있다.

자신의 의견을 직접적이고 정직하게 말하는 과정이 반드시 필요하

좋은 결혼생활은 두 사람 모두 자신들이 더 좋은 결과를 얻고 있다고 느끼는 것이다. ─앤 라모트Ann Lamott(미국 베스트셀러 작가─옮긴이)

다. 우리가 매일 내릴 수 있는 잠재적인 많은 결정을 살펴보자. 여기에는 수없이 많은 경우가 있을 수 있다.

만약 같은 상황을 재연한다면 장모는 이렇게 말하는 편이 더 낫다. "내게 가장 중요한 것은 우리가 함께 있는 것이고 그때 행복을 느껴. 나는 지금이 더할 나위 없이 좋아. 애빌린에 가려면 오래 운전해야 하고, 날씨도 더우니까 오늘은 집에 있는 편이 더 낫다고 생각해. 하지만 나머지 사람들의 의견이 다르다면 기꺼이 그 의견에 따를게."

장모가 "어리석은 생각이군"이라거나 "내 생각은 달라"라고 말하지 않은 점을 주목하라. 장모는 단순히 자기 의견을 말했을 뿐이고, 자신에게 가장 중요한 것('함께 있는 것')을 거론하면서도 다른 사람들을 기분 좋게 만들었다("당신들과 함께 있어서 행복하다"). 여기서 장모는 적극적인 리더의 역할을 담당했다.

집이나 사무실에서 회의를 이끄는 입장에 섰을 때는 다른 사람들이 자신의 진짜 의견을 말할 수 있는 개방적인 분위기를 조성해야 한다. 포드의 CEO인 앨런 멀러리Alan Mulally는 이러한 개념을 손수 실천한 사례를 들었다. 멀러리는 고위 임원들과 회의를 할 때 프로젝트의 진행 상황을 쉽게 식별할 수 있는 방법을 강구하고 싶었다. 그래서 교통 신호등 방법을 사용해서, 프로젝트의 진행 상황을 교통 신호등과 비슷하게 빨간색, 노란색, 녹색으로 구분하기로 했다.

모든 임원은 프로젝트의 진행 상황을 녹색(모두 이상 없음), 노란색(괜찮아 보이지만 계속 주시해야 함), 빨간색(문제 있음)으로 보고한다. 처음 몇 차례의 회의에서 상황 게시판은 모두 녹색이었다.

포드가 재정적으로 어려움을 겪고 있어서 실적을 개선해야 했고,

그것이 자신을 CEO로 영입한 주요 이유 중 하나였으므로, 멀러리는 임원들의 낙관적인 보고를 접하고 약간 의아했다. 하지만 임원들은 멀러리가 원래 들었던 내용과 정반대로 보고했고 모든 진행 상황은 순조로워 보였다.

결국 한 회의에서 참석자 한 명이 빨간색으로 표시한 몇 가지 항목을 걱정스러운 표정으로 제시했다. 멀러리는 어떤 반응을 보였을까? 멀러리는 박수를 치기 시작했다. 그러자 다음 회의부터는 거의 모든 진행 상황이 빨간색이었다. 멀러리는 이제야 상당한 진전을 이루었다고 지적했다. 비록 좋은 소식은 아니더라도 실상을 말해도 안전하겠다고 직원들이 느꼈기 때문이다. 리더로서 멀러리는 더욱 집중해서 신속하게 결정을 내릴 수 있도록 이렇게 개방적인 분위기를 조성했다.

다음과 같은 말을 들어본 적이 있는가? "나는 그 사람을 정말 존경해. 내가 하는 말에 언제나 동의해서 정말 무슨 생각을 하고 있는지 알 수가 없어. 진정한 예스맨이야!" 들어보지 못했을 것이다. 하지만 다음과 같은 말은 자주 듣는다. "그 사람이 하는 말을 들으면 기분이 언짢을 때도 있어. 하지만 언제나 자기 생각을 말하기 때문에 그 사람의 말을 존중해."

우리는 정중하게 자기 생각을 말하는 것에 집중해야 한다. 그렇게 하면 자신이 원하지 않았는데 가는 경우가 규칙이 아니라 예외가 될 것이다.

고립공포감

많은 사람, 특히 프롤로그에 소개한 다람쥐과 사람들에게는 모든 기회가 '반드시 잡아야 하는' 기회처럼 보인다는 문제가 있다. 다음 큰 프로젝트를 시작해야 한다는 유혹에 이끌려서 현재 수행하고 있는 프로젝트를 제대로 완수하지 못한다. 얄궂게도 다음 큰 프로젝트가 생기기 전에 이전 큰 프로젝트가 있었다.

그렇다면 커다란 기회를 놓치고 있다고 느끼지 않으면서도 이 상황에 어떻게 대처할 수 있을까? 무엇이든 첫 주자가 자주 불리해질 수 있다는 점을 먼저 이해하는 것이 중요하다.

이 접근법은 시장에 최초로 진출한 기업이 성공하기 마련이라는 요즘 기업 문화의 일반적인 인식을 거스른다. 완전히 반대 현상이 일어나는 경우도 많다. 제럴드 텔리스Gerald Tellis와 피터 골더Peter Golder는 개척자(첫 주자)와 정착자(시장 첫 주자가 아니다)의 성공을 비교하는 유명한 연구를 실시했다. 개척자의 실패율은 정확히 47퍼센트로 정착자의 8퍼센트보다 다섯 배 이상 높았다. 연구 결과를 보면 상황이 어떻게 전개되는지 파악할 수 있을 정도로 인내하며 지켜보는 것에는 몇 가지 장점이 있다. 대표적인 예가 아이폰이다. 아이폰 이전에 몇 가지 종류의 스마트폰이 이미 출시되어 있었다. 그중에서 가장 눈에 띄는 제품은 핸드스프링 트레오 300Handspring Treo 300이었다. 이 제품은 스마트폰이기는 했지만 여전히 플립 형태였고, 크기가 작은 벽돌만 했다.

나는 운 좋게도 시제품을 사용해볼 수 있었다. 지금도 그때 친구들에게 놀림을 받았던 기억이 생생하다. 친구들은 낄낄대며 말했다.

"전화기가 멍청하게 생겼군. 커도 너무 커!" 그러더니 커다란 종이 공책을 펄럭이며 귀에 갖다 대고는 말했다. "여보세요, 네, 휴스턴. 들리나요? 대통령 전용기가 착륙한다, 오버." 그러면서 이렇게 덧붙였다. "누가 전화기로 이메일을 보거나 동영상을 보고 싶겠어?"

하지만 스티브 잡스와 애플은 시기를 딱 맞춰서 성능을 훨씬 개선하고 급진적인 디자인을 적용한 스마트폰을 출시하여 시장의 판도를 완전히 바꾸었다.

얄궂게도 스티브 잡스는 "애플은 결코 전화기를 만들지 않을 것이다"라고 열변을 토한 것으로 유명했다. 한 임원은 이렇게 회상한다. "전화기를 만드는 것이 애플에게 좋다고 임원진이 스티브를 설득하려 했습니다. 하지만 당시에 스티브는 성공하는 길을 보지 못했어요."

많은 조직과 설립자들이 실패하는 이유 중 하나는 최첨단 기술이 아니라, 피 흘리는 칼날 위에 서 있기(매우 새로워서 따르는 위험도 상당히 높은 기술 – 옮긴이) 때문이다. 그들은 시장보다 지나치게 앞서간다. 시장은 이러한 유형의 제품을 받아들일 준비를 아직 갖추지 못하고 있다. 반면에 정착자는 기다리면서 시장이 준비될 때까지 지켜볼 수 있다. 경쟁사보다 1년 앞서는 것은 중요하지만 시장보다 1년 앞서서는 안 된다.

물론 첫 주자가 차지하는 이익도 있지만, 정착자는 기다릴 때 따르는 이익을 누릴 수 있으므로 고립공포감을 피할 수 있다. 그러면 바람을 쫓아가는 것을 피할 수 있다. 이것은 종종 장기전을 벌이는 것과 같다. 단기적으로는 집요함이 필요하고 장기적으로는 인내가 필요하다.

날이 밝기 전이 항상 가장 어두운 법이다.

5월 요약

한 가지 중요한 사항

메멘토 모리: 자신이 언젠가 죽는다는 사실을 기억하면 시간을 선물로 생각하는 데 도움이 된다. 죽음은 삶이 무의미하지 않고 의미심장하다는 사실을 일깨워준다.

점수: B+

이번 달은 얼음물을 끼얹는 것 같았다. 예전에는 삶에서 중요한 관계들을 나도 모르게 뒷전으로 밀어놓았다. 하지만 이번 달에는 보람을 느끼는 수준 이상을 얻었다. 모든 전화, 점심 식사, 연락이 내 영혼을 끌어올렸고, 관계가 삶의 전부라는 사실을 다시금 깨달았다.

주요 요점

1 일주일에 점심 식사 일정을 두 번 잡고, 매주 두 사람에게 전화를 걸어 감사하다고 말한다.
2 앞으로 12개월 동안 무엇을 할지 마인드맵을 그린다.
3 항상 자기 의견을 말한다(애빌린의 역설).

6월

배움에
집중하기

FOCUS PROJECT

딸의 생일이 다가오고 있었다. 나는 스페인어를 배우고 있으므로 실력을 발휘할 좋은 기회였다. 아내의 친정 가족은 콜롬비아 출신들이었으므로 스페인어를 구사하는 친척들과 파티를 하는 것은 내 언어학습 상태가 얼마나 발전했는지 보여줄 수 있는 훌륭한 기회가 될 터였다.

파티를 하니 참담한 현실이 드러났다. 스페인어를 배운 지 10년이 넘었는데 이제 막 배우기 시작한 사람처럼 서툴렀다. 내 스페인어 실력이 그다지 늘지 않았다는 사실이 딸의 생일을 계기로 적나라하게 드러났다. 내가 만일 10년 전에 앞으로 10년 동안 공부하고 나면 스페인어를 유창하게 구사할 수 있겠느냐는 질문을 받았다면 이렇게 단호하게 대답했을 것이다. "10년이요? 당연하죠! 그때가 되면 스페인어로 가수처럼 노래도 부를 수 있을걸요."

하지만 내 스페인어 실력은 조금 좋아지는 정도였다. 그래서 이번 달에는 스페인어 학습을 최우선 과제로 삼고 전력질주하기로 했다. 이 결정은 내가 애당초 집중 강화 프로젝트를 시작한 이유하고도 일맥상통한다. 10년 동안 미적지근하게 시도하기보다는 한 달 동안 집중해서 실천하는 것이 더 낫다.

체로키족의 오래된 우화를 살펴보자.

늙은 체로키 추장이 손자에게 삶에 대해 가르쳤다. "내 안에서 싸움이 벌어지고 있단다. 두 늑대가 벌이는 끔찍한 싸움이지. 하나는 사악한 늑대로 분노, 시기, 슬픔, 후회, 탐욕, 오만, 자기연민, 죄책감, 원망, 열등감, 거짓말, 거짓 자존심, 우월감, 자기도취야. 다른 늑대는 선량한 늑대로 기쁨, 평화, 사랑, 평온, 희망, 겸손, 친절, 공감, 관대, 진실, 동정, 믿음이란다. 똑같은 싸움이 네 안에서도 벌어지고 있지. 다른 사람들도 모두 마찬가지란다."

손자는 잠시 생각하다가 할아버지에게 물었다. "어떤 늑대가 이길까요?"

늙은 추장은 담담하게 대답했다. "우리가 먹이를 준 녀석이지."

나는 내 스페인어에 충분히 먹이를 주고 있지 않다.

아내는 딸들에게 스페인어로만 말한다. 나도 실력을 향상시켜야 했으므로 모든 식구가 스페인어만 쓰기로 했었다. 하지만 아내는 나와 스페인어로만 대화할 만큼 참을성을 발휘하지 않았고, 그런 아내를 탓할 수도 없었다!

콜롬비아에서 가족들과 한 달을 지내면 스페인어 학습에는 이상적일 것이다. 마치 불로 세례를 받는 셈이지 않을까! 스페인어만 써서 대화할 테니까 스페인어 학습에 완전히 몰입할 수 있을 터였다.

하지만 여건이 여의치 않았다. 그렇다면 차선책은 무엇일까? 아내의 부모님과 마이애미에서 한 달 동안 지내면 어떨까? 두 분은 좋은 분들이고 내 딸들에게도 잘해줄 뿐 아니라 장모님과 친구들은 집에서 스페인어만 사용한다. 그렇다면 나와 아이들이 스페인어에 반쯤 몰입할 수 있을 터였다.

스페인어 학습 앱인 듀오링고Duolingo를 사용해 온라인으로 공부해왔는데 늘 혼자 공부해야 했고 실제로 연습해볼 시간을 내기도 힘들었다. 그러던 어느 날 딸들이 앱에 관심을 보였다. 스페인어 말하기 실력은 딸들이 나보다 훨씬 낫지만, 읽고 쓰는 실력은 내가 더 나았다. 가족이 앱을 함께 사용해서 학습해보니 재미있었다.

아내가 스페인어로 딸들이나 부모님과 이야기할 때 내가 무의식적으로 관심을 보이지 않는다는 사실도 깨달았다. 스페인어를 배울 기회를 적극 활용하지 않았던 것이다. 마치 〈피너츠Peanuts〉에 나오는 등장인물 같았다. 어른이 말할 때마다 찰리 브라운, 스누피, 루시, 나머지 패거리의 귀에는 "와… 와… 와… 와… 와…" 같은 의미 없는 소리만 들린다. 이제 집에서 스페인어로 이야기가 오가면 나는 외면하지 않고 참여하기로 했다.

처음에는 스페인어로 말하기만 하면 몰입하는 것이라 생각했다. 하지만 스페인어를 배우려면 내 모든 의사소통 형태를 스페인어로 바꿔야 한다는 사실을 깨달았다. 이러한 변화에 주력하면 학습 곡선을 끌어올릴 수 있다. 지금까지는 아내에게 주로 영어로 문자를 보냈지만 이제 이 습관도 깨야 했다.

이렇게 문자 습관을 바꾸자 스페인어 공부에 진전이 보이기 시작했다. 게다가 심지어 재밌기까지 했다! 나는 가족들의 스페인어 문자를 대충 읽지 않고 자세히 들여다보면서 새로운 단어와 문법 사항을 학습했다.

스페인어를 배우는 과정에서 가끔 발생하는 내 실수가 가족에게는 재미 거리가 되었다. 하루는 최근 떠도는 소문에 밝은 친구에 대해 문자를 보내려 했다. 나는 스페인어로 "그녀에게 흙탕물이 튀었다"라고 문자를 보냈다고 생각했다. 그런데 나중에 알고 보니 "그녀는 매우 더럽다"라는 뜻으로 문자를 잘못 썼다. 에구머니나.

실수는 젖혀두고 주위 사람들은 내가 정말 진지한 태도로 스페인어를 공부하려 한다는 사실을 깨닫고 도와주려고 애쓴다.

효과 있는 방법이면 무엇이든 사용한다

학교에 갔다 온 딸과 오간 대화를 살펴보자.

나　학교에서 재밌게 지냈지? 클로에의 생일 파티에 제일 먼저 도착할 수 있게 서두르자.

딸　파티는 정말 재밌을 거예요! 거대한 물 미끄럼틀이 있고, 유니콘과 인어도 있대요. 하지만 아빠, 출발하기 전에 15분 동안 피아노 연습을 해야 해요. 캐런 선생님이 100일 도전을 시키셨거든요. 지금 43일째인데 도전 기록을 깨고 싶지 않아요.

나　그래, 물론 그래야지. 자, 그럼 44일에 도전해볼까! 가서 연습하고 오너라. 연습을 마치고 파티에 가자꾸나.

배움을 멈추는 사람은 스무 살이든 여든 살이든 늙은이다. 배움을 지속하는 사람은 누구든 젊은이다. 삶에서 가장 위대한 것은 마음을 젊게 유지하는 것이다. ─핸리 포드

딸과 나눈 이야기를 되새겨보고 두 가지를 깨달았다. (1)캐런 선생님은 내 딸에게 책임감과 열정을 심어주었다. (2)캐런 선생님이 제안한 도전은 내가 실행하고 있는 집중 강화 프로젝트와 일맥상통한다. 움직이는 사람은 계속 움직이려는 경향이 있다.

내가 사용하는 스페인어 학습 앱에는 게임과 단계가 있어서 하루 연습 분량을 채우지 않으면 단계가 '제로'로 돌아간다. 물론 돈을 지불하면 단계를 회복할 수 있고, 실제로 친구들은 대부분 돈을 지불하고 단계를 회복한다. 하지만 나는 원칙을 고수하고 싶어서 돈을 내고 단계를 회복하는 것을 스스로 용납할 수 없다. 연속해서 열흘 이상 지속적으로 연습한 경우가 아니라면 돈을 내고 단계를 회복하는 것은 옳지 않다고 느꼈다. 그것은 도덕적인 원칙을 내동댕이치는 것이다!

우리는 추진력을 유지해야 한다. 스페인어 학습 앱에서 단계를 계속 살리든, 40일 동안 초콜릿을 끊든, 딸이 100일 동안 하루 15분씩 피아노 연습을 하든 자신에게 유리하게 추진력을 사용해야 한다. 자신에게 효과 있는 방법이라면 무엇이든 사용하라.

우리는 사고방식을 급진적으로 바꿔야 한다. 원하는 것을 해야 하는 것으로 바꿔야 한다. 나는 10년 동안 스페인어를 배우고 싶었다. 하지만 스페인어를 배워야 할 필요성을 이제야 깨닫는다. 만약 가족과 함께 남아메리카에 갔는데, 딸들에게 긴급 상황이 발생하고, 주위 사람들이 내게 저마다 스페인어로 소리를 질러대기 시작한다면 어떻게 할까? 내가 제대로 대처하지 못해 딸들이 심하게 다치거나 죽을 수도 있다. 그래서 사고방식을 이렇게 바꿨다.

(이전)

나는 가족과 더 원활하게 잘 의사소통하기 위해 스페인어를 배우고 싶다.

(이후)

나는 가능한 한 최고의 아빠, 남편, 가족이 되기 위해 스페인어를 배워야 한다.

이러한 사고방식의 변화는 언어 학습 속도를 급격하게 증가시키는 데 유용하게 작용했다. 언어 학습과 관련한 연구 결과에 따르면 단일 언어 사용자와 비교할 때 이중 언어 사용자가 더욱 뛰어난 집중력을 발휘한다고 한다.[114]

쐐기돌

실력을 얼마나 향상시킬 수 있을지 알아보려고 골프를 한 달 동안 날마다 칠까 생각했다. 마음먹은 대로 실천하지는 못했지만 다음 프로젝트 주제로 삼으면 좋겠다.

내가 아는 프로 골퍼는 웰즐리 대학교에서 여성 골프팀을 지도한다. 코치로 부임했을 당시에 팀의 평균 기록은 18홀에 101타수였다고 했다. 그런데 겨우 1년이 지났을 뿐인데 평균 타수가 81로 향상되었다! 상당히 놀라운 결과였다.

비결은 무엇이었을까? 팀은 6일 중에서 5일은 치핑chipping(공을 덜 띄워서 공이 많이 굴러갈 수 있도록 시도하는 샷-옮긴이)과 퍼팅 등 쇼트

당신에게 편지를 짧게 쓸 시간이 없어서 긴 편지를 씁니다. —마크 트웨인

게임에만 집중했다. 골프 연습을 할 때 사람들은 대개 아무 생각 없이 공을 가능한 한 멀리 치기 시작한다. 티에 올려놓고 쳤을 때 공이 포물선을 그리며 날아가는 모습을 지켜보는 재미는 쏠쏠하다. 하지만 치핑과 퍼팅을 하다 보면 상당히 지루하고 좌절감을 느낀다.

팀의 성적을 생각할 때 코치는 정반대로 초점을 맞추었다. 코치에게 드라이브는 쇼이고, 퍼팅은 승리다. 총 6일 중에서 5일은 퍼팅과 치핑을 연습시켰다는 뜻이다.

그렇다면 무엇을 하든 성공을 안겨줄 쐐기돌에 집중하지 않고 아무 생각 없이 공을 치기만 하는 사람은 얼마나 될까?

골프에서 치핑을 잘하는 방법을 배우고 싶든, 언어를 습득하고 싶든 가장 먼저 쐐기돌을 결정해야 한다. 건축에서 쐐기돌은 아치형 입구를 안정적으로 유지시키는 가장 중요한 돌이다. 앞에서 예로 들었던 골프에서 쐐기돌은 쇼트 게임이다.

쐐기돌은 무엇에서든 가장 중요한 부분을 가리키는 비유다. 오늘 우리는 다음과 같이 해야 한다.

1 쐐기돌을 결정하라.
2 쐐기돌에 미친듯이 집중하라.

돈을 모으는 것에 집중하고 싶은 사람에게 쐐기돌은 신용카드를 없애거나 더 이상 비싼 신발을 사지 않는 것일 수 있다. 사업상 인맥을 늘리고 싶은 사람에게 쐐기돌은 일주일에 다섯 차례 사업상 점심 식사 약속을 잡는 것일 수 있다.

스페인어를 배울 때 재밌는 부분은 새로운 단어를 배우는 것이다. 하지만 스페인어 어휘를 늘리는 것은 쐐기돌이 아니었다. 이것은 골프 연습장에서 장타를 치는 것과 비슷하다. 스페인어 문법을 학습하는 과정은 지루하지만 내 학습 속도를 급속히 증가시키는 쐐기돌이다.

모노폴리에서 속임수를 쓰다

상징적인 보드게임 모노폴리Monopoly를 소유한 모회사 해즈브로Hasbro는 모노폴리 브랜드에서 더 많은 수익을 낼 수 있는 방법이 없을지 고민했다. 몇 년 동안 원조 모노폴리를 다양하게 변형시킨 게임을 만들어내며 애를 썼지만, 기업 내부에서 외부로 초점을 전환하면서 주요 돌파구를 뚫을 수 있었다.

사용자들을 조사하고 나서 발견한 사실은 충격적이었다. 전 세계 사용자의 절반 이상이 모노폴리를 하며 부정행위를 했다는 것이다. 50퍼센트 이상이라는 수치에 믿을 수 없다는 생각이 들 수 있지만 잠시 멈춰서 주위 사람들 중에서 모노폴리 하는 중에 부정행위를 한 사람이 있었는지 생각해보자. 누군가 얼굴이 떠오를 것이다?!

이러한 발견을 바탕으로 해즈브로는 새로운 버전인 '부정행위자판 모노폴리Monopoly Cheater's Edition'를 출시했다. 이것은 100년이 넘은 해즈브로 역사상 가장 성공적인 출시 사례를 기록했다.

티셔츠를 손으로 잡거나 시각화한 후에 안팎을 뒤집어보라. 사람이든 조직이든 대부분 아웃사이드인outside-in(외부의 시각으로 생각하고 의사를 결정한다 – 옮긴이) 사고가 아니라 인사이드아웃 inside-out(내부의

당신이 수천 가지를 알고 있다고 하더라도,
한 가지를 제대로 아는 사람에게 물어보라.
—터키 속담

시각으로 생각하고 의사를 결정한다 - 옮긴이) 사고에 매여 있다. 아웃사이드인 사고를 돕기 위해, 몇몇 친구나 가족에게 그들이 당신 입장에 있다면 무엇을 할지 물어보라. 당신을 잘 알고 있다면 무엇에 집중하라고 추천할까? 이번 달에 나는 배움에 집중하기로 했고, 가장 좋은 학습 방법 중 하나는 외부의 관점을 취하는 것이다. 해즈브로가 정확히 이렇게 했다.

스티브 잡스가 아이폰 사용을 금지한 이유

필로 테일러 판즈워스Philo Taylor Farnsworth는 아주 어렸을 때부터 더욱 나은 세상을 꿈꿨다. 14세 때는 빛이 전달되는 빈 항아리에 빛을 가두고 싶었다. 1927년 21세 되던 해에는 최초의 전자식 텔레비전을 발명했다. 자신이 최초로 발명한 모델을 전력 전용의 텔레비전 영상으로 발전시켜 인간 이미지로는 최초로 아내인 펨Pem의 이미지를 전송했다. 펨의 얼굴이 텔레비전 화면에 떴다.

필로는 텔레비전을 사랑했고, 텔레비전이 더 나은 세상을 만들 가능성을 사랑했다. 텔레비전이 교육 체제를 바꿀 수 있으리라 믿었다. 아내인 펨은 이렇게 전했다. "필로는 텔레비전이 경이로운 교육 도구라고 생각했어요. 그러면 문맹이 발생할 구실이 없어지겠죠. 텔레비전 덕분에 부모가 자녀와 나란히 앉아 배울 수 있고, 뉴스와 스포츠 경기를 실시간으로 볼 수 있으니까요."

필로는 자신의 새 발명품에 열정을 품었고 여기서 영감을 얻었다. "교향곡은 연주하는 연주자들의 모습을 볼 수 있을 때 더욱 의미가 있을 것이다. 또 이제는 거실에 앉아서 교육용 영화를 볼 수 있다." 그는 이렇게도 덧붙였다. "다른 나라에 사는 사람들을 보고 그들에 대해 알 수 있을 때가 올 것이다. 모든 사람이 서로 더욱 잘 이해한다면 의견 차이가 발생하더라도 전쟁을 일으켜 해결하는 대신 회의 테이블에 둘러앉아 해결할 수 있다." 본질적으로 텔레비전은 이러한 문화 장벽을 무너뜨리는 데 기여할 수 있었다.

텔레비전이 진화하면서 필로는 자신의 발명품에 대한 태도를 바꿨다. 그는 텔레비전 프로그램에 반영되는 상업적 현실을 혐오했다. 스티브 잡스가 자기 아이들에게 아이패드를 사용하지 못하게 금지시킨 것과 비슷하게 필로는 아들인 켄트에게 텔레비전을 보지 못하게 했다. 켄트는 텔레비전에 대한 아버지의 태도를 떠올리며 이렇게 설명했다. "아버지는 텔레비전 때문에 사람들이 삶을 많이 낭비한다고 생각해서 자신이 괴물을 만들었다고 느꼈던 것 같습니다." 원래 필로가 꿈꾸었던 텔레비전은 인간의 시야를 넓히고 삶을 더욱 풍부하게 만드는 것이었지만 정작 기술이 발전하자 텔레비전의 역할에는 중대한 한계가 있다는 사실을 깨달았다. 사람들은 집 안에 편안하게 앉아 텔레비전을 통해 볼 수 있었으므로, 밖에 나가 주변 세상을 탐색하지 않았다.[115]

오늘날에는 훨씬 더 많은 미디어와 장치가 등장해 우리의 정신을 산만하게 흔든다. 도구가 본질적으로 나쁜 것은 아니다. 미디어는 오히려 훌륭한 학습 도구가 될 수 있다. 다만 의도적으로 사용하고 소비하지 않을 때 문제가 생긴다. 우리가 의도하지 않고 별생각 없이 미디어를 소비한다면 필로가 지적한 함정에 쉽게 빠질 수 있다.

당신이 기꺼이 배우려 하지 않는다면, 아무도 당신을 도울 수 없다. 하지만 당신이 기꺼이 배우려 한다면, 아무도 당신을 막을 수 없다. —지그 지글러Zig Ziglar(미국 저자이자 동기부여 전문가 — 옮긴이)

요즈음 역사에서 반복되는 장면을 목격하면 흥미롭지 않은가? 텔레비전 대신에 소셜 미디어와 비디오 게임이 등장했다. 물론 나는 《소셜노믹스》를 쓸 정도로 기술을 사랑한다. 필로와 비슷하게 교육을 통해 전 세계를 연결하는 능력이 기술에 있다고 생각하기 때문이다. 서로의 문화적 차이를 이해할수록 우리가 의견 차이를 해소하기 위해 전쟁을 벌일 필요성도 줄어들 것이다.

텔레비전과 마찬가지로 기술 도구들을 사용하는 방식은 우리에게 좋을 수도 있고 나쁠 수도 있다. 필로는 아들이 텔레비전을 보지 못하게 막았고, 스티브 잡스는 아이들이 아이패드를 사용하지 못하게 막았다. "우리는 집에서 아이패드를 사용하지 못하게 합니다. 실제로 아이들에게 너무 위험하다고 생각합니다." 이렇게 말한 것으로 짐작해보더라도 잡스는 아이패드의 강한 중독성을 분명히 인식했다.[116]

더욱 나은 결과를 산출하기 위해서는 이 놀라운 기술 도구들을 사용하는 법을 배워야 한다. 칼은 경이로운 도구다. 음식을 만들기 위해 재료를 잘게 썰거나, 몸을 보호하거나, 수술할 때 생명을 구하는 용도로 사용할 수 있다. 하지만 다른 사람의 생명을 빼앗을 용도로도 사용할 수 있다. 그렇다고 칼을 사용하지 못하도록 금지시켜야 할까? 절대 그렇지 않다. 하지만 날카로운 칼을 아기에게 쥐여주어야 한다는 뜻도 물론 아니다. 그렇다. 기술도 이렇게 사용해야 한다. 아기든 은퇴자든 상관없이 기술을 사용할 때는 의도에 초점을 맞춰야 한다.

6월 요약

완전히 몰입하는 것이 최고의 학습 방법일 때가 많다. 완전히 몰입하는 것이 항상 가능한 것은 아니고, 우리가 세운 목표가 완전한 것도 아니며, 목표는 진보라는 사실을 기억하라.

점수: B-

이번 달도 멋진 시도를 했다. A를 주지 않은 이유는 첫째, 배움에 완전히 몰입하지 않았다. 둘째, 내게는 분명 언어 재능이 없으므로 추가로 노력해야 한다. 셋째, 집에서 가족들이 스페인어로 대화할 때 나는 여전히 멍하게 있을 때가 있다.

주요 요점

1 무언가에 고도로 집중할 때는 주변 거의 모든 것이 내가 집중하고 있는 대상과 관련이 있다고 생각하기 마련이다. 이러한 현상을 '선택적 주의selective attention'라고 부른다. 예를 들어, 스페인어 학습에 집중하면 영화를 보다가 스페인어 자막을 만들어 올리거나, 스페인어로 말하는 바리스타와 대화하는 등 어디서든 언어를 연습할 기회를 잡을 수 있다.

2 원하는 일을 해야 하는 일로 바꿔야 한다.

7월

창의성에
집중하기

FOCUS PROJECT

집중 강화 프로젝트가 지향하는 목적은 즐거움을 주는 활동에 집중하는 것이다. 세금 납부처럼 살아가면서 그냥 해야 하는 일이 있기는 하지만, 어째서 즐기지도 않는 일들을 해야 할까?

얄궂게도 우리는 즐기는 일을 할 때 집중하기 시작한다. 어떤 사람들은 이처럼 집중하는 상태로 진입하는 것을 가리켜 '몰입flow'이라고 부른다.

기업을 세우거나, 팀을 구성하거나, 각본을 쓰거나, 자동차를 만드는 것을 포함해 창의성의 근본 개념은 '우리가 잘못된 개념을 들으며 성장했다'는 것이다. 어렸을 때 우리는 대부분 악기 연주하는 법을 배우거나 운동을 했다. 유치원 다닐 때부터 "연습은 완벽을 낳는다"는 격언을 머릿속에 새겼다. 안타깝게도 이 격언은 완전히 거짓이다. 잘못된 방식으로 연습하면 잘못된 습관을 키울 뿐이다. 경기를 할 때 필요한 수준으로 집중하지 않고 아무 생각 없이 농구 자유투 50개를 던지면 나쁜 습관을 키울 가능성이 있다.

미국 프로풋볼리그National Football League, NFL 슈퍼볼에서 우승한 쿼터백 드류 브리스Drew Brees는 적절한 연습의 개념을 제대로 이해했다. 브리스의 와이드 리시버인 마퀴스 콜스턴Marques Colston이 다음처럼 통찰 가득한 이야기를 들려주었다.

브리스 하면 가장 인상 깊게 기억나는 점이 있습니다. 그는 무슨 일이든 대단한 강박증을 보였어요. 브리스는 반복을 강조합니다. 완벽해질 때까지 같은 동선을 반복하죠. 경기에 나갈 수 있을 정도로 능숙하다고 느낄 때까지 동선을 달리고 확인합니다. … 내 기억으로 브리스는 자신의 루틴을 매일 매우 비슷하게 유지했습니다. 루틴에서 벗어나기라도 하면 눈에 띄게 괴로워했을 겁니다.

처음에는 이러한 노력이 별것 아니라고 생각할 수 있지만 브리스가 얼마나 성공했는지 목격하면 깨달음을 얻습니다. 그가 성공하는 데 반복과 루틴이 얼마나 기여했는지 알고 나면 반복과 루틴의 중요성에 저절로 감탄하게 마련이죠. 나는 루틴을 정하고 고수하는 법을 브리스에게 배웠습니다. 이제는 루틴에서 벗어나는 것이 내 경기력에 어떤 영향을 미치는지 알고 있습니다. 루틴은 확실히 내게 영향을 주었어요.

어떤 일을 할 때 자신이 해야 하는 일이라고 생각하거나 부모, 상사, 사회가 그렇게 생각하기 때문에 기계적으로 행동하는 경우가 매우 많다. (이때 기억해야 할 점이 있다.) 우리가 그저 기계적으로 행동할

부적절한 연습은 문제를 낳지만 적절한 연습은 발전을 낳는다.

뿐이라는 사실은 누구나 알 수 있다. 우리가 속이고 있는 것은 자신뿐이고, 자신은 속이기에 최악의 존재이다.

학교 교사든 CEO든 이러한 함정에 자주 빠진다. 지금 이 순간, 오늘, 내 삶에서 기계적인 행동을 반복하지 말아야 한다. 연습은 완벽을 낳지 않는다. 오히려 창의적인 활동을 할 때 이런 주문을 외워라. "부적절한 연습은 문제를 일으키고, 적절한 연습은 발전을 끌어낸다." 영구적으로 굳어질 수 있는 나쁜 습관을 키우지 않도록 주의해야 한다.

적절히 연습하는 가장 손쉬운 방법 중 하나는 스스로 즐길 수 있는 활동을 하는 것이다. 유명한 신화학자 조셉 캠벨Joseph Campbell은 이 개념을 가리켜 "자신의 행복을 따르는 것"이라 말했다.

돈으로는 기쁨도 시간도 살 수 없다. 집중 강화 프로젝트의 중요한 목표는 시간을 더욱 잘 관리하는 방법을 터득하고, 창의적인 사고 능력을 자유롭게 풀어주는 것이다. 빌 게이츠는 워런 버핏에게 배운 위대한 교훈 중 하나가 시간을 적절하고 소중하게 관리하는 방법이라고 쓴 적이 있다.

버핏은 "나는 원하는 것은 무엇이든 살 수 있다. 하지만 시간은 살 수 없다"라고 말했다.

빌 게이츠는 이렇게 설명한다. "누구에게나 하루는 24시간뿐이고, 워런은 이러한 제약을 예리하게 인식하고 있다. 그는 일정을 쓸데없는 회의로 채우지 않는다. 자신이 소중하게 생각하는 것 즉 관계를 발전시키는 회의를 하기 위해 시간을 남겨둔다. 그리고 자신에게 가장 중요한 사람들과 일하는 데 그 시간을 기꺼이 사용한다. 워런은 자신이 신뢰하는 사람들에게 자신의 시간을 후하게 쓴다."[117]

공동 인터뷰를 진행하는 동안 게이츠는 버핏의 작은 종이 달력과 약속을 적은 수첩을 처음 봤던 일이 기억난다고 했다.

버핏은 수첩을 기자에게 건네주며 살펴보라고 했다. 수첩을 뒤적이며 놀란 기자는 "아무것도 적혀 있지 않은데요"라고 말했다.

"물론이죠." 버핏이 대답했다. 그러자 게이츠가 농담을 던졌다. "최첨단 기술이에요. 신경을 써서 읽지 않으면 무슨 말인지 이해하지 못할 수 있어요."

기자가 4월 일정을 보며 한 달 동안 일정이 세 개뿐이냐고 물었다. 그러자 버핏은 "아마 4월이 되면 네 개가 될 겁니다"라고 대답했다.

게이츠는 이렇게 말했다. "아시겠지만 내 일정은 빈틈없이 꽉 차 있고, 그것이 일하는 유일한 방법이라고 생각했습니다. 하지만 생각할 시간을 갖는 것이 중요하다는 점을 워런에게 배웠습니다."

게이츠는 말을 이었다. "자신의 시간을 통제해야 합니다. 온갖 요구 사항을 처리하고 부지런히 돌아다니면서 많은 사람을 모조리 만나야 한다고 느끼는 일반적인 CEO가 되는 것보다는 앉아서 생각하는 것이 훨씬 중요할 수 있습니다. 빈틈없이 일정을 채운다고 해서 자신이 진지한 태도로 일한다는 뜻은 아닙니다."

이것은 비교 교환의 또 하나의 예이기도 하다. 버핏은 일정의 대부분을 비워둔 덕분에 게이츠처럼 자신에게 가장 중요한 사람들과 시간을 보낼 수 있다. 또 깊이 생각할 수 있는 시간을 확보할 수 있다.

리처드 브랜슨도 게이츠와 버핏의 생각에 동의한다. "꿈을 꾸는 시간을 확보하기 위해 일정을 비워두라." 그러면서 이렇게 권한다. "꿈을 꿀 수 있는 시간을 회의처럼 일정에 넣어두라. 일에 짓눌리기만 할 뿐 생각하고 느낄 시간을 갖지 않는 사람이 지나치게 많다. 5분, 한 시간, 하루, 심지어 휴일을 자신에게 할애하라. 시간을 내서 자유롭게 생각하면 더 큰 그림을 훨씬 쉽게 볼 수 있다."

스탠퍼드대학교에 있는 '동정과 이타주의 연구 및 교육센터Compassion and Altruism Research and Education'에서 과학 책임자로 활동하는 엠마 세팔라Emma Seppälä는 버핏과 브랜슨이 발견한 사실의 가치를 확인해주었다.

"대중은 예술가를 상상할 때 빈센트 반 고흐부터 카니예 웨스트 Kanye West(미국 가수이자 음악프로듀서 - 옮긴이)까지, 생각에 잠기고 고민하는 모습을 떠올립니다. 하지만 연구 결과를 보면 창의성의 열쇠는 고민과 거의 관계가 없어요. 가장 획기적인 아이디어는 흔히 긴장을 풀 때 나오죠." 세팔라는 이렇게 덧붙인다. "역사적인 예를 찾아보면 많은 뛰어난 발명가는 정신을 이리저리 방황할 때 참신한 아이디어를 떠올렸어요. 간단히 말해서 창의성은 정신을 집중하지 않거나 공상에 잠기거나 한가할 때 생겨납니다. 그래서 샤워하다가 '유레카'라고 외치는 깨달음의 순간들을 많이 경험하는 것입니다."[118]

한가한 시간이나 자유롭게 사고할 시간을 할애하면 일정을 가장 생산적으로 사용할 수 있다. 나는 책이나 각본을 쓸 때 이 방법이 정신을 자유롭게 푸는 데 유용하게 작용한다는 사실을 경험했다.

비교 교환도 글을 쓸 때 효과를 발휘한다. 베트남에 가려고 열다섯 시간 비행기를 타고 가는 동안 최신 영화를 몰아서 보기보다는 글을 쓰는 데 훨씬 많은 시간을 쓸 것이다. 내 말을 오해하지 말기 바란다. 나는 그저 한가한 시간이 얼마나 중요한지 언급했을 뿐이고, 이 시간에 최고의 영화를 실컷 즐길 수도 있다. 이때 중요한 것은 균형이다. 예를 들어, 나는 드라마를 보더라도 에피소드 10편을 보지 않고 2편을 본다.

내 머릿속에는 우리들이 시간을 낭비하지는 않지만 비경제적으로 쓰고 있다는 생각이 떠올랐다. 둘 사이에는 큰 차이가 있다. 우리는 게으름을 피우지는 않지만 결국 게으른 사람과 다를 바 없었다. 우리는 목표를 달성하지 못하고 있었다. 스스로 즐기는 일을 하고 있지 않았고, 덫에 걸려 있었다. 활동을 진전이라고 착각했다.

문자로 대화하기

우리는 동쪽 해안가에 있는 자동차 관련 대형 거래처와 전화 회의를 할 예정이었다. 나는 오전에 콘돌리자 라이스Condoleezza Rice와 함께 강단에 서기로 되어 있어서 샌프란시스코에 있었고, 전화 회의 일정은 이른 오전으로 잡혀 있었다.

호텔 헬스장에서 운동을 하고 있는 데 거래처 회의가 취소되었다고 팀원에게 문자가 왔다. 웬 떡이야! 내게 45분이 생겼다.

전화 회의를 하지 않았으므로 팀원들은 거래처에서 받지 못한 지침과 관련해 내게 문자를 보내기 시작했다. 나는 실내 자전거를 타면서 문자들을 읽었다. '고객에게 메모를 보내야 할까요? 메모에는 어떤 내용을 적어야 할까요?' 팀원들은 나이가 젊고 의욕이 있으며 전화 통화보다는 문자로 의사소통하는 것을 선호한다. 물론 문자가 효과적일 때도 있다. 하지만 전화로 문제를 더욱 신속하게 해결하거나

수십 년 동안 아무 일도 일어나지 않기도 한다. 하지만 수십 년 동안 일어난 일이 몇 주 동안 일어나기도 한다. —블라디미르 레닌Vladimir Ilyich Lenin(러시아 혁명가이자 정치가 — 옮긴이)

이메일이 더 나은 도구일 때는 그렇지 않다. 시계를 들여다 보니 이미 50분 동안 문자를 주고받았다. 회의를 했더라면 오히려 더욱 효율적이었을 것이다!

'No'라고 대답하도록 입이나 가끔은 엄지손가락을 훈련시키는 일은 말처럼 쉽지 않다. 즉시 대답할 수 있는 질문만 있는 것도 아니다. 당면 문제에 관해 즉시 답변할 수 없는 경우가 많다. 이때는 잠시 멈춰서 마음속으로 물어야 한다. '이 질문에 답해야 할까?' 종종 대답은 'No'이다. 답변을 해야 한다면 당장 문자를 보낼 것이고, 좀 더 명확하게 설명할 필요가 있다면 전화하라고 말할 것이다.

깨달음의 순간 빨리 듣고 늦게 말하라.

버번에서 인스타그램까지

인스타그램의 설립자인 케빈 시스트롬Kevin Systrom은 인스타그램의 역사에서 중요했던 결정적인 순간을 기억한다. 인스타그램은 원래 '버번Burbn'이라는 명칭의 체크인 앱이었다. 버번은 실패했고 현금 자본은 바닥났다. 그래서 직원을 모두 해고하고 폐업할 계획을 세웠다. 사용자들은 한 가지 기능을 제외하고는 앱이 제공하는 어떤 기능에도 관심을 기울이지 않았다. 사용자들은 자신이 무엇을 하고 있는지 사진을 찍어 앱에 올리는 것을 즐겼다. 이것은 당시 트위터의 개념과 매우 비슷했지만 문자로 트윗을 보내는 대신에 사진만으로 정보를 업데이트했다. 결국 사진 한 장이 천 마디 말을 한 것이다.

실패할 때는 자꾸 기능을 부가하는 방식으로 문제를 해결하려고 하는데 이것은 침몰하는 타이타닉호의 갑판에 의자를 더 놓는 격이다. 하지만 버번이 가라앉기 시작하자, 설립자들은 정반대 행보를 보였다. 모든 것을 벗겨내기 시작한 것이다. 은유적으로 표현하자면, 선박의 갑판에 있는 의자를 바다로 던져버리기 시작했다.

이것은 쉬운 일이 아니었다.

설립자들은 자신들이 낳은 '자식'을 파괴하느라 분투했다. 그들은 버번을 만들려고 상당히 많은 시간, 돈, 감정을 소비했다. 이렇게 만든 기능을 제거하는 일은 고통스러웠다. 하지만 그들은 해냈다. 사진 기능을 제외하고는 모두 제거했다. 시스트롬의 가까운 사람들은 한마음으로 미친 짓이라고 생각했다. 시스트롬은 어느 날 저녁 아내와 해변을 걸으면서 새 앱이 마음에 드는지 물었다. 새 앱에 아직 '인스타그램'이라는 이름을 붙이기 전이었다.

아내   아마 쓰지 않을 것 같아요.

시스트롬 왜요?

아내   글쎄요. 내 사진은 당신이나 당신 친구들의 사진만큼 멋있어 보이지 않더라고요.

시스트롬 우리 사진은 필터를 사용했기 때문에 좀 더 나아 보이는 걸 거예요.

아내   그렇다면 새 앱에 필터를 추가해봐요. 그러면 사용할 것 같아요.

그날 저녁 시스트롬은 첫 인스타그램 필터(X-Pro II)를 코딩했다. 그는 이렇게 설명한다. "당신이 잘하는 한 가지가 중요하다. 성공한 기업가들은 많은 일에 실패하다가 통하는 한 가지에 집중한다. 한 가지를 정말 잘하면 나머지는 저절로 해결되기 마련이다. 그러니 한 가지에 최고가 되고 나머지는 잊어라."

사람들이 필터를 좋아하면서 인기가 폭발하는 바람에 인스타그램 서버가 막대한 양의 트래픽을 처리하느라 허덕였다. 엄청나게 증가한 데이터를 처리하려면 서버가 한두 개 더 있어야 했다. 데이터를 체계적으로 정리하기 위해 복사해서 붙여넣을 수 있는 단순한 코딩이 있었지만 설립자들은 좀 더 강력한 소프트웨어 솔루션을 선택했다.

이 소프트웨어는 트래픽 급증을 처리할 최고의 선택으로 여겨졌다. 하지만 이 소프트웨어는 실행하기 매우 어려웠다. 많은 시간을 쏟아부었지만 몇 주가 지나도 여전히 제대로 작동하지 않았다.

며칠 뒤 시스트롬의 공동 설립자이자 대표 프로그래머는 두 시간에 걸쳐 간단한 코드를 작성해 문제를 해결했다. 시스트롬은 자신이 공연히 일을 복잡하게 만들었다는 사실을 깨달았다. 처음부터 간단한 코드를 작성해 시간, 수고, 돈을 절약했어야 했다.

그렇더라도 인스타그램은 지속적으로 가파르게 성장했다. 시스트롬은 열세 명에 불과한 직원들과 함께 인스타그램을 10억 달러에 페이스북에 매각해 각 직원에게 약 7,700만 달러씩 배분했다.

몇 년 뒤 시스트롬은 자신들이 성공을 거둔 비결을 떠올리며 이렇게 말했다. "사람들은 대개 필요 이상으로 삶을 복잡하게 만드는 경향이 있습니다."

왕좌의 게임

21세기에 상업적으로 가장 성공한 소설가 중 한 사람은 자신이 성공할 수 있었던 비결이 부분적으로, 특히 기술의 측면에서 20세기에 깊이 뿌리를 내린 덕분이라고 말한다. 1971년 신문방송학을 전공하고 노스웨스턴 대학교를 졸업한 조지 마틴George R.R. Martin은 졸업한 지 13년이 지나서야 첫 소설을 발표했다. 네 번째로 발표한 책은 완전히 재앙이었고 작가도 그 사실을 알고 있었다. 마틴은 그 재앙 때문에 "당시 소설가로서 내 경력이 무너졌다"라고 설명한다.

그 뒤 텔레비전 방송용 글을 쓰면서 근근이 생계를 유지하다가 1991년 다시 소설을 쓰기 시작했다. 엄청나게 많은 글을 쓰고 난 끝에 그는 마침내 유명해졌다. 그는 판타지 시리즈인《불과 얼음의 이야기A Story of Fire and Ice》를 썼고, 시리즈의 첫 책인《왕좌의 게임A Game of Thrones》은 이후 역대 가장 인기 많은 작품 중 하나라는 찬사를 받았다.

마틴은 사람들이 한번도 들어보지 못했을 정도로 구식인 프로그램을 사용해 200만 단어 가까이 썼고, 그 이후에도 쉬지 않고 글을 썼다. 실제로 마틴이 사용하는 프로그램인 워드스타Wordstar 4.0은 1977년에 발명되었으며, 지난 세기인 1999년에 마지막으로 업그레이드되었다. 그렇다. 마틴은 도스 기계를 사용한다. 인터넷 기능도 없고 정신을 분산시키는 요소가 전혀 없는 녹색 화면을 상상해보라. 마틴이 일하는 사무 공간은 심지어 본채와 떨어져 있기까지 하다. 하지만 마틴은 프로그램에 접근하는 방식이 단순하기 때문에 집필에 집중할 수 있다고 설명했다.

내 작품은 물과 같다. 위대한 거장의 작품은 와인과 같다. 하지만 물은 모든 사람이 마신다. —마크 트웨인 설명하자면 이렇다. 내 친구들이 이구동성으로 말하겠지만, 나는 공룡이다. 21세기 사람이 아니라 20세기 사람이다. 그렇다. 나는 20년 동안 컴퓨터를 사용하고, 개인 컴퓨터와 윈도우를 매개로 인터넷 세상을 돌아다니지만 워드 프로세싱 소프트웨어계의 '듀센버그Duesenberg(한때 세계를 휩쓸었던 세계 3대 명차의 하나 – 옮긴이)'로 불리며, 매우 오래되었지만 기능이 탁월한 워드스타 4.0을 장착한 구식 도스 기계로 글을 쓴다. 내게도 홈페이지가 있지만 다른 사람의 손을 빌려 운영하고 있으며, 내가 글을 쓰느라 시간을 많이 쓰는 것을 피하게 해주리란 헛된 희망을 품고, '블로그 아님Not A Blog'이라는 명칭을 붙인 라이브저널LiveJournal 계정이 있다.[119]

하지만 여기까지가 전부다.

나는 페이스북을 하지 않는다.

트위터도 하지 않는다.

다른 소셜 미디어가 출현하더라도 사용하지 않을 작정이다.

어떤 소셜 미디어도 손수 사용할 시간도 에너지도 의향도 없다. 소셜 미디어가 아니더라도 해야 할 일이 너무 많기 때문이다.

이러한 유형의 집중이 마틴에게는 유용하게 작용한다. 마틴이 시리즈를 쓰기 위해 작성한 상징적인 지도는 공간 인식과 지형을 통해 드라마를 정립하고 정의할 때 유용하게 쓰인다. 독자는 웨스테로스Westeros와 자유도시Free Cities의 환상적인 지형을 머릿속에 생생하게 그려볼 수 있다. 이렇게 얽히고설킨 복잡한 세상을 머릿속에서 상상하고 계획하려면 틀림없이 엄청난 시간이 걸리지 않았을까? 하지만

마틴은 제대로 집중하여 '약 30분만에' 지도를 그렸다.[120]

그렇다고 마틴이 아무 어려움도 겪지 않고 집중할 수 있었다는 뜻은 물론 아니다. 팬들이 시리즈의 마지막 두 권을 발표해달라고 줄기차게 요구했지만, 마틴은 계속 마감일을 지키지 못했다. 따라서 제작자들은 텔레비전 시리즈를 최대한 능력껏 마무리해야 했다. 마틴은 원고를 쓸 때 시간에 쫓겨 힘들어하는 원인을 깨달았다. 마감을 지키려는 좋은 의도를 품었더라도 작품의 인기가 커지면서 현대 사회의 특징인 시간 압박에 시달리기 시작했던 것이다.

"무엇을 써야 할지 몰라서가 아니라 집중하지 못하는 것이 문제입니다." 마틴은 말했다. "최근 몇 년 동안 내가 해온 일들이 주의를 분산시키면서 문제를 일으키고 있습니다. 책과 쇼가 워낙 인기를 끌다 보니 인터뷰 요청이 쉴 새 없이 들어옵니다. 출장 계획도 꾸준히 잡혀 있고요. 갑자기 남아프리카나 두바이에 초대를 받아서 무료로 여행할 수 있는 기회를 누가 마다하겠습니까? 나는 여행할 때는 글을 쓰지 않아요. 호텔 객실은 물론이고 비행기 안에서도 글을 쓰지 않습니다. 집에서 아무 방해도 받지 않는 분위기에서 글을 써야 합니다. 평생 어느 누구도 나를 괴롭히지 않았지만 지금은 모두 나를 매일 귀찮게 합니다."[121]

창의적인 시각 신호: 종이 클립을 20만 달러로 둔갑시키다

창의성은 글쓰기, 음악, 미술 등의 분야에만 작용하지 않는다. 초점을 바꾸면 우리가 하는 모든 일에 창의성을 불어 넣을 수 있다. 나는 제

새로운 문제와 가능성을 제시하고, 오래된 문제를 새로운 각도에서 바라보려면 창의적인 상상력이 필요하다. ─앨버트 아인슈타인

임스 클리어James Clear가《아주 작은 습관의 힘Atomic Habits》에 쓴 특정 이야기에 관심이 갔다.

종이 클립 120개를 가지고 연봉을 20만 달러 더 벌 수 있었다는 이야기였다. 믿기지 않는가? 1993년 약간의 창의성을 발휘해서 이 이야기를 실현해 보인 사람이 있었다.

캐나다 애보츠퍼드에서 주식중개업자로 일하는 23세 트렌트 다이어스미드Trent Dyrsmid는 성공하리라는 아무 조짐도 없는 상태에서 첫 직장에 출근했다. 주위 사람들은 다이어스미드보다 경험이 많았고 게다가 부유한 지역을 배정받았다. 하지만 다이어스미드에게는 계획이 있었다.

첫 주에 다이어스미드는 책상 위에 병 하나를 올려놓고 종이클립 120개로 채운 다음에, 다른 빈 병을 나란히 가져다 놓았다. 두 병 모두 손이 닿는 거리에 두었다. 그러고는 아침마다 병에 눈을 맞추고 영업 전화를 걸기 시작했다. 뉴스를 확인하거나 라디오를 듣느라 주의를 분산시키지 않고 영업 전화를 하는 데만 집중했다.

계약을 성사시키든 성사시키지 못하든 전화를 걸 때마다 종이클립이 가득 들어 있는 병에서 종이클립 하나를 꺼내 빈 병으로 옮겼다. 아침에 비어 있던 병을 매일 하루가 끝날 무렵 종이클립 120개로 가득 채우고 나면 마음이 뿌듯했다. 그날 영업 전화를 120통 걸었다는 뜻이었기 때문이다.

이러한 습관에 집중하자 급여가 가파르게 올랐다. 18개월 동안 회사에 수백만 달러를 벌어주었고, 이러한 실적은 얼마 지나지 않아 다시 급여에 반영되었다. 현재 다이어스미드는 초봉의 세 배를 벌고 있다.

종이클립 옮기기는 무엇을 뜻할까? 일할 때 올바른 습관을 들여야 한다는 뜻이다. 그렇다면 종이클립 방법을 자신의 일상 활동에 어떻게 활용할 수 있을까? 부엌 조리대나 책상에 여기저기 흩어져 있는 동전들을 모아서 자신이 달성하려는 목표를 상기시키는 시각적 신호로 사용하라.

낮에 윗몸 일으키기를 100번 하고 싶다면 동전 다섯 개를 집고, 20번 할 때마다 동전을 하나씩 옮긴다. 하루에 감사 편지 두 통을 쓰고 싶다면 동전을 옮기는 방법을 쓰거나, 백지 편지지 두 장을 책상에 올려놓아서 편지를 써야 한다는 사실을 자신에게 상기시킨다. 시각적 신호는 단순하지만 강력하다.

시각적 신호는 심지어 물리적인 물체가 아닐 수도 있다. 나는 이 점을 딸들에게 배웠다. 딸들이 부엌에서 다투고 있었다. 둘째인 카티아가 언니인 소피아에게 "내 차례야!"라고 소리를 질렀다. 집에서 흔히 듣는 말이었다. 모든 말다툼의 절반은 '내 차례'라는 말로 시작하기 때문이다. 하지만 딸들이 말다툼을 벌이고 있는 문제는 새로웠다. 소피아는 수술을 받고 회복 중이었고 그 주에 특정 약을 스물한 번 복용해야 했다. 그래서 딸들은 소피아가 약을 먹을 때마다 종이에 검정 마커로 수직 막대를 하나씩 그었다. 이렇게 수직 막대 네 개를 긋고 다섯 번째에는 수평 막대를 그어 한 세트를 완성했다. 카티아는 자기가 막대를 그을 차례였고, 수평 막대를 멋지게 그어서 세트를 완성하고 싶었던 것이다.

막대로 표시하는 방법이 소피아가 부지런히 약을 먹는 데 매우 효

상상력을 제대로 발휘하지 못하면 육안으로 보는 것을 믿을 수 없다. —마크 트웨인

과적인 것을 지켜보고서 나는 다음 날 원고를 쓸 때 이 방법을 사용했다. 솔직히 말하자면 나는 집중 강화 프로젝트를 좋아하면서도 막상 글을 쓸 때는 이따금 집중하지 못해 어려움을 겪었다. 나는 하루에 두 시간씩 글을 쓰고 싶었다. 그래서 두 딸이 약 먹는 횟수를 표시한 것처럼 글을 20분 쓸 때마다 표시하기 시작했다. 막대를 여섯 개 그으면 그날 할당량을 채운 것이다. 이 방법은 효과가 컸다! 창의성을 발휘해 당신에게 맞는 시각적 신호를 찾아라. 시각적 신호는 손으로 막대를 긋거나 종이클립을 옮기는 것처럼 간단할 수 있다.

타이머도 유용하다. 나는 예상치 못한 방해를 받으면 타이머를 멈춘다. 특정 시간에 글을 쓰도록 일정을 짜는 방법도 유용하다. 내가 글을 쓰는 시간은 출장과 가족의 일정에 따라 다르지만 대개는 오전이다. 아침에 이미 두 시간 동안 글을 쓰고 나서 오후에 글을 쓸 수 있는 시간이 추가로 생기는 날이면 기분이 몹시 좋다.

소리를 키워!

"음악 소리를 줄이렴. 음악을 이렇게 크게 듣고 있으면 공부할 내용이 머릿속에 들어오기나 하겠니!" 부모가 10대 자녀에게 흔히 하는 말이다. 하지만 부모가 잘못 알고 있는 것이다. 몇 가지 유형의 음악 심지어 팝, 랩, 록 음악이라도 실제로 집중력을 향상시키고 지능을 끌어올릴 수 있다면 어떨까?

연구 결과에 따르면 같은 음악을 반복해서 듣는 것이 창의성과 집중력을 높이는 데 유용할 수 있다.[122] 뇌의 다른 부위에 영향을 주고 다양한 학습 영역을 자극할 수 있는 유형의 음악도 있다.

사람마다 영향을 받는 독특한 소리가 있고, 이 소리를 찾아서 들으면 학습력과 집중력을 극대화할 수 있다. 고전음악은 일반적으로 수학 실력 향상에 도움이 된다고 알려져 있다. 전체 학생의 12퍼센트는 모차르트나 베토벤의 음악을 듣고 나서 수학 시험에서 더 높은 성적을 냈다. 이와 대조적으로 팝송은 영어, 드라마, 미술 같은 주제에 어울리는 창의성을 증가시킨다.

하지만 이 노래들이 뇌에 어떻게 영향을 미칠까? 그레이는 이렇게 설명한다. "음악이 분당 50~80박자의 범위에 있다는 사실이 중요하다. 이 범위는 차분하지만 기민하고, 상상력을 자극하고 집중력을 높이고, 학습에 가장 좋다고 생각되는 정신상태인 알파 정신상태를 유도하는 데 유용할 수 있기 때문이다."[123]

그레이는 공부하면서 이러한 유형의 노래를 들으면 진정 효과를 얻어서 집중력을 끌어낼 수 있다고 말한다. 학생들은 더욱 논리적이고 이성적으로 생각하게 된다. 그레이는 뇌의 반응성에 영향을 미치는 최대 요소는 분당 박자 수라고 설명한다. "집중력은 무한하지 않다. 그러므로 음악 때문에 주의가 분산되어 업무에 집중하지 못하면 안 된다. 따라서 익숙한 가사가 없는 음악을 듣는 것이 예외 없이 더 낫다. 음악은 언제나 배경으로만 틀어야 한다. 주의를 분산시키는 요소는 듣는 사람마다 다르고 특정 흥미, 좋아하는 대상, 좋아하지 않는 대상에 따라 다르다."[124]

그레이는 고전음악, 잔잔한 음악, 재즈는 감정을 안정적으로 유지시키는 효과가 가장 크고 수학, 과학, 언어처럼 논리적 사고와 문제해결 기술이 필요한 과목의 학습에 효과적이라고 조언한다. 예술, 패션, 미디어, 드라마 같은 과목은 펑크, 록, 팝, 댄스 음악과 잘 어울린다.

나는 이번 달에 글을 쓰는 동안 음악을 듣는 실험을 했다. 결과는 엇갈린다. 때로는 기분 전환이 되어 좋지만, 어떨 때는 주의가 산만해졌다. 내 경우에 음악을 듣는 것은 창의적인 글쓰기보다는 편집할 때 더 유용하다. 그레이가 지적한 대로라면 내게 가장 효과가 좋은 음악은 디즈니 노래들 중에서도 가사가 없는 피아노곡이나 교향곡 형태이다. 또 헤드폰으로 듣는 것보다는 배경에 깔고 듣는 것이 효과적이다.

햇빛을 받으며 즐기기

책상에 웅크리고 앉아서 창의성이 저절로 찾아와주리라 생각하는 사람이 많다. 이것은 누구나 빠지기 쉬운 함정이다. 미국인은 대부분 자신에게 주어진 시간의 약 90퍼센트를 실내에서 보낸다. 이제 실외 사무실을 만들어야 한다. 나는 차츰 회의 장소를 한두 개씩 실외 테이블로 옮기고, 전화도 책상에 틀어박혀 앉아 받지 않고 걸으면서 받고, 나무 아래서 글을 쓰고, 점심 휴식을 바깥에서 보내기 시작했다.

식물은 햇빛을 받아서 광선을 에너지로 전환하는데 우리도 마찬가지다. 우리가 햇빛에서 받을 수 있는 긍정적인 효과를 알아보자.

수면의 질 향상시키기

햇빛은 수면의 질을 향상시키는 데 유용하다. 눈이 태양광선에 노출되면 솔방울샘(송과체)은 밤이 어두워지고 쉴 시간이 될 때까지 수면 유도 호르몬인 멜라토닌의 생산을 중단하라는 신호를 받는다.[125] 해가 지면 인체는 멜라토닌을 다시 생산할 수 있다고 알리면서 피로를 느끼기 시작한다. 하루 종일 실내에 갇혀 있으면 눈이 햇빛을 보지 못하면서 결과적으로 낮 동안 멜라토닌을 과잉 생산한다. 본질적으로 우리 몸과 마음은 잠잘 시간이라는 사실을 인지하지 못하고 결과적으로 수면의 질이 떨어진다. 휴식을 잘 취하면 뇌는 더욱 창의적이고 전략적으로 생각할 수 있다.

녹색 효과

밖으로 나가서 자연 속 나무, 잎, 식물에 둘러싸이면 우리는 더욱 즐겁고 생산적일 수 있다. 독일 학자인 스테파니 리히텐펠트Stephanie Lichtenfeld가 실시한 연구에서는 창의적 작업을 수행하는 동안 흰색, 회색, 파란색, 빨간색 사각형에 노출된 피험자보다 녹색 사각형에 노출된 피험자가 더 뛰어난 성과를 거뒀다.[126] 리히텐펠트는 이러한 현상에 '녹색 효과'라는 명칭을 붙였다. 신록의 풀과 나무에 2초 정도만 노출되더라도 혜택을 받을 수 있다. 왜 그럴까? 뇌는 녹색을 보면 성장을 연상하고, 우리는 자연에 노출되기를 갈망한다.

얼굴을 돌려 해를 쳐다보면 그림자가 당신 뒤로 사라진다. ―마오리족 속담

햇빛에 노출되면 뇌 기능의 수준이 높아진다

햇빛에 많이 노출되면 뇌 기능이 향상된다. 케임브리지대학교에서 실시한 연구에서 신경과학자 데이비드 레웰린David Lewellyn은 비타민D 수치가 감소한 피험자에게서 인지기능 저하를 발견했다.[127] 햇빛은 비타민D의 주요 공급원이다. 햇빛을 흡수하는 것은 뇌가 정보를 처리하는 방식에 긍정적인 영향을 미친다.

햇빛에 노출되면 혈압이 낮아진다

에딘버러 대학교 연구자들은 햇빛이 피부에 닿을 때 혈압을 낮추는 화합물인 일산화질소가 혈류로 방출된다고 밝혔다.[128] 혈압이 낮아지면 심장마비와 뇌졸중의 위험이 줄어서 잠재적으로 수명을 늘릴 수 있다. 풍부한 산소에 노출되면 세로토닌의 분비를 촉진해 더욱 차분해지고, 행복해지고, 긴장이 풀리고 편안해진다.[129]

비행기 안에서는 와이파이 사절

비행기에서 제공하는 와이파이는 성능이 불안정하고 느려서 실망스럽다. 또 과열된 컴퓨터를 몸에 바싹 붙이고 구부정한 자세로 앉아서 타이핑을 하는 것은 바람직하지도 않다. 앞에 앉은 승객이 등받이를 뒤로 젖혀서 자칫 컴퓨터를 망가뜨릴 수 있는 상황도 즐거운 여행을 망칠 수 있다.

집중 강화 프로젝트를 수행하는 내내 스스로에게 즐거움이나 행복을 안기지 않는 상황을 뒤집을 수 있을지 의문을 던졌다. 상황을 뒤집을 수 있을까? 그것도 내게 유리하도록 뒤집을 수 있을까?

나는 비행기를 탈 때 그렇게 하고 있다. 비행기 안에서 와이파이를 사용하지 않기로 결심하고 이 규칙을 '노 와이플라이No WiFly'라고 부르기로 했다(티셔츠에 새기면 정말 좋을 문구가 아닌가!). 요즘 비행할 때는 주로 독서, 글쓰기, 휴식, 생각하기에 시간을 쓴다.

이렇게 하자 비행이 더욱 즐거워졌다. 강연자로 활동할 때 비행은 필요악이지만 더 이상 비행이 두렵지 않다. 이제 비행시간에 생각을 정리할 수 있기 때문이다.

노 와이플라이 규칙을 설명하다 보니 비행기에 와이파이가 처음 설치되었을 때 멘토가 했던 말이 기억났다. "나는 비행기 타는 것을 좋아해요. 내가 어디에 연결되어 있지 않은 유일한 시간이어서 마음이 좀 더 평온해지거든요. 비행기에 와이파이를 설치하지 않았으면 좋겠어요. 지금 느끼는 평화를 망칠까 봐서요."

당시에 나는 멘토의 말이 터무니없다고 생각했다. 와이파이를 사용할 수 있으면 비행시간이 훨씬 빨리 지나가는 듯 느낄 수 있기 때문이다. 이러한 뜻으로 말하자 멘토의 눈동자가 모든 것을 꿰뚫고 있는 듯 반짝였다. '아, 이 애송이는 아직 배울 것이 많군.'

하지만 지금은 멘토가 한 말에 어떤 지혜가 담겼는지 완전히 이해한다.

하루 중에 이처럼 '방해받지 않는 자유시간대'를 정하라. 아이를 피아노 레슨에 데려다주고 끝날 때까지 기다리는 동안 별생각 없이 인

논리는 당신을 A에서 B로 데려다줄 것이다. 하지만 상상력은 당신을 온갖 곳으로 데려다줄 것이다.—앨버트 아인슈타인

터넷 서핑을 하지 마라. 그 시간에 독서하거나, 일기를 쓰거나, 옛 친구에게 전화하거나, 하고 싶지만 결코 달성할 수 없을 것 같았던 일을 하라. 내 경우에는 글을 쓰거나, 휴식을 취하거나, 생각에 잠기거나, 긴장을 푼다. 의사 진료실을 찾거나, 지하철을 타고 통근하거나, 다른 장소에 갔을 때 이렇게 할 수 있는 기회를 찾아라.

내게 즐거움이나 행복을 주지 않는 상황을 뒤집을 또 하나의 경우는 내가 소설을 쓰는 작업을 매우 즐긴다는 사실과 관계가 있다. 이와 반대로 경제경영 원고를 쓸 때는 자주 어려움을 겪는다. 이러한 난제를 파악하고 나서 해결책을 생각해냈다. 경제경영서 원고를 쓸 때 창의성을 불어넣어서 전문적인 내용을 조금 더 빼고 개인적인 내용을 조금 더 집어넣는 것이다. 이렇게 하면 글의 가독성은 물론, 글을 쓰는 즐거움을 더욱 크게 누릴 수 있다.

7월 요약

창의성은 정신을 집중하고 있지 않을 때 종종 찾아온다. 시간을 불필요한 일에 낭비하지 말고 비는 시간대를 일정에 넣어라. 한가한 시간을 갖는 것은 시간을 가장 생산적으로 쓰는 것이다.

점수: B+

와, 나는 이번 달을 즐겁게 보냈다! 깊이 생각하고 글을 쓰는 시간대를 구획했다. 그렇다면 어째서 A+를 받지 못했을까? 중요한 일보다 즉각적인 일을 처리한 적이 여전히 몇 번 있기 때문이다. 결과적으로 이번 달 중간에 '재설정 버튼'을 눌러야 했다. 또 명상할 수 있는 분위기의 카페에 애초에 희망했던 만큼 자주 가지 못했다. 하지만 모든 사항을 고려할 때 창의성을 북돋우는 멋진 달이었다.

주요 요점

1 쾌적한 시간으로 바꿀 수 있는 시간대를 찾는다(예: 노 와이플라이).

2 원하는 행동(글쓰기)과 사랑하는 요소(커피)를 결합한다.

3 야외를 사무실로 생각한다.

8월

공감에
집중하기

FOCUS PROJECT

이번 달에 집중할 과제는 모든 상호작용에 더욱 큰 공감과 사랑을 담아 가족, 친구, 동료 그리고 낯선 이들에게까지 더욱 많은 활력을 불어넣는 것이다. 우리는 타인과 관계를 형성하면서 사랑을 주거나 받는다. 평균 80세까지 살고 하루에 세 명을 새로 만난다고 치면 많은 사람에게 공감을 전파할 수 있다. 우리는 대부분 5세 이후에 만난 사람만 기억하므로 윤년을 감안해 단순하게 계산하면 $(80-5) \times 3 \times 365.24 = 82,179$명이다. 따라서 우리는 평생 8만 명 이상의 사람에게 긍정적인 영향을 미칠 수 있다! 그들 중 1퍼센트만 우리의 장례식에 모습을 보이더라도 거의 1,000명이 참석하게 되는 것이다.

이 장에는 '사랑'과 '공감'이라는 단어가 나오므로, 나는 8월의 제목을 '사랑에 집중하기'로 붙일까 고민했다. 하지만 사랑과 공감은 같지 않다. 사랑은 대개 일정 수준의 공감을 수반하지만, 공감은 항상 사랑과 같은 것은 아니다. 사랑과 공감을 집중적으로 다룬 책들이 있지만 여기에서는 다루지 않을 것이고, 이번 달에는 주변 세상에 더 큰 사랑과 공감을 쏟는 데 초점을 맞출 것이다. 연구 결과를 보면 그런 경우 개인 생활을 할 때도 직업을 수행할 때도 더욱 행복하고, 더 큰 성공을 거둔다. 이 문제를 깊이 파고들려면 애덤 그랜트Adam Grant가 쓴 《기브 앤 테이크Give and Take》를 읽어보라.

이번 달에는 '하루에 포옹 세 번 하기'를 목표로 세웠다. 딸들에게 '세계 최고의 아빠'가 되려고 시도하는 것은 '세계 최고의 남편'이 되는 것을 뜻한다. 아이들은 아빠의 모습을 모두 관찰하면서 배운다. 미래의 배우자가 어떻게 행동해야 합당할지 아이들에게 알려줄 수 있는 최고의 방법은 실례를 보여주는 것이다.

사랑을 보여주는 좋은 방법 중 하나는 아이들은 물론이고 배우자에게 애정을 표현하는 것이다. 사랑하는 사람을 포옹하거나 입을 맞출 때 옥시토신 수치가 증가한다. 그러므로 옥시토신을 종종 '포옹 호르몬'이나 '사랑 호르몬'이라고 부르는 것이다. 실제로 옥시토신은 모든 짝 짓기에 커다란 역할을 담당한다. 옥시토신은 개인적 신뢰와 사회적 신뢰의 기저에 있으며, 우울한 감정을 없애는 해독제이기도 하다.[130]

내가 아내를 더 많이 포옹하고 아내의 손을 더욱 많이 잡는 것은 딸들에게 좋은 본보기가 된다. 아이들은 부모 말을 듣지 않을 수 있지만 부모가 살아가는 모습을 반드시 지켜본다. 가장 중요한 점은 포옹이 아내와 계속 소통하는 멋진 방법이라는 것이다.

사랑이나 공감은 마음이 함께한다는 뜻이기도 하다. 몸은 특정 장소에 있더라도 마음은 다른 곳에 있기 때문에 함께하지 않는 경우가 많다. 우리는 함께 있는 순간보다 전화에 자주 정신을 빼앗긴다. 마음이 함께하는 것을 보여주는 좋은 예를 생각해보자. 우리가 탑승할 때 탑승구에 있는 직원은 "안전한 비행 하세요"라고 말한다. 이때 당신은 별생각 없이 "당신도요"라고 말하지 않고, 마음을 함께해서 "좋은 하루 보내세요!"라고 말해야 한다. 그 직원은 비행기를 타지 않기 때문이다. 본질적으로 좀비처럼 걸어 다녀서는 안 된다. 마음을 함께하는 것present이 선물present이다.

마지막 4년

아버지에게 올해는 의미심장한 해였다. 올해로 75세가 되었고 결혼 50주년을 맞이했기 때문이다. 이 무렵 나는 운 좋게도 아버지와 맥주를 함께 마시며 지난 세월을 돌아볼 수 있었다.

나	아버지는 지금 멋진 일을 하고 계세요. 엄청난 성과를 거두고 계시잖아요.
아버지	에릭, 그것은 내가 삶을 마지막 15년이라고 부르고 있기 때문이야.
나	무슨 말씀이세요?
아버지	지금 내 좌우명은 마지막 15년이란다. 내 몸과 마음이 여전히 매우 건강할 시기가 15년 남았다고 생각하고, 이 기회를 낭비하고 싶지 않구나. 그래서 내가 하고 싶었던 모든 일에 다시 집중하고 있지. 마지막 15년 동안 확실히 최선을 다하고 싶

어. 예를 들어, 18킬로그램을 감량해서 내 삶에서 최고의 몸 상태를 유지하고 있지. 허리 사이즈를 줄이니까 새 옷을 장만할 핑계가 자연스럽게 생겼어. 정말 최고야. 죽을 때 돈을 가져갈 수 없잖니. 그래서 집에서 내게 줄곧 고민을 안겼던 여러 골칫거리를 앞으로 6개월 동안 바로 잡을 계획을 세우고 집 단장을 하고 있다. 더 이상 골칫거리에 질질 끌려다니고 싶지 않거든.

나는 아버지가 취하고 있는 '마지막 15년'이란 접근 방식이 마음에 들었고, 이 방식에 영감을 받아 나만의 슬로건인 '마지막 4년'을 생각해냈다. 나는 과거 대학 농구팀 선수로 뛰었던 마지막 4년에 담긴 아이러니를 떠올렸다. 최근에는 가장 친한 친구 중 한 명인 빌의 50번째 생일을 축하했다. 우리 둘은 20년 이상 친구로 지내왔다. 빌의 50번째 생일을 축하하다니 믿을 수가 없었다. 화장실에서 처음 만난 것이 엊그제 같은 데 말이다.

그렇다. 우리는 화장실에서 처음 만났다. 나는 반 단체 사진을 찍기 위해 화장실에서 와이셔츠와 스포츠 자켓으로 갈아입고 있었다. 그날 아침 드레스 셔츠를 찾으려고 이리저리 돌아다녔다. 그런데 하나 있는 셔츠가 구석에 꼬깃꼬깃 던져져 있지 않은가! 시간이 부족해서 사진에 나올 자그마한 삼각형 부분만 다렸다. 정장 재킷을 입으면 드레스 셔츠의 구겨진 나머지 부분은 가려지기 때문이었다. 셔츠를 입고 있는데 굵직한 보스턴 억양의 호탕한 웃음소리가 들렸다. "대단한 선택적 다림질이네! 대단해!" 그때부터 우리 둘은 급속하게 친해졌다.

　내 50세 생일도 4년 앞으로 다가왔다. 그래서 아버지가 쓴 책에서 개념을 빌려와 50세를 향해 가는 '마지막 4년'을 제대로 보내기로 했다.

　삶을 초기화하거나 다시 초점을 맞추려면 무엇이 유용할까? 고등학교 동창회에 참석할까? 바닷가로 여행 가서 뽐내며 모래사장을 걸어볼까? 은퇴까지 몇 년 남지 않았는가? 졸업까지 몇 년 남지 않았는가? 30세가 되기 전에 책을 쓰고 싶은가? 40세가 되기 전에 요세미티 국립공원에 있는 바위산인 엘카피탄을 등반하고 싶은가?

　이러한 활동에 '속임수'라는 꼬리표를 붙여라. 하지만 효과가 있는 속임수다.

미스터 로저스는 숫자 143과 사랑에 빠졌다

우리는 대부분 문자 메시지 때문에 143의 상징성에 익숙해졌다. 143은 'I Love You'를 줄인 말로 각 단어의 글자 수 즉 1(I) 4(Love) 3(You)를 가리킨다.

　하지만 언제 이런 뜻을 갖게 되었을까? 대답을 들으면 뜻밖이라고 생각할지 모르겠다. 143이 'I Love You'를 가리킨 첫 기록은 1894년으로 거슬러 올라간다. 보스턴 항구의 동남쪽에 있는 마이놋 바위 등대에 새로운 종류의 번쩍이는 야간 신호등이 설치되었다.[131]

　국립등대위원회National Lighthouse Board는 모든 등대의 신호등이 불을 번쩍이는 횟수에 특유의 연속 숫자 배열을 부여하라고 권고했다. 이에 따라 마이놋 바위 등대에는 무작위로 1-4-3이 선택되었다. 차례

대로 1회, 4회, 3회 발광시키라는 뜻이었다.

그 후 얼마 지나지 않아 사람들은 '1-4-3'에서 'I love you'를 연상하기 시작했다. 그러면서 마이놋 바위 등대는 곧 '연인의 등대'라고 소문이 났다. 마이놋 바위에 가보면 200년이 지난 지금도 같은 유형으로 불빛이 번쩍이는 것을 볼 수 있다.

프로그램 〈미스터 로저스〉를 보고 자란 사람들은 143에 얽힌 이야기를 이미 들어 알고 있을 수 있다. 톰 주노드Tom Junod는 미스터 로저스를 인터뷰하고서 이렇게 기록했다.

프레드 로저스가 올라가자 체중계는 143파운드를 가리켰다. 프레드 로저스는 30년 넘게 체중이 변하는 일은 무엇이든 피했다. 매일 아침 피츠버그 운동 클럽에서 수영을 하고서 체중계에 올라가면 한결같이 143파운드였다. 이러한 경우가 워낙 많았으므로 프레드 로저스는 143이라는 숫자를 '운명이 실현되었다'를 뜻하는 선물로 생각하게 되었다. 그가 말하듯, 숫자 143은 'I love you'를 뜻하기 때문이다.

일부 사람에게 143은 숫자에 불과하다. 하지만 미스터 로저스와 마이놋 바위에 선 연인들에게는 선물이었으며, 사랑의 표시였다. 프레드 로저스, 마이놋 바위 근처에 사는 사람들 등 많은 사람들은 143에 주목하면서 마음속으로 의지할 대상을 얻었다. 어떤 의미에서 삶에 계속 뿌리를 내릴 수 있도록 도움을 받았다. 당신은 삶에 뿌리를 내리기 위해 어떤 숫자, 구절, 루틴, 습관에 의지할 수 있는가?

홈 플레이트를 넓히지 마라

나는 집중하면 목표를 달성하기가 더욱 쉬워지지만, 그렇다고 달성하기 쉬운 목표를 찾아서 공략하라는 뜻은 아니라고 이번 달 내내 되뇌었다. 사실은 그 반대다. 예를 들어, 우리는 커다란 목표에 집중하려고 쉬운 일, 즉 이메일에 답장하는 일을 신속하게 해치운다. 하지만 우리가 세운 커다란 목표는 달성하기 쉽지 않다. 또 쉽지 않아야 한다. 달성하기 쉽다면 이미 달성했을 것이다.

몇 가지 면에서 볼 때, 집중은 부모가 아이들을 대하고 키우는 방식과 비슷하다. 우리는 자녀나 조카를 사랑하면서 그들이 세상을 쉽게 살아갈 수 있게 해주는 것이 최고의 사랑법이라고 생각한다. 하지만 이러한 생각은 아이들에게서 힘들게 일하고 얻는 보상을 빼앗으므로 우리가 해줄 수 있는 최악의 사랑법인 경우가 많다. 딸들이 다니는 학교에 걸려 있는 인용구가 생각난다. "당신은 아이를 위해 길을 준비시킬 수 있다. 아니면 길을 위해 아이를 준비시킬 수 있다."

내가 들은 말 중에서 이 개념을 가장 잘 설명한 것은 한 현인이 미래 세대를 위해 플레이트를 넓히지 말라고 한 말이다.

야구코치 4,000명 이상이 모인 내슈빌의 연례회의에서, 은퇴한 대학 야구코치인 78세의 존 스콜리노스John Scolinos가 무대에 올랐다. 그는 실제 크기의 하얀 야구 홈 플레이트를 목에 걸고 무대 한가운데로 걸어 나왔다.

"여러분은 아마도 제가 왜 홈 플레이트를 목에 걸고 나왔는지 궁금하시겠죠. 늙기는 했지만 정신은 말짱합니다. 제가 오늘 여러분 앞

에 선 이유는 그동안 살아오며 배운 교훈을 야구인 가족에게 들려주기 위해서입니다. 78년을 살아오면서 홈 플레이트에 대해 배운 교훈을 말이죠."

"리틀 리그에서 쓰는 홈 플레이트의 너비가 얼마인지 아시나요?"

잠시 뒤 누군가가 대답했다. "17인치입니다."

"맞습니다." 스콜리노스가 말했다.

"고등학교 야구에서 쓰는 홈 플레이트의 너비는 얼마일까요?"

"17인치입니다." 관중이 좀 더 자신 있게 대답했다.

"그렇습니다!" 스콜리노스가 소리쳤다. "그렇다면 대학교 코치님들, 대학교 야구에서 쓰는 홈 플레이트의 너비는 얼마인가요?"

"17인치요!" 모두 이구동성으로 대답했다.

"여기 마이너리그 코치들 계신가요? 프로 경기에서 쓰는 홈 플레이트의 너비는 얼마일까요?"

"17인치요!"

"정확히 맞았습니다! 그렇다면 메이저리그에서 쓰는 홈 플레이트의 너비는 얼마일까요?"

"17인치요!"

"17인치입니다!" 답이 맞다고 확인하는 스콜리노스의 목소리가 쩌렁쩌렁 울렸다. "그렇다면 코치들은 너비 17인치 플레이트 너머로 공을 던질 수 없는 빅 리그 투수를 어떻게 할까요?" 침묵이 흘렀다.

"포카텔로Pocatello로 보내버립니다!" 스콜리노스가 커다란 목소리로 말하자 요란한 웃음이 터져 나왔다.

"코치들은 이렇게 말하지 않습니다. '오, 지미, 괜찮아. 17인치짜리 목표물을 맞힐 수 없다고? 그럼 18인치나 19인치로 만들어줄게. 네가 더 잘 맞힐 수 있도록 20인치로 만들지, 뭐. 그것도 맞힐 수 없으면 언제든 말해. 더 넓게 만들어줄 수 있어. 25인치 정도로 말이지."

침묵이 흘렀다.

"코치들은 최고의 기량을 가진 선수가 연습에 지각하면 어떻게 하나요? 그 선수가 술을 마시다가 걸리면 어떻게 하나요? 선수에게 책임을 묻나요? 아니면 선수가 처벌을 받지 않도록 규칙을 바꾸나요? 홈 플레이트를 넓히나요?"

스콜리노스는 홈 플레이트를 자기 쪽으로 돌려서 네임펜으로 무언가를 그리기 시작했다. 뾰족한 쪽을 위로 향하게 하고 홈 플레이트를 관중 쪽으로 돌리자 새로 그려 넣은 문과 창문 두 개가 달린 집이 보였다. "이것이 오늘날 우리 가정이 안고 있는 문제입니다. 결혼생활, 자녀 양육 방식, 훈육에 따른 문제입니다. 우리는 아이들에게 책임감을 가르치지 않습니다. 기준을 충족하지 못하는 데 따르는 결과를 찾아볼 수 없습니다. 우리가 플레이트를 넓히고 있기 때문입니다!"

스콜리노스는 이렇게 결론을 내렸다. "제가 조금이라도 도움이 될 수 있다면 여러분은 이 늙은 코치가 오늘 한 말을 듣고 다음 한 가지를 기억할 것입니다. 만약 우리가 더 높은 기준, 스스로 옳다고 알고 있는 기준을 지키지 못할 때, 배우자와 아이들에게 같은 기준을 적용하지 못할 때, 학교·교회·정부가 자신들이 봉사하는 사람들에게 책임을 지지 못할 때 예상할 수 있는 결말은 하나뿐입니다."

그러면서 스콜리노스는 홈 플레이트를 가슴 앞에서 잡고 뒤집어서 검은 뒷면을 보였다.

"어둠의 나날을 맞이할 뿐입니다."[132]

스콜리노스 코치가 삶을 긍정적으로 변화시키는 일에 집중하는 데 최고라고 이해한 방법은 자신의 기준을 낮추지 않고 오히려 높이는 것이고, 그래서 자신과 주변 사람의 기대치를 낮추는 방향으로 타협하지 않는 것이다. 스콜리노스가 간청했듯 삶에서 홈 플레이트를 넓히지 말아야 한다. 타인에게 공감하려면 타인이 처한 상황을 이해하고 때로 모진 사랑을 주어야 한다. 모진 사랑이 최고의 사랑일 때가 많다.

정신 게임

사랑은 자신의 직업과 취미와 관계가 있다. 즉, 자신이 즐겨 하는 일과 관계가 있고, 노력하면서 자신에게 있는 최대 잠재력을 발휘하는 방법과 관계가 있다. 이렇게 열정을 발현하면서 거두는 성공은 자신의 내적·외적 집중과 종종 관계가 있다.

안드레 아가시Andre Agassi는 테니스 선수로 전성기를 누리던 시기에 어려움을 겪었다. 손목을 다쳤고, 자신감을 잃었고, 우승을 하지 못하면서 세계 순위가 곤두박질쳤다.

아가시는 당시 아내였던 브룩 쉴즈Brook Shields의 끈질긴 권고를 받아서 동기부여 코치인 토니 로빈스Tony Robbins를 마지못해 만났다. 아가시는 회의적이었지만 달리 방법이 없었다.

로빈스는 테니스 경기 두 개를 담은 비디오를 아가시에게 보여주었다. 아가시가 이긴 경기와 무참하게 패배한 경기였다. 하지만 아가시가 테니스공을 치는 장면은 담지 않았고, 경기장에 들어가는 장면과 워밍업 루틴을 시작하는 장면만 보여주었다.

로빈스 이 시합을 기억하나요?

아가시 그럼요. 처음으로 윔블던에서 우승한 시합이었어요.

로빈스 당신이 자신만만한 미소를 짓고 눈을 반짝이고 통통 뛰면서 경기장으로 들어오는 모습을 보세요. 상대 선수를 건너다보는 순간 어떤 생각을 했나요?

아가시 대체 이 작자(고란 이바니세비치Goran Ivanišević)가 무슨 깡으로 경기장에 나왔는지 모르겠다고 생각했어요. 박살을 내버리자고 다짐했죠.

로빈스는 다른 비디오를 보여주었다.

로빈스 이 시합을 기억하나요?

아가시 물론이죠. 내가 가장 치욕스럽게 패배했던 시합 중 하나였으니까요.

로빈스 경기장에 들어올 때 당신의 표정과 자세를 눈여겨보세요. 한창 나이인데도 90세 노인처럼 자세가 구부정하네요. 발걸음도 통통 튀지 않고 무거워요. 상대 선수(피트 샘프라스Pete Sampras)를 건너다보는 순간에 어떤 생각이 떠올랐는지 기억하나요?

아가시   전에 이 선수를 상대로 싸워서 졌던 모든 경기가 기억나면서
             그때마다 얼마나 고통스러웠는지 떠올렸고, 다시는 겪고 싶
             지 않다고 생각했어요.

로빈스   오늘 당신이 회의를 품고 내 사무실에 왔다는 것을 알아요. 심
             리 상태가 경기력에 미치는 영향을 다룬 내 많은 연구가 개소
             리라고 생각하겠죠. 하지만 방금 본 비디오만으로도 분명히
             알 수 있을 거예요. 두 가지 비디오를 보더라도 시합 결과는
             시작하기도 전에 이미 결정되었어요. 윔블던에서 당신의 발
             걸음은 통통 튀었어요. 당신의 신체 상태가 심리 상태에 긍정
             적으로 영향을 미치고 있었죠. 상대 선수를 박살 낼 수 있겠다
             고 생각한 겁니다. 이와 반대로 패배한 시합에서 당신은 노인
             처럼 발을 끌며 걸어요. 당신의 신체 상태가 심리 상태에 부정
             적인 영향을 미쳤어요. 이 시합에서 패배하면 어떤 기분이 들
             지를 자신과 세상에게 이미 투영하고 있었던 겁니다.

두 가지 예에서는 아가시가 시합하기 전에 어디에 집중했는지가
승패를 갈랐다.

성취와 관련해 이러한 유형의 정신 집중은 농구 선수와 관련한 연
구에서도 주제로 다뤄졌다. 1996년 시카고 대학교 소속 블라스로
토Blaslotto 박사는 시각화의 강력한 효과를 구체적으로 시험하고 싶었
다. 그래서 학생들을 무작위로 선정해 세 집단으로 나누고, 각 학생의
자유투 정확도를 측정했다. 그런 다음 각 집단에게 일련의 자유투를
던지라고 지시하고, 던진 자유투의 성공 비율을 기록했다.

세 집단

집단 1   농구공을 만지지 않았고, 연습도 시합도 하지 않았다.

집단 2   매일 30분 동안 자유투 던지는 연습을 했다.

집단 3   매일 30분 동안 체육관에서 눈을 감고 자유투 던지는 장면을 시각화하기만 했다.

30일이 지난 뒤 세 집단은 같은 수의 자유투를 시도했다.
결과는 이랬다.

집단 1 (연습하지 않은 집단)	향상 0%
집단 2 (연습한 집단)	향상 24%
집단 3 (시각적 성공을 경험한 집단)	향상 23%

자유투를 던지는 장면을 시각화하기만 했던 집단 3이 보인 향상 정도는 매일 실제로 자유투 던지는 연습을 했던 집단 2와 사실상 같았다.

우리가 신체 상태에 집중하는 방식이 심리 상태에 영향을 미칠 수 있고, 반대의 경우도 마찬가지다. 몸과 마음은 함께 작용한다. 따라서 원하는 결과에 집중하는 것이 중요하다. 부정적 생각은 부정적 행동을 유발할 가능성이 높다. 하지만 긍정적으로 생각하면 멋진 결과를 얻을 가능성이 높아진다. 아가시의 경우가 그랬듯 신체적 자세와 상태는 결과에 긍정적으로나 부정적으로 영향을 미친다.

신체적 자세도 타인이 우리를 인식하는 방식, 우리가 자신을 인식하는 방식에 중요한 역할을 담당한다.《유럽사회심리학학회지European Journal of Social Psychology》가 실시한 연구에 따르면 취업 면접을 볼 때 좋은 자세를 취하는 것이 자신에 대한 인식에 긍정적인 영향을 미쳤다.[133] 자신감을 느끼지 못하더라도 어깨를 쫙 펴고 당당하게 앉거나 서 있기만 해도 생각에 영향을 미칠 수 있다. "해낼 때까지 해낸 척하라fake it till you make it"는 말이 있다. 자신이 최상의 상태에 있다고 느끼지 않더라도 어깨를 쫙 펴고 서서 미소를 짓는 자세가 정신 상태에 긍정적인 영향을 미칠 수 있다고 암시한다. 본질적으로 우리는 자신을 좀 더 사랑해야 한다.

슈퍼히어로처럼 서라

다나 카니Dana R. Carney, 에이미 커디Amy Cuddy, 앤디 앱Andy Yap은 학회지인《심리과학Psychological Science》에서 '파워 포즈power pose' 개념을 최초로 소개했다. 세 사람이 연구를 실시하고 도출한 결론에 따르면, 신체 언어는 자신에 대해 생각하고 느끼는 방식을 지배하므로 결과적으로 집중력에 영향을 미칠 수 있다. 가장 인기 있는 예는 취업 면접장에 들어가기 전에 슈퍼맨이나 원더우먼처럼 서는 것이다. 커디는 모의 면접을 실시했을 때 어깨를 쫙 펴고 당당한 자세인 파워 포즈로 앉아 있던 사람들이 그렇지 않았던 사람들보다 더 큰 자신감을 느끼고 평가 점수도 더욱 높게 받았다고 밝혔다. 다음으로 발견한 사항은 파워 포즈가 신체의 화학 작용을 바꾼다는 것이다. 커디가 실시한 연

슈퍼히어로는 우리 모두 안에 있다. 그저 망토를 걸칠 용기가 필요할 뿐이다. ─슈퍼맨

구에 따르면, 파워 포즈를 취한 사람의 경우에는 남성 성호르몬인 테스토스테론이 증가하고, 스트레스 호르몬인 코티솔이 감소해서 스트레스를 줄일 수 있었다.[134]

특정 호르몬의 영향에 관한 연구가 자주 논쟁거리로 부상하지만 직접 시도해본다고 해가 될 것은 없다. 나는 개인적으로 55개국 이상에서 청중을 대상으로 시험을 해본 후에 슈퍼히어로처럼 어깨를 쫙 펴고 당당하게 서는 것이 재미있으면서 긍정적으로 사기를 높여준다는 사실을 발견했다! 이러한 파워 포즈는 내 강연을 듣는 청중의 95퍼센트에게 긍정적으로 작용한다. 좀 더 큰 효과를 얻으려면 파워 포즈를 취할 때 슈퍼맨이나 원더우먼이 인쇄된 티셔츠를 입어도 좋다.

남을 따라 하려고 애쓰지 않는다

나는 우주비행사인 마크 켈리Mark Kelly와 함께 강단에 오르는 행운을 누렸다. 켈리가 강연할 때 한 특정 대목에서 큰 감동을 받았다. NASA에서 우주비행사들은 '우리 가운데 어느 누구도 우리 모두 만큼 멍청하지 않다'라는 말을 마음에 새긴다. 해석하자면 집단사고를 피하라는 뜻이다. 단순하게 들리지만 집단사고를 피하기는 어렵다. 우리는 사회적 동물로 타고난다. 집단사고는 워터게이트부터 엔론 사태, 버니 매도프Bernie Madoff 사건, 테라노스Theranos 사건에 이르기까지 수많은 추문과 사기극이 끊이지 않고 발생하는 원인 중 하나다.

집중하는 사고방식을 취하면 아웃라이어outlier(각 분야에서 크게 성공한 탁월한 인물 – 옮긴이)가 될 것이다. 사람들은 대부분 집중하지 않고 본능적으로 타인처럼 되려고 애쓴다. 작은 행성이 더 큰 행성에 끌리 듯, 다른 사람의 탈집중 행동을 모방한다. 우리를 둘러싸고 있는 탈집 중 행동의 당김에 저항하기 위해서는 우리가 순응하는 것을 좋아하 는 이유를 이해해야 한다.

순응이 무조건 부정적이란 뜻은 아니란 사실을 명심하라. 더 낮고 느린 어투로 말하는 사람과 대화할 때 그 어투에 맞춰 말하면 상대방 을 편안하게 해줄 수 있다. 이렇게 맞춰주는 성향은 다른 사람을 편안 하게 해주는 데 유용하다. 유능한 영업사원과 정치인은 '거울 반응하 기mirroring'로 불리는 특정 형식의 순응을 사용한다. 선사시대에는 부 족에 순응하는 방식을 사용해서 황무지와 다른 공격적인 부족들에 맞서 자신을 보호할 수 있었다. 순응하는 태도는 부족에 남아 있고 적 응하는 데 유용하게 작용했다.

하지만 탈집중 규범에 순응하는 태도를 취하면 불이익을 받는다. 따라서 이러한 충동을 억제해야 한다. 1950년대 유명한 심리학자인 솔로몬 애쉬Solomon Asch는 '순응 편향conformity bias'을 규정하기 시작했 다. 그는 '우리는 다수의 의견에 순응하기 위해 자신의 정보와 감각을 어느 정도까지 무시할 것인가?'에 대한 답을 찾고 싶었다.

그래서 애쉬는 다음과 같은 그림을 개발했다.

왼쪽에 있는 선과 오른쪽에 있는 세 선인 A, B, C를 비교하라. 오른 쪽에 있는 세 선 중에서 어떤 선이 왼쪽에 있는 선과 길이가 같은가?

누가 보더라도 답은 C이다. 하지만 애쉬가 실험을 하자 참가자의 76퍼센트는 자신의 감각을 부정하며 A나 B라고 대답했다. 왜일까?

사실 애쉬가 실시한 실험의 원조는 무자퍼 셰리프Muzafer Sherif가 실

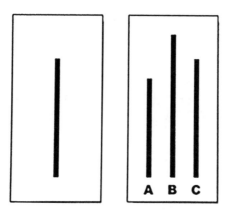

시한 '강도 동굴 실험The Robbers Cave Experiment'이었다. 셰리프는 개인이 애매한 문제를 판단해야 하는 난관에 부딪혔을 때 타인의 의견을 참고한다는 사실을 발견했다.

완전히 납득할 수 있는 말이다. 무언가에 대해 확신하지 못하는 경우에 누구라도 타인의 의견을 확인할 것이다. 하지만 자신이 확신할 수 없고 시각·청각·촉각 등 자신의 감각으로 판단할 수 없을 때만 그렇다.

앞에서 제시한 사례에서 사람들은 두 선의 길이가 같은 것을 눈으로 분명히 확인할 수 있다. 그런데 어째서 참가자의 76퍼센트가 자신의 눈과 판단을 부정하고 대답했을까?

실험

애쉬는 이미 여덟 명이 앉아 있는 방에 한 번에 한 명씩 참가자를 들여보냈다. 방에 있던 여덟 명은 이미 실험에 참여하는 중이었다. 감독 관은 방에 있는 사람들에게 어느 선이 더 긴지 물었다. 소위 '기니피 그'인 실험 대상자는 여섯 번째로 질문을 받았다. 기니 피그가 대답을 하기 직전에 대답한 다섯 참가자들은 오답을 말했다.

애쉬는 실험 결과를 접하고 놀랐다. 전체 기니피그의 50퍼센트가 다른 참가자들에게 동요되어 똑같이 오답을 말했기 때문이다.

애쉬는 참가자들이 다수의 의견을 따른 이유가 궁금해서 참가자 들을 인터뷰했다. 그들이 내놓은 대답을 들어보면 아마도 다수에 동 조할 수 있을 것이다. 1950년대 실험에서 도출한 대답과 현대에 들어 애쉬가 참가자들에게서 도출한 대답을 나란히 놓고 비교해보자.

1950년 많은 사람이 타인의 시선을 의식하고 동료의 반감을 살까 봐 걱정했다.

오늘날 만일 주변 사람이 모두 조급하고, 서두르고, 산만하게 행동 한다면 우리는 그들의 행동을 투영할 것이다.

1950년 사람들은 자신의 감각보다 집단의 의견을 신뢰했다.

오늘날 모든 사람이 5분마다 소셜 미디어를 확인한다면 나도 아마 그래야 할 것이다.

1950년 일부 사람들은 집단의 의견이 틀리다는 사실을 알면서도 튀 기 싫어서 집단의 의견을 따랐다.

오늘날 비록 나는 시간 낭비라고 생각하지만 모두 정신없이 빠져들

어서 이 드라마를 시청한다면 나도 시간을 들여 시청해야
한다.

1950년   참가자의 5퍼센트는 실제로 직선을 집단과 같은 방식으로
봤다고 말했다. 이것은 무서운 사실이다.

이는 매우 획기적인 연구로 여겨져서 다른 심리학자들이 더욱 깊
이 파고들어 연구하는 계기를 마련했다.

역사적으로 동양 사회에서는 순응을 타인과 같이 행동해서 집단에
맞추는 긍정적 태도로 여겼다. 실리콘밸리에서 그토록 많은 혁신이
발생한 까닭은 순응하는 태도가 자주 빈축을 샀기 때문일 수 있다. 집
단에 맞추기보다는 왕따가 되는 것에 가깝다는 뜻이다. 실리콘밸리
에서는 독창적인 행보가 찬사를 듣는다. 스티브 잡스는 자신이 이끄
는 소규모 팀을 미친 팀이라거나 해적 떼라고 종종 부르며, 사무실 앞
에 해적 깃발을 꽂아두기까지 했다. 그는 어떤 대가를 치르더라도 순
응을 피하고 싶었다.

하지만 사람들은 대부분 집중하지 않을 때는 자연스럽게 규범에
순응하려고 애쓴다. 사람들은 무리를 따른다. 이것은 인류학적 관점
에서도 타당하다. 수천 년 전 인류는 안전과 생존을 보장받기 위해 반
드시 부족을 형성해야 했다.

부족에서 추방당하는 것은 사형선고와 마찬가지였다. 인간의 뇌는
자신을 보호할 용도로 가동한다. 애쉬는 연구 결과를 발표하면서 순
응의 함정을 피하기 위해서는 이처럼 인류가 자연적으로 보이는 성향

을 아는 것이 중요하다고 지적했다. 모든 주변 사람이 혼돈의 바다에서 헤엄치고 있더라도 우리는 혼돈의 합창에 합류하지 말아야 한다.[135]

사회적 상황이 우리에게 극단적인 영향을 미칠 수 있다. 우리는 자신을 잡아당기는 이러한 중력에 맞서 싸워야 한다. 다른 사람들이 회의에 간다는 이유만으로 자신도 가야 할 필요는 없다. 또 주변 사람들이 모두 소셜 미디어에 동영상을 올리는 것처럼 보이더라도 똑같이 해야 한다는 압박을 느끼지 말아야 한다. 봄 방학을 맞아서 다른 세 가정이 바닷가에 집을 빌려 휴가를 가더라도, 당신 가족은 집에 머물면서 그저 휴식을 취하고 긴장을 풀며 재충전하는 것을 선호한다면 집에 머물 수 있어야 한다.

순응을 피하는 최고의 방법은 자신에게 있는 최고의 모습에 집중하는 것이다. 나는 이번 달에 이러한 방법을 연습해서 주변 사람들을 더욱 사랑할 수 있었다. 내면의 갈등을 줄일 수 있었고 더욱 많은 것을 팀원, 친구, 가족에게 베풀 수 있었다.

거울과 창문

매우 성공한 사업가와 이 책의 내용에 대해 대화할 때 그는 빙긋이 웃으면서 이렇게 말했다.

사업가   나는 집중은 하되 잘못된 대상에 집중하는 일부 팀원에 대한 이야기를 책으로 엮어볼까 생각 중이에요.

나   무슨 말씀이시죠?

사업가   요전에 회사 건물에 물이 제대로 공급되지 않아서 커피를 마
        시지 못하는 상황이 발생했어요. 한 팀원이 내게 문자를 보내
        커피를 마실 수 없으니까 집에서 일할 수 있을지 묻더군요. 자
        기 집에서 일하고 싶었던 거죠. 어떻게 말하든 속마음은 드러
        나기 마련이잖아요!
        그런데 무슨 일이 있었는지 아세요? 다른 팀원은 아침에 좀
        더 일찍 일어나서 차를 몰고 가서 영업 중인 카페에 들렀어요.
        그러고는 직원 전체에 나눠주려고 커피, 베이글, 도넛을 포장
        해서 일찍 출근했더군요. 나중에 누가 승진을 하고, 누가 더
        이상 회사에 다니지 않게 되었는지 짐작하실 수 있겠어요?

   같은 상황에 직면한 두 사람은 정반대 태도를 취했다. 우리는 '커피
가 없는 상황'에 초점을 맞출 것인가, 아니면 자신이 통제할 수 있는
것을 통제하는 데 집중할 것인가? 자신이 처한 상황을 한탄할 것인
가, 아니면 팀 전체를 주려고 커피를 포장해 올 것인가?
   당신은 거울이 될 것인가, 창문이 될 것인가? 당신은 자신만 보는
거울인가, 아니면 주변 세상을 보고 개선할 방법을 찾는 창문인가?

쓰레기를 금으로 바꾸다

캘리포니아주, 그림처럼 아름다운 지역에 거주하는 18세 마이크 글
릭먼Mike Glickman은 부동산 중개업자가 되고 싶었다. 그래서 나이가
어린 데다가 경쟁까지 치열한 시장에서 마이크는 신용을 쌓기 위해

분투했다. 자신이 갖춘 마케팅 자료는 무엇 하나 통하지 않았다. 거의 같은 시기에 도시 쓰레기 수거업자들이 파업에 들어갔다.

파업이 지속되자 아름다운 주택들 바깥에 쓰레기가 쌓여갔다. 자신이 사랑하는 지역사회에 벌어지는 사태를 지켜보면서 마이크는 걱정이 앞섰다. 무언가를 하고 싶다고 생각하던 차에 아이디어 하나가 떠올랐다. 손수 쓰레기를 치우기 시작하면 어떨까? 하지만 쓰레기를 치워야 할 집이 워낙 많아 혼자서는 할 수 없었다. 그렇다면 개인 회사를 고용해 쓰레기를 치워야 하는 데 비용이 비싸서 당시 시세로 약 5,000달러였다. 마이크에게는 500만 달러처럼 느껴지는 금액이었다. 하지만 옳은 일이었다.

마이크는 한 가지 조건을 걸고 쓰레기를 치우기 시작했다. 자신이 쓰레기를 치우고 있다는 사실을 아무에게도 알리지 않았던 것이다. 사람들은 냄새나고, 지저분한 쓰레기가 사라졌다며 기뻐했다. 지역은 본래의 아름다운 모습을 되찾았다. 파업이 끝난 것이 분명하다고 추측했던 사람들은 파업이 여전히 진행 중이라는 저녁 뉴스를 듣고 고개를 갸우뚱했다. 환경미화원이 아니라면 대체 누가 쓰레기를 치웠을까?

며칠이 지나자 마이크가 쓰레기를 치웠다는 말이 돌았다. 그때부터 마이크가 하는 사업이 날개 돋친 듯 순조롭게 풀리기 시작했다! 그 후 마이크는 미국에서 상당히 인기 높은 부동산 시장에서 매우 저명한 부동산 중개업자가 되었다.[136]

다른 관점, 특히 타인의 관점으로 초점을 조정할 때 종종 쓰레기를 금으로 바꿀 수 있다.

계획을 세우는 데 실패하는 것은 실패하기
위해 계획을 세우는 것이다.

끈기와 인내

1년 반 동안 집중 강화 프로젝트를 실패하고서 한 가지 깨달음을 얻었다. 프로젝트를 추진할 때 인내심을 발휘해야 한다. 장기간 버틸 수 있어야 한다. 나는 집중 강화 프로젝트를 수행하면서 계속 잘못 출발했다. 이번 달에 시작하겠다고 습관적으로 다짐하고는 다시 오랜 습관으로 어김없이 돌아갔다. 따라서 좌절하지 않고 자신에게 '이것은 흥미로운 일이야'라고 다짐하는 것이 중요하다.

내게는 인내가 자연스러운 미덕이 아니다. 내 정신 상태를 표현하면 자주 이렇다. "하느님, 제게 인내를 주시고 주시려거든 지금 당장 주십시오!" 집중하려면 단기적으로는 끈기를 발휘하고, 장기적으로는 인내를 발휘해야 한다. 결국 나는 이제 더 이상 실패할 수 없다고 다짐하고 프로젝트 수행에 전력을 기울였다.

8월 요약

성공은 우리가 세상에서 가져가는 것이 아니라 세상에 남겨두는 것이다.

점수: A
이번 달에는 매일 승리를 거두어 보람을 느꼈다. 상호작용을 할 때마다 공감하고 사랑을 베푸는 데 집중하는 방식은 스스로 가능하다고 믿었던 정도보다 효과적이었다. 내 행동이 미치는 영향을 매일 여러 차례 즉시 확인할 수 있었다. 이와 반대로 기분이 최고조에 있지 않을 때는 내가 부정적인 에너지를 끌어들이고 있다고 느껴서, 첫째, 부정적인 에너지를 차단하거나 둘째, '폭풍'이 지나갈 때까지 상호작용을 피할 수 있었다. 하지만 이러한 태도를 완벽하게 실천할 수 없었으므로 A+를 주지 않았다. 하지만 전반적으로 성과가 꽤 좋은 달이었다.

주요 요점
1 집단사고를 피하고 다른 사람의 탈집중 행동에 순응하지 않는다.

2 우리는 배터리 같아서 모든 일에 양극이거나 음극이다.

3 시간을 살 여유가 있으면 시간을 산다. 그러면 사랑하는 사람과 보낼 시간을 사는 것이다.

September

9월

마음챙김에
집중하기

FOCUS PROJECT

이번 달, 마음챙김을 실천하는 동안 마음을 달래주는 음악과 물방울과 함께 평화로운 온천 이미지가 머릿속에 떠다녔다. 하지만 마음챙김을 실천한다고 해서 방음시설이 된 방에 들어가 향을 피우고 연꽃 자세로 앉아 있어야 한다는 뜻은 아니다. 명상은 피아노를 연주하거나, 아침에 바닷가를 거닐거나, 옷을 바느질하거나, 헤드폰을 쓰지 않고 조깅하거나, 방해를 받지 않고 일기를 쓰거나, 아이들과 공원에서 노는 것일 수 있다. 특정 장소가 아니라, 자기 몸이 있는 곳에 정신이 함께 있는 것이 중요하다.

예를 들어, 나는 아이들을 공원에 자주 데려간다. 어떤 부모는 "자, 이제 그만 가야 해!"라고 말한다. 충분히 예상할 수 있는 말이다. 나만 해도 아이들에게 똑같은 말을 수백 번도 넘게 했다.

하지만 그때 항상 가야만 하는 것은 아니다. 물론 이따금 저녁을 먹거나 생일파티에 참석하거나 축구 연습을 하기 위해 집에 가야 한다.

하지만 그렇지 않을 때는 집에 꼭 가야 할 필요가 없다는 사실을 알고 있다. 사실 내가 집에 가고 싶기 때문에 아이들에게 가야 한다고 말하는 것이다.

하지만 앞으로 2주 동안 딸들이 집에 가자고 말할 때까지 기다리기로 했다. 이제 거짓말을 하지 않으리라 마음먹었다. 공원에서 몇 시간씩 있는 것이 처음 몇 번은 괴로웠다. 아이들과 함께 있는 시간이 즐겁지 않다는 생각이 들자 부모로서 고통스러웠다. "안 돼, 이만하면 그네를 실컷 밀어줬잖니? 더는 못 하겠다." 이 말을 하자 죄책감이 스멀스멀 올라왔다.

나는 아이들이 자라서 더 이상 공원에서 놀고 싶어 하지 않을 때가 곧 오리라는 것을 알고 있었다. 아이들이 그네를 밀어달라고 더 이상 조르지 않으면 나는 어떤 기분이 들까?

처음에는 아이들이 다 놀 때까지 기다리느라 힘들었다. 하지만 시간이 지나자 아무런 방해도 받지 않고 딸들과 함께 지내는 것을 즐기면서 새 접근 방식의 혜택을 실감하기 시작했다. 이렇게 화창한 날 신선한 공기를 마시면서 다시 아이가 된 것처럼 행동할 수 있고, 소중한 연령대에 있는 딸들과 함께 시간을 보내는 것이 얼마나 큰 축복인지 알게 되었다. 나는 딸들이 웃거나 정글짐에 거꾸로 매달려 있을 때 머리카락이 얼마나 재밌어 보이는지 유심히 관찰하며 그 모습을 눈에 담고 마음에 새기기 시작했다.

삶의 다른 분야에서도 집중이 향상되기 시작했다. 이렇게 한 부분에서 향상된 집중력이 다른 부분에도 영향을 미치는 것은 드물지 않은 현상이다. 하버드 대학교의 조 드구티스Joe DeGutis 교수가 말하듯

"복잡한 단일 임무에 집중하면 다른 임무에 집중하는 능력도 향상된다. 이러한 습관을 들이면 '주의상태 훈련attentional state training'을 할 수 있어서 다른 활동을 하기 위해 긴장을 풀고 집중하는 상태에 더욱 잘 진입할 수 있다."[137] 그래서 이번 달에는 신체적으로나 비유적으로나 그네를 계속 밀려고 노력했다.

수천 건의 연구가 행해지며 마음챙김이 신체와 정신 건강에 미치는 혜택이 보고되고 있으며, 이에 영감을 받아 학교, 교도소, 병원, 퇴역군인 센터 등에 적용하기 위한 마음챙김 프로그램이 무수히 많이 만들어졌다.[138]

마음챙김은 온화하고 성장을 북돋는 렌즈를 통해 자신의 생각, 감정, 신체 감각, 주변 환경을 매순간 인식하고 그 인식을 유지한다. 존재감을 유지하고 싶어 하더라도 늘 현재에만 머물러야 한다는 뜻은 아니다. 심리학 박사인 라이언 니미크Ryan M. Niemiec는《오늘의 심리학Psychology Today》에서 이렇게 설명한다.

마음챙김은 '현재 순간에 머무는 것을 뜻한다'라는 잘못된 개념이 존재한다. 사람들은 명상을 수련하고 나서 자신의 정신이 현재에 머물지 못한다며 쉽게 좌절한다. 많은 사람이 "마음을 챙길 수가 없어. 순간에 머무를 수 없어!"라고 한탄한다. 하지만 현실을 보면 어느 누구의 마음도 그 순간에 항상 머물 수는 없다. 하지만 마음을 되돌리는 것은 의지대로 할 수 있다. 언제든 마음을 현재 순간으로 원 상태로 되돌릴 수 있다. 마음챙김은 호기심, 개방성, 수용의 태도를 갖추고 주의를 스스로 조절하는 것이다.[139]

모든 시간에 현존하기는 불가능하지만, 이번 달에는 더 많은 시간 동안 나로 현존하기 위해 노력하고 있다.

자신의 의지력을 최강으로 전환한다

우리는 대부분 건강한 음식을 먹고, 올바른 말을 하고, 합당한 일을 하고 싶어 한다. 하지만 의지력이 부족할 때가 많다. 그렇다면 의지가 계속 힘을 쓰지 못하면 끝장일까? 그렇지 않다.

과정과 습관이 의지력을 꺾기는 하지만, 의지력을 강화하면 확립된 시스템을 유용하게 뒷받침할 것이다. 의지력 향상하기는 자전거 타기와 비슷하다. 자전거는 끝까지 포기하지 않으면 누구라도 탈 수 있다.

우리는 의지력을 만들고 강화할 수 있다. 스탠퍼드 대학교 소속 심리학자인 켈리 맥고니걸Kelly McGonigal 박사가 더욱 면밀하게 관찰해서 발견한 사실에 따르면, 의지력은 신체가 뇌의 전두엽 피질에 에너지를 추가로 보내는 능력이며, 목표를 계속 추구하고 충동과 갈망을 물리치도록 돕는다.[140]

우리에게 있는 의지력은 근육과 같아서 하루를 보내고 나면 고갈될 수 있다. 이렇듯 의지력이 고갈된 상태를 '자아 고갈'이라고 부른다. 따라서 자제력은 하루의 후반으로 갈수록 더욱 약해질 수 있다. 그래서 한밤중에 간식을 먹고 싶어 냉장고 문을 연다. 부모님이 아이들에게 귀에 못이 박히도록 "자정 이후에는 좋은 일이 전혀 생기지 않는다"라고 가르치는 것도 바로 이 때문이다.

자아 고갈 개념을 이해하면 어째서 중요한 일을 아침에 먼저 처리

나는 내 잔디에만 너무 집중한 나머지 당신 잔디가 더 푸른지 아닌지 알지 못한다.

하는 것이 좋은지 알 수 있다. 그렇다고 모든 올빼미족에게 운이 따르지 않는다는 뜻은 결코 아니다.[141]

맥고니걸은 이렇게 설명한다. "의지력 선수가 되어야 한다. 의지력이 근육이라면 은유적인 근육이라 하더라도 훈련시킬 수 있어야 한다. 신체 운동과 마찬가지로 자제력 근육을 사용하는 일은 피로를 몰고 올 수 있지만 계속 훈련하다 보면 시간이 지나며 차차 힘과 체력이 강화된다. 그래서 처음에 어려웠던 일이 시간이 지나며 더욱 쉬워진다. 새로운 행동이 습관이 되고 유혹은 덜 버겁게 느껴진다."

만약 뇌를 근육처럼 훈련시킬 수 있다고 치자. 훈련하고 노력하는 과정을 거치면서 뇌에 실질적으로 물리적 변화를 일으킬 수 있을까? 이 질문에 대한 답을 찾기 위해 매사추세츠 종합병원에서 하버드 대학교와 합동 연구를 실시하는 연구 팀이 나섰다.

매사추세츠 종합병원에서 실시한 연구에서는 연구를 시작하기 2주 전에 참가자들의 뇌에 자기공명영상Magnetic Resonance Image, MRI 스캔을 실시했다. 연구자들은 참가자들을 두 집단으로 나눴다. 한 집단은 명상을 수련하고(하루 평균 27분), 나머지 집단은 명상을 수련하지 않았다.

불과 8주 뒤에 명상을 수련한 참가자의 경우에는 해마에서 회색질이 증가했다. 회색질은 나이가 들수록 자연적으로 감소한다는 사실을 감안할 때, 명상이 회색질을 성장시키는 데 유용할 수 있다는 뜻이다. 이는 대단한 것이다. 회색질은 학습, 시각, 청각, 충동 조절, 언어, 기억력에 결정적인 작용을 한다. 또 자아인식, 동정, 자기성찰을 향상시키는 데 관여하며, 처리하고 계산하는 과정에 유용하다. 반면에 백질은 중추신경계의 서로 다른 부위를 연결하는 고속도로와 같다.

스트레스가 증가했다고 보고한 참가자들의 경우에는 불안과 스트레스에서 중요한 역할을 한다고 알려진 편도체에서 회색질 밀도가 감소했다. 코티솔 수치가 높으면 뇌가 적절하게 기능하는 능력이 감소할 수 있다. 스트레스는 뇌세포를 죽이고 심지어 뇌 크기까지 줄일 수 있다. 만성적인 스트레스는 기억과 학습을 담당하는 뇌 영역인 전전두엽 피질을 수축시킨다.[142]

스트레스 반응은 뇌에서 시작하지만, 전신에 나타난다. 스트레스에 대처하는 최선책은 자신과 자신의 주변에서 일어나는 현상에 주의를 기울이는 것이다. 직관에 어긋나는 소리처럼 들릴 수 있지만, 주의를 기울이는 것은 심신 건강에 발생하는 문제에 대처하는 치료 기술인 마음챙김을 촉진하는 첫 단계다.[143]

요약해보면 연구를 진행하는 동안 명상을 수련한 참가자들은 긍정적인 영향을 미치는 영역(해마: 학습, 기억, 자아인식, 공감, 자기성찰)에서 회색질을 증가시키고, 부정적인 영향을 미치는 영역(편도체: 불안, 스트레스)에서는 회색질을 감소시킬 수 있었다.

명상을 조금만 해도 뇌에 긍정적인 영향을 극적으로 증가시킬 수 있다는 것은 정말 깜짝 놀랄 만한 주장이다. 논문의 제1저자인 새라 라자Sara Lazar는 이렇게 설명한다.

명상 수련을 하면 평화를 느끼고 신체가 이완된다고 알려져 있지만, 수행자들은 명상을 통해서 하루 내내 인지적이고 심리적인 이익을 얻는다고 오래전부터 주장해왔다. 해당 연구가 도출한 결과에 따르면, 사람들의 기분이 개선되는 것은 휴식을 취하며 시간을 보냈기 때문만은 아니고, 보고된 몇 가지 향상이 발생한 것은 실제로 뇌구조가 바뀌었기 때문일 수 있다.

논문 저자의 한 사람이면서 매사추세츠 종합병원과 독일 기센 대학교 연구원인 브리타 홀젤Britta Hölzel은 이렇게 말한다.

뇌 가소성을 관찰하고, 명상을 수련함으로써 뇌를 바꾸는 데 능동적인 역할을 할 수 있고, 행복과 삶의 질을 높일 수 있다는 사실을 깨달은 것은 무척 흥미로운 일이다.[144]

명상은 뇌에 치실과 같은 작용을 한다. 맥고니걸 박사는 신체 운동을 통해서도 비슷한 이익을 얻을 수 있다고 주장한다.

원인은 분명하지 않지만 신체 운동도 뇌 특히 전두엽 피질에 비슷한 변화를 일으킨다. 격렬한 유산소 운동과 요가 같은 마음챙김 운동을 포함해 운동을 규칙적으로 하면 신체와 뇌가 스트레스를 더욱 잘 극복해서 의지력이 크게 증진된다.

의지력을 일관성 있게 훈련시키는 방법에는 두 가지, 즉 신체 활동과 명상이 있다는 점이 많은 연구를 통해 입증되고 있다.

홍콩 대학교 연구원인 제이슨 차우Jason Chow와 춘 라우Shun Lau는 신체 활동과 명상과 관련해 물리적 환경의 영향을 연구하고 싶었다. 구체적으로 환경은 자아고갈과 의지력에 영향을 미칠까?

두 사람은 실험 참가자들에게 일련의 이미지를 보여주었다. 어떤 참가자들에게는 정신없이 바쁘게 돌아가는 대도시 환경을 보여주었고, 어떤 참가자들에게는 자연 풍경을 보여주었다. 결과적으로 자연에 노출된 참가자는 힘을 얻고, 자아고갈에 맞설 수 있는 도움을 받는다는 사실을 발견했다.[145]

점심 휴식시간에 멋진 공원에서 명상을 할 수 있다면 단순히 실내에서 명상할 때보다 더욱 많은 이익을 누릴 것이다.

해당 연구를 살펴보면 어째서 실내보다 바닷가에서 요가할 때 정신이 더욱 고양된다고 느끼는지, 어째서 실내에서 러닝머신을 달릴 때보다 숲속에서 조깅할 때 더욱 큰 만족을 느끼는지 알 수 있다. 일류 기업들이 앉거나 걸으면서 직원들이 회의를 할 수 있도록 사옥에 숲을 조성하는 것도 충분히 납득할 만하다.

그러므로 자신이 전자기기 화면을 들여다보고 있을 때는 다음처럼 과학에 기초한 방법을 시도해 의지력을 강화해보자.

1 물리적 알림을 설정하라. 전자기기를 끄고 저녁 9시 30분에 잠자리에 들 준비를 하라고 자신에게 알리기 위한 방법으로 포스트잇을 붙이거나 알람을 설정한다.
2 명상하라.
3 단백질이 풍부한 음식을 섭취하라. 배가 고프면 의지력이 감소하기 마련이다. 단백질은 포만감을 느끼게 해준다.
4 전념하라! 의지력을 북돋워줄 체계적인 목표와 계획을 세워야 한다. '익명의 알코올중독자들Alcoholics Anomymous'이 제안하는 회복 단계가 단 하나가 아니라 열두 개인 데는 나름대로 이유가 있다.

5 자신을 용서하라. 휘트니 휴스턴이 노래했듯 "가장 위대한 사랑은 자신을 사랑하는 법을 배우는 것이다." 후회는 의지력을 고갈시킨 다. 걸스카우트 쿠키를 자제하고 있다가 금요일 밤에 민트 초콜릿 을 딱 하나 먹는 것이 실제로 불가능한 이유도 이 때문이다. 우리는 자신의 행동을 후회하다가도 어느 결에 민트 초콜릿 한 개가 아니 라 한 상자를 통째로 먹어버렸다는 사실을 알게 된다.

연구자들은 자신을 용서하는 문제를 더욱 깊이 파고들어서 참가자 들이 느끼는 후회에 대해 일련의 연구를 실시했다.[146]

후회를 느꼈던 참가자들은 이후에 수행한 과제에서 더 나쁜 성과 를 기록했다. 반면에 과제를 수행하면서 후회를 했지만 이점이 있다 는 사실을 깨달을 수 있었던 참가자들은 이후에 수행한 과제에서 더 나은 성과를 거두었다.

걸스카우트 쿠키를 다시 예로 들어보면, 일주일 내내 잘 절제했으 므로 한 번쯤 호사를 누렸다고 합리화할 수 있다. 다음과 같이 생각하 는 사람도 있을 수 있다. '이 쿠키를 먹음으로써 쿠키를 파는 아이를 기쁘게 해주었을 뿐 아니라, 판매 수익의 일부가 다른 사람을 돕는 데 도 쓰이므로 다른 사람도 행복하게 해준 거야. 또 집에 쿠키가 더 이 상 없기 때문에 내 머릿속에서 쿠키를 먹으라고 유혹해도 그 유혹에 넘어갈 수가 없어.'

다시 말해서 후회를 유발하는 과제에서 자신을 용서하거나 이익을 발견하는 법을 배우면 긍정적인 이익을 얻는다. 도미노 하나가 다른 도미노들을 계단 밑으로 밀어내지 않게 하라. 후회하는 감정을 쫓아

보냄으로써, 쓰러지는 것은 도미노 하나로 족하게 만들어라.

삶을 힘껏 쥐어짤수록 혼란은 커진다

놓친 시간을 만회하려고 주유기 손잡이를 있는 힘껏 쥐어짠다. 다음 경유지에 도달하기 위해 서두르던 나는 주유기 손잡이를 힘껏 쥐어 짤수록 주유 속도가 빨라진다고 생각한다! 하지만 이 펌프에는 휘발 유가 목까지 꽉 차서 흘러넘치는 사태를 방지하는 조절기가 붙어 있 어서 지나치게 꽉 쥐면 오히려 닫혀버린다. 그러니 손잡이를 힘껏 쥐 어짜면 실제로 주유는 늦어진다. 마침내 휘발유가 들어가기 시작한 다. 처리해야 하는 수많은 일 사이를 정신이 떠돌아다닌다. 주의를 기 울이지 않았던 탓에 탱크에 휘발유가 가득 찬다. 휘발유가 여전히 흐 르고 있는데도 별생각 없이 손잡이를 빼자 몸에 휘발유가 튄다. 차 안 에서 딸들이 지르는 즐거운 비명소리가 합창으로 들린다. 딸들의 웃 음을 제외하고는 완전한 참사였다. 그때 깨달았다. 나는 슬그머니 예 전 방식으로 돌아갔던 것이다.

　이 주유소 사건은 나와 많은 사람의 예전 삶을 투영하는 은유다. 세 게 쥐어짤수록 더 큰 혼란을 유발한다. 나는 자신을 그야말로 "자연 스러운 흐름에 맡겨야" 했다.

일기 쓰기

매일 일기를 쓰는 것은 스트레스를 줄이고, 면역 기능을 강화하고, 기억력을 예리하게 유지하고, 기분을 북돋우고, 정서적 건강을 강화하는 것을 포함해 많은 영역에서 유익하다.[147] 자신의 기억만 믿는 것은 외줄을 타고 그랜드 캐니언을 가로지르는 것과 같다. 세상에서 가장 값싼 펜이라도 세상에서 가장 좋은 기억력보다 낫다.

내게는 일기를 쓸 시간이 전혀 없다는 것이 문제였다. 과거에는 일기를 쓰겠다고 거듭 다짐하고 다시 쓰기 시작하면서도 그때마다 일기 쓰기가 유익하다고 생각하기는커녕 부담스러웠다. 매번 같은 방식으로 일기 쓰기에 접근했으므로 번번이 실패했다.

"같은 일을 반복하면서 다른 결과를 기대하는 것은 미친 짓이다"라는 아인슈타인의 지혜를 실천하지 않은 것이다.

나는 접근 방식을 바꿔야 했다. 이번에는 예전과 다른 조건 두 가지를 정하고 일기 쓰기에 접근하기로 했다.

1 한 문장으로 시작한다. 한 문장이 그날 쓸 수 있는 전부라면 그렇게 하되, 적어도 한 문장 이상 쓴다. 이것은 실용적인 접근 방법이다. 과거를 돌아보면 일기 쓰는 시간이 15분 정도일 때도 있었다.

2 단순히 그날 일어난 일만 적지 말고 5~10년 전으로 돌아가 좋았던 기억이나 이야기를 생각해내고 적는다.

예를 들어, 초등학교 시절 담임선생님의 이름을 적거나, 리틀리그나 스카우트에서 만난 친구들의 이름을 적는다. 어릴 때 살았던 집과 이웃집을 스케치하고 그곳에 살던 가족들의 이름을 쓰기도 한다.

내 경우에는 주마다 주제를 하나씩 정한 것이 도움이 되었다. 한 주는 고등학교 시절의 추억에 초점을 맞추고, 다음 주에는 야후에서 일하던 시절의 이야기에 초점을 맞췄다. 어떨 때는 이렇게 일기를 쓰다가 초등학교 5학년 담임선생님에게 감사 카드를 보내는 등 수십 년 만에 처음으로 누군가에게 전화를 걸거나, 훈훈한 내용의 글을 보내자는 생각이 떠올랐다.

연령대별 뇌파

인간의 정보 처리 속도는 24세 무렵부터 느려지기 시작한다.[148] 처리 기능이 쇠퇴하면서 작업을 전환하고 방해물을 처리하는 능력도 쇠퇴한다. 예를 들어, 나이가 들수록 붐비는 식당에서 배경 잡음을 걸러내는 데 어려움을 느낀다.

아버지나 할아버지가 "그 식당에서는 대화를 할 수가 없어. 너무 시끄러워서 말소리가 들리지 않아"라고 자주 말씀하는 것도 바로 이 때문이다.

이것은 단순히 신체적으로 청력이 쇠퇴했기 때문만은 아니다. 젊은 성인들은 소음과 정신을 분산시키는 요소를 효과적으로 차단할 수 있는 반면에 노인들은 10퍼센트 더 주의를 기울여야 한다.[149] 노인의 뇌는 이른 아침에는 19~30세에 좀 더 가깝게 기능하는 경향이 있다. 하루를 승리하기 위해서는 아침에 승리하는 것이 중요하다고 이 책의 앞부분에서 강조한 데는 이러한 이유도 있다. 참가자들은 아침에 인지 과제를 수행할 때 더 좋은 성과를 거뒀다.[150]

하지만 집중할 때 노인들에게는 다른 이점들이 따른다. 하버드 대

그저 앉아서 관찰하면 자기 마음이 얼마나 안절부절못하는지 느낄 것이다. 마음을 진정시키려 애쓰면 오히려 상황을 악화시킬 뿐이지만, 시간이 지나면 마음이 침착해지고, 그러면 더욱 미묘한 소리를 들을 수 있는 여지가 생긴다. 이때 직감이 꽃피기 시작하고, 상황이 더욱 명쾌하게 눈에 들어오면서 현재에 더욱 단단히 뿌리를 내리기 시작한다. ─스티브 잡스

학교 교수이자 지속적인 주의에 대한 공동 논문을 작성한 조 드구티스는 지루한 과제를 수행하느라 에너지를 쏟는 측면에서는 젊은 성인이 노인보다 더 어려움을 느낀다고 밝혔다. 젊은 성인과 비교할 때 노인은 더욱 깊이 집중할 수 있고, 어려운 과제를 수행하는 동안 마음이 산만해질 가능성이 적다고도 덧붙였다.

해병대원이었던 밥 맥캔Bob McCann은 특히 세부적인 것에 주의를 기울이는 태도가 결정적으로 중요한 해병대에서 26년 동안 성공적으로 경력을 쌓을 수 있었던 비결로 집중력을 든다. "젊은 친구들은 지나치게 많은 일을 벌려놓고 이리저리 뛰어다니느라 집중하지 못합니다. 하루종일 휴대전화에 코를 박고 있으면 성공할 수 없어요."

디드로 효과

1765년 프랑스 철학자 드니 디드로Denis Diderot가 52세였을 때 딸의 결혼식 날짜가 잡혔다. 디드로는 당시에 가장 많이 읽히던 백과사전 Encyclopédie 중 하나를 쓴 사람으로 유명했다. 명성은 높았지만 부유하지 않았고, 오히려 경제적인 여유가 없어서 딸에게 호화로운 결혼식을 베풀어주는 것은 고사하고 지참금도 줄 수 없었다. 예카테리나 대제Catherine the Great는 디드로가 궁핍하게 생활한다는 소식을 듣고 그의 개인 소장 도서들을 사주었다.

이렇게 해서 디드로는 하루아침에 부자가 되었다. 이를 축하하기 위해 호화로운 주홍색 가운을 사고, 낡은 가운을 쓰레기통에 버렸다. 새 가운이 멋진 나머지 다른 옷, 소지품, 주변 물건 들이 모조리 어울리지 않았다. 디드로는 가운처럼 화려해 보일 수 있도록 소파, 의자, 신발을 모두 고급으로 바꿔야겠다고 생각했다.

짚으로 만든 낡은 의자를 모로코 가죽을 씌운 안락의자로, 낡은 책상을 값비싼 제품으로, 예전에 자신이 좋아했던 그림을 훨씬 비싼 그림으로 바꿨다. 그러다 보니 결국 횡재를 하기 전보다 더 큰 빚을 졌다. 디드로는 "예전에 나는 낡은 가운의 절대적인 주인이었지만 지금은 새 가운의 노예가 되었다"라고 썼다.[151]

새로운 소유물은 종종 도미노 효과를 일으켜서 행복을 느끼게 하기 위해 비슷한 품질의 물품을 추가로 구하게 만든다. 디드로는 새로 산 주홍색 가운을 처음에는 좋아했지만 나중에는 원망했다. 누구나 살아가면서 비슷한 도미노 효과를 경험할 것이다.

- 침실을 반짝이는 보라색으로 칠해주자 딸이 이번에는 방에 있는 모든 물건을 반짝이는 것으로 바꿔달라고 조른다.
- 새 자전거를 구입하자 이제는 새 자전거 펌프, 헬멧, 신발 클립, 물병, 전등, 장갑, 바지, 셔츠, 자동차에 장착하는 자전거 고정대, 고글, 주행기록계, 타이어 압력 측정기 등 예전에 알고 있던 것보다 훨씬 많은 물건이 필요하다.
- 새 블라우스를 사자 여기에 맞는 새 치마, 신발, 벨트, 팔찌가 필요하다.
- 수영장에 있는 전등을 바꾸자 이제는 테이블과 그릴 뿐 아니라 의자도 교체해야 할 것 같다.
- 최신형 아이폰을 사고 나자 새 커버, 맥북, 아이패드가 필요하다고

느낀다.

삶에는 더 많은 것을 원하도록 우리를 잡아당기는 중력이 작용하며, 우리는 더욱 많이 쌓고 세우는 것이 방법이라 믿는다.

행동심리학과 미니멀리즘의 전문가이자 베스트셀러 작가인 제임스 클리어James Clear는 디드로 효과에 맞서는 방법에 대해 훌륭한 조언을 한다.[152]

1 현재 시스템에 맞는 제품을 구입한다. 새 옷을 살 때는 현재 옷장에 있는 옷과 잘 어울리는 제품을 고른다. 새 전자제품으로 바꿀 때는 충전기, 어댑터, 케이블 등을 새로 사지 않도록 현재 가지고 있는 물건과 잘 맞는 제품을 구입한다.

2 한 달 동안 아무것도 사지 않는다.

3 하나를 사면 하나를 준다. 새 제품을 구입할 때마다 무언가를 나눠 준다. 텔레비전을 새로 장만했는가? 전에 쓰던 텔레비전을 다른 방으로 옮기지 말고 다른 사람에게 주라. 이것은 소유물이 계속 늘어나는 것을 막기 위해서다. 자신에게 즐거움과 행복을 안겨주는 물건만 소유하는 방향으로 늘 삶을 관리한다.

4 물건을 향한 욕구를 내려놓는다. 더 이상 물건을 원하지 않는 일은 절대 있을 수 없다. 언제나 업그레이드할 물건은 있기 마련이다. 혼다를 새로 샀는가? 다음에는 메르세데스로 업그레이드할 수 있다. 메르세데스를 새로 샀는가? 벤틀리로 업그레이드할 수 있다. 벤틀리를 새로 샀는가? 페라리로 업그레이드할 수 있다. 전용 비행기를

살까 생각해봤는가? 욕구는 자신이 따라야 하는 명령이 아니라 마음이 제공하는 선택 사항일 뿐이라는 사실을 깨달아야 한다.

살아가면서 없애야 하는 물건들을 늘 찾아야 하지만 그렇다고 해서 아름다운 물건을 갖지 말아야 한다는 뜻은 아니다. 삶을 풍부하게 해줄 물건을 추가하고, 그렇지 않은 물건을 없애는 것이 중요하다.

디드로 효과가 전하는 부정적인 함의를 이해해야 하지만, 같은 유형의 도미노 효과가 긍정적인 방향으로 작용할 수 있다. 예를 들어, 운동에 집중하면서 운동선수의 마음가짐을 갖기 시작한다면 메뉴판을 볼 때 핫도그가 아니라 구운 닭고기를 선택할 가능성이 크다. 핫도그는 새로운 마음가짐에 맞지 않기 때문이다. 어떤 음식을 주문할지 곰곰이 생각할 때 다음과 같은 생각이 떠오른다. '건강한 사람이라면 핫도그를 주문하지 않겠지. 이제 나는 건강한 사람이니까 핫도그를 주문하면 안 돼.' 휴가를 떠나더라도 라스베이거스로 가지 않고 뉴멕시코로 가서 산악자전거를 탄다. 아니면 크로스핏(여러 종류의 운동을 섞어서 단기간에 고강도로 실시하는 운동 방법 - 옮긴이) 클럽에 가입하며 마침내 담배를 끊을 수 있다. 흡연은 새로 시작한 마음가짐이나 지원 집단에 맞지 않기 때문이다. 이렇게 긍정적인 추진력을 이끌어낼 수 있다. 우리가 긍정적인 추진력을 자연스럽게 이끌어내든 새로 만들어내든, 서 있는 자전거보다 움직이는 자전거를 조종하는 것이 더 쉽고, 한 바퀴 돌고 나면 더욱 나은 길로 들어서는 데 유리할 수 있다는 사실을 이해해야 한다.

피카

어디에 살든 다른 나라와 문화에서도 마음챙김을 배울 수 있다. 간단한 스웨덴식 마음챙김 개념으로 '피카Fika'가 있다. 피카는 커피를 마시며 느긋하게 대화하는 시간으로, 스웨덴 문화에 필수적이고 워낙생활 깊숙이 배어 있으면서 스웨덴 법으로도 보호받는다. 직장이나학교에 있을 때도 스웨덴 사람들은 하루 두 번 일을 중단하고 커피를마시며 기분을 전환한다.

피카에서 가장 좋은 점은 일곱 가지 종류의 쿠키가 제공된다는 것이다.

이제, 스타벅스에 들러 드라이브 스루로 커피를 사서 이동하는 동안 마시는 것은 그만두자. 피카는 의도적으로 한숨을 돌리며 휴식을취하는 것이다. 스웨덴만이 아니다. 다른 문화에서도 커피와 차를 마시며 휴식하는 시간을 갖는 의식을 수용한다.

독일 문화인 게뮈틀리히Gemütlich는 부드러운 음악을 틀어놓고 따뜻한 찻잔을 손에 들고 친한 친구들과 편안한 의자에 둘러앉는 시간을가리킨다.

설명하기 힘들고 발음하기는 더 힘든 덴마크 단어인 휘게hygge는아늑한 상태라는 개념보다 훨씬 많은 뜻을 담고 있다. 휘게는 우리가언제나 원하지만 거의 소유하고 있지 않은 무언가를 가리키는 개념이다. 풀어서 번역하면 '편안하고, 온화하고, 마음을 달래주는 요소를갖추고 여기에서 즐거움을 느끼며, 짜증 나거나 비위에 거슬리거나버거운 요소가 전혀 없는 상태'다. 따뜻한 분위기를 조성하고 삶 속에서 좋은 것들을 즐긴다는 뜻이다. 덴마크가 세상에서 가장 행복한 나라 중 하나로 꼽히는 것은 놀랄 일이 아니다. 덴마크인이 두 명 이상 무리 지어 모일 때 휘게는 물 흐르듯 대화하고 건배하는 친근한 우정을 뜻한다. 휘게가 최고로 빛을 발하는 시기는 크리스마스고, 이때 덴마크인들은 친구와 뱅쇼(적포도주에 향신료를 넣어 뜨겁게 마시는 포도주–옮긴이)를 마신다.

노르웨이 문화인 프리루프트슬리프Friluftsliv는 '자유로운 야외 생활'로 직역할 수 있다. 이 단어는 야외에서 자연을 탐험하고 감상할 때의 느낌을 가리킨다. 여기에는 명상, 사진 찍기, 야영하기, 심지어 춤추기까지 포함할 수 있다.

프리루프트슬리프를 실천하는 것은 돈, 장비, 특정 환경을 갖출 필요가 없고, 밖에서 산책하는 것처럼 간단할 수 있다.

네 가지 문화인 피카, 게뮈틀리히, 휘게, 프리루프트슬리프를 모두 시험해보자 매번 기분이 좋아졌다. 내가 가장 좋아하는 것은 프리루프트슬리프인데 계획을 세울 필요성이 가장 적은 데다가 비용이 들지 않고 건강에 좋다. 하지만 널리 인정을 받듯 피카 때 먹는 일곱 종류의 쿠키는 항상 대박이다![153]

마음의 방황을 멈추는 세 가지 방법

하버드 대학교 연구자인 매튜 킬링스워스Matthew Killingsworth와 대니얼 길버트Daniel Gilbert는 방황하는 마음이 불행하다는 사실을 입증했다.[154] 마음은 전체 시간의 50퍼센트 동안 방황하므로 더욱 주의해야

한다.[155]

자신의 생각과 행동 사이에 존재하는 틈은 하루 내내 매우 다양하게 나타난다. 결과적으로 마음이 가장 많이 방황하는 것은 직장에 있을 때다.

이러한 사실을 아는 것이 유용하지만, 자신이 원할 때 방황을 예방하는 법을 아는 것이 더욱 유용하다.

《감성지능Emotional Intelligence》의 저자인 대니얼 골먼Daniel Goleman은 세 가지를 제안한다.

관리   자신을 유혹하거나 주의를 산만하게 만드는 물건을 관리하라. 우리의 주의를 빼앗기 위해 호시탐탐 기회를 엿보는 물건은 디지털 기기다.

마음챙김   자신의 뇌와 자신이 하는 일을 매순간 점검하라. '잠깐만, 지금 보고서를 쓰고 있어야 할 때인데 어쩌다가 이 쥐구멍에 들어왔지?'

명상   명상은 숨을 들이쉬고 내쉬는 소리를 듣는 것처럼 간단할 수 있다. 골먼은 매일 명상을 수련하는 것은 기억근육을 만들기 위한 것이므로 역기를 드는 것과 비슷하다고 설명한다. 마음챙김은 자신의 마음이 언제 방황하는지 감지하고, 방황을 내려놓고, 원래 선택한 초점으로 돌아가도록 뇌 회로를 강화한다.[156]

일곱 가지 시간 낭비 습관을 버려라

다음 일곱 가지는 대부분 베스트셀러 저자인 팀 페리스에게 영감을 받아서 고안했다.[157]

1 모르는 번호로 걸려온 전화는 받지 마라.
2 자신의 시간을 추적해 시간 낭비가 가장 많은 요소를 없애라. 이 요소는 더욱 엄격하게 선을 그어야 하는 성가신 고객일 수 있다. 또는 소셜 미디어에 푹 빠져서 시간을 잊는 것 같은 나쁜 습관일 수 있다.
3 회의할 때마다 의제, 목표, 종료 시간을 미리 정하라.
4 무례하지 않는 선에서 잡담을 줄여라. 이때 손쉽게 이용할 수 있는 표현은 "지금 무언가를 하고 있는 중이에요"다.
5 이메일을 모아두었다가 한꺼번에 처리하라. 나는 하루에 두 번 처리하는 방법을 선호한다. 이메일을 수시로 확인하면 타인을 자신의 시간보다 우선순위에 두는 것이다. 아침에 일어나자마자 이메일을 확인하지 않는다.
6 소셜 미디어를 사용할 때는 시간을 제한하라.
7 식당에 갈 때는 예약하라. 제때 꿰맨 한 땀이 나중에 아홉 땀을 아끼는 법이다.

상황을 바꿔라!

너무 바빠서 이 책을 당장 읽을 수 없다. 꺼야 할 불이 너무 많다. 당장 처리해야 하는 업무가 한가득이라 열려 있는 브라우저 탭만 스물다섯 개다. 삶이 버거워지면 우리는 난관을 헤쳐나가기 위해 자동적으로 더욱 열심히 일한다. 한 시간 일찍 일어나고, 점심 식사를 거르고, 피곤해지기 시작하면 커피를 한 잔 더 마시라고 자신에게 말한다. 이 특정 스트레스의 산을 넘기만 하면 순풍에 돛 단 듯 순조롭게 항해할 수 있으리라 믿는다. 이것은 무모하기 짝이 없는 발상이다. 그 산에 오르자마자 훨씬 큰 산이 모습을 드러낸다. 그러므로 다음번에 삶이 버거워지는 순간을 만나면 하던 일을 늘리면서 더욱 열심히 뛰지 말고 정반대로 행동하라. 상황을 바꿔라.

우리 뇌는 주의를 유지하기 위해 끊임없이 움직인다. 한 연구 결과에 따르면, 지루한 교수나 강연자의 말을 듣고 있을 때 뇌는 우리에게 이로운 방향으로 부지런히 가동하면서 강의 내용을 다른 말로 바꿔서 더욱 흥미진진하게 만든다. 뇌는 우리를 자극해서 집중하게 만들려 하지만 그러려면 에너지를 써야 한다.[158]

뇌는 우리가 상황을 바꾸는 것을 좋아한다. 우리는 언제 턱걸이를 더 할 수 있을까? 운동을 시작할 때일까 아니면 두 시간 동안 역기를 들고 나서일까? 아마도 시작할 때일 것이다. 뇌가 가동하는 방식도 같다. 집중한다면 최근 보고서를 아무 성과도 없이 세 시간 동안 들여다보지 않을 것이다. 오히려 상황을 바꿔야 한다. 연구 결과에 따르면 "단일 작업에 오래 집중하는 것은 실제 달성을 방해한다". 따라서 같은 일에서 벗어나 전략적인 휴식을 취해야 한다. 이것은 30분 동안 줄곧 팔굽혀 펴기를 하지 않는 것과 비슷하다.[159]

건강한 습관을 촉진하는 동시에 상황을 바꿀 수 있는 몇 가지 방법이 있다.

20-20-20규칙

하루 종일 디지털 기기를 들여다보는 행동이 장기적으로 어떤 영향을 미칠지 아직 알려져 있지 않지만 단기적인 영향은 알려져 있다. 눈 깜빡임 속도의 평균은 분당 18회이지만, 디지털 기기를 사용할 때는 분당 4회로 감소한다. 자그마치 70퍼센트가 줄어드는 것이다. 우리가 계속 들여다보고 있는 블루라이트는 눈을 피로하게 만드는데, 눈의 피로에 따르는 주요 문제는 몸 전체를 피곤하게 만든다는 것이다.

나는 눈의 피로와 싸우고 생산성을 높이기 위해 20-20-20규칙을 시험하기 시작했다.

1 디지털 기기를 사용할 때는 20분마다 1~2분 동안 전략적인 휴식을 취한다.

2 몸을 움직인다. 대개는 자리에서 일어나거나 물을 마실 수 있는 곳까지 걸어가는 것처럼 간단한 동작이다.

3 나무나 간판처럼 6미터 이상 떨어져 있는 고정된 물체를 20초 동안 본다.

20-20-20규칙은 '시각 인체공학' 전문가인 제프 안쉘Jeff Anshell 박사가 대중에 보급했다. 안쉘은 원인 불명의 시력 문제 때문에 내원한

단순한 생활이 안고 있는 문제는 즐겁고, 풍요롭고, 창의적일 수 있더라도 단순하지 않다는 것이다.─도리스 젠젠 롱에이커

많은 환자를 만나보고서 이 규칙을 고안했다. 환자들의 유일한 공통점은 장시간 컴퓨터를 사용한다는 사실이었다.

안쉘에 따르면 20-20-20규칙의 이론적 근거는 더 짧게 더 자주 휴식을 취하는 것이 근골격계 질환을 예방하는 데 효과가 있다는 연구결과였다. 안쉘은 해당 정보를 시각 체계에 적용했다.[160]

사람들에게는 대부분 20분이 효과적이지만, 모두 그런 것은 아니다. 자신에게 몇 분 간격이 가장 적합한지 시험해보아야 한다. 내 경우에는 20-20-20규칙이 가장 효과적이지만, 어떤 사람들에게는 30분이나 40분마다 휴식하는 것이 더 효과적일 수 있다. 이 밖에도 인기를 끄는 강력한 휴식 규칙을 몇 가지 살펴보자.

포모도로 기법

'포모도로 기법'이란 이름은 토마토 모양으로 생긴 주방용 타이머의 이름에서 따왔다. 이 기법에 따르면 우선 아무 방해도 받지 않은 상태에서 25분 동안 일한 뒤 5분 동안 쉰다. 다리를 뻗거나, 일어나서 물을 마시거나 화장실에 간다. 타이머가 다시 울리면 자리로 돌아온다. 네 번째 일어설 때는 좀 더 길게 휴식할 수 있어서 15분이나 그 이상 쉰다.[161] 나는 대학교에 다닐 때 부모님이 사준 학습 지침서인《의지가 있는 곳에 A학점이 있다There is a Will There is an A》를 읽으면서 이 기법을 처음 알았다. 책에서 강조한 내용 중에서 내 머릿속에 여전히 남아 있는 인상 깊은 구절이 있다. 분량을 작게 나눠서 공부하면 기억 유지 기간이 늘어나고 더 오래 공부할 수 있다는 내용이었다. 이 비결은 내 성적을 향상시키는 데 엄청 유용하게 작용했다. 도서관에서 공부하는 동안 항상 20분마다 쉬면서 음수대까지 걸어갔다. 휴식이 좀 더 많이 필요한 경우에는 근처 테이블까지 걸어갔다. 학교 다닐 때 누구나 그렇게 해봤겠지만 가끔 그곳에서 교과서를 베개 삼아 잠시 눈을 붙이기도 했다.

52/17

시간 관리 앱인 데스크타임DeskTime이 실시한 연구에 따르면 가장 생산적인 사람은 52분 동안 일하고서 17분 동안 휴식한다.[162]

이 방법에 담긴 성공 비결은 '100퍼센트 전력 질주 이론'이다. 다시 말해 무엇을 하든 완전히 집중하는 것이다.

데스크타임은 이렇게 설명한다. "52분 동안 일하면서 임무를 완성하고, 진전을 이루기 위해 전력 질주한다. 그런 다음 17분 동안 휴식할 때는 하고 있던 일에서 완전히 손을 떼고 철저하게 쉰다."

집중과 휴식

이것은 토니 슈워츠Tony Schwartz가《에너지 프로젝트Energy Project》에서 추천한 방법이다. 앞에 설명한 기법과 비슷하게 이 방법을 실천할 때는 기간을 정해서 교대로 작업에 집중하고pulse 휴식한다pause.[163]

집중과 휴식 방법을 사용할 때 작업 시간은 약 90분이다. 토니는 연구 결과를 이렇게 설명한다. "인간은 90분마다 완전 집중과 에너지 충만 단계에서 생리적인 피로 단계로 자연스럽게 이동한다. 몸은 휴식하고 재충전하라고 신호를 보내지만 우리는 커피, 에너지 드링크, 설탕 등을 섭취하며 무리하거나, 자신에게 있는 에너지 비축량을 고갈될 때까지 사용한다."[164]

이 책 전반에 걸쳐 내가 권고하는 방법들을 시험해보고 자신에게 맞는 방법을 찾아야 한다. 이 방법들의 공통점은 뇌를 전략적으로 쉬게 하는 것이다. 내게는 20-20-20규칙이 가장 잘 맞지만 사람마다 적합한 방법은 다를 수 있다.

'익명의 알코올중독자들'의 12단계

12단계 프로그램을 경험해본 사람이라면 이 방법이 알코올중독을 극복하는 데 기반을 두고 있다는 사실을 알 것이다. '익명의 알코올중독자들Alcoholics Anomymous, AA'의 12단계는 오래 사용되었고 성공을 거두었으므로 다른 다수의 프로그램에서 기본 규칙으로 활용하고 있다.

우리는 더욱 잘 집중하기 위해 이 프로그램들에서 특정 기술을 활용할 수 있다. 그중 한 가지 방법은 하지 말아야 할 일을 결정하는 데 유용하다. 따라서 이 책에서 제안한 '하지 말아야 할 일' 목록에 들어갈 사항을 결정할 때 유용하게 쓸 수 있다.

몇몇 연구를 통해 사람들이 스마트폰과 소셜 미디어에 중독될 수 있다는 사실이 입증되었다. 스마트폰이 옆에 없으면 불안을 느끼는 증세가 나타나는 것은 '중독' 말고는 달리 표현할 단어가 없다. 증세가 마약이나 알코올, 포르노에 중독될 때 만큼 심각하지는 않지만 여전히 해결해야 하는 중독이다.

'익명의 알코올중독자들'의 원조 12단계

1 우리는 술에 무기력했고, 자신의 삶을 감당할 수 없게 되었다고 시인했다.

2 우리는 자신보다 위대한 힘이 자신을 본래 정신으로 회복시켜줄 수 있다고 믿게 되었다.

3 우리는 스스로 이해한 신의 보살핌에 의지와 삶을 맡기기로 결정했다.

4 우리는 샅샅이 그리고 대담하게 자신에 대해 도덕적으로 성찰했다.

5 우리는 자신이 저지른 잘못의 정확한 본질을 신에게, 자신에게, 다른 사람에게 시인했다.

6 우리는 이 모든 성격 결함을 신이 없애주도록 완전히 마음을 준비했다.

7 우리는 자신의 단점을 없애달라고 신에게 겸손하게 간청했다.

8 우리는 자신이 해를 끼친 모든 사람의 명단을 작성하고, 그들에게 기꺼이 보상할 마음을 갖게 되었다.

9 우리는 직접 보상했을 때 오히려 마음을 다치게 하는 경우를 제외하고는 이 사람들에게 직접 보상했다.

10 우리는 개인적인 인격 목록을 지속적으로 작성하고, 잘못했을 때

즉시 시인했다.

11 우리는 기도와 명상을 통해 자신이 이해하는 신과 의식적으로 더 욱 깊이 만나려고 노력하면서, 우리를 향한 신의 뜻을 알고 그 뜻을 실천할 수 있는 힘을 달라고 기도했다.

12 우리는 이러한 단계를 밟은 결과로서 영적으로 각성했고, 이러한 메시지를 알코올중독 환자에게 전달하려 노력했으며, 모든 일상에서 실천하려고 노력한다.[165]

'익명의 알코올중독자'의 원조 12단계를 스마트폰 중독에 적용하기는 어려울 수 있다. 하지만 미국심리학회American Psychological Association가 12단계의 구성 요소를 요약한 문장을 읽으면 우리가 겪는 문제에 어떻게 적용할 수 있을지 좀 더 쉽게 파악할 수 있다.[166]

• 자신의 중독이나 강박을 통제할 수 없다는 사실을 인정한다.
• 자신에게 힘을 줄 수 있는 더 높은 존재를 인식한다.
• 스폰서(경험 있는 구성원)의 도움을 받아 과거의 잘못을 돌아본다.
• 이러한 잘못에 대해 보상한다.
• 새로운 행동 강령에 따라 새로운 삶을 사는 법을 배운다.
• 같은 중독이나 강박으로 고통받는 다른 사람들을 돕는다.

자신이나 사랑하는 사람에게 집중력이 부족한 이유가 전화, 소셜 미디어, 약물을 포함해 무언가에 지속적으로 중독되기 때문이라면 12단계 프로그램과 그룹에서 도움을 받을 수 있다.

나이가 들면서 성격이 변할까?

많은 사람이 새로운 집중 목표로 '새로운 나'를 만드는 것을 선택한다. 그러면서 다음 질문을 떠올리고 답을 곰곰이 생각한다. '타고난 성격은 절대 바뀌지 않을까, 아니면 시간이 지나며 바뀌고 성장할까?'

성격은 타고나며 평생 유지된다고 여러 세기 동안 여겨져 왔다. 표범은 반점을 바꿀 수 없다는 보편적인 격언도 이러한 믿음에서 나왔다.

지난 수십 년 동안 이러한 믿음은 도전을 받았다. 그래서 이제는 자신의 성격 특성을 의식적이고 의도적으로 바꿔서 더욱 나은 사람이 될 수 있는 힘이 개인에게 있다고 믿는 사람이 많다.

나는 물컵이 절반은 산소로 나머지 절반은 물로 가득 차 있다고 생각하는 부류의 사람이므로 긍정적인 변화가 언제든 일어날 수 있다고 확고하게 믿는다. 하지만 이러한 변화가 일어날 수 있다고 과학으로 입증할 수 있을까?

50년 이상 동안 축적된 데이터를 보면 '타고난 성격은 절대 바뀌지 않을까, 아니면 성장하면서 바뀔까?'라는 질문을 예리하게 꿰뚫어서 답을 찾아볼 수 있다.

연구를 살펴보면, 한 사람의 성격을 구성하는 몇 가지 요소는 세월이 지나도 유지되지만, 그 밖의 요소들은 의미 있는 방식으로 바뀔 수 있다. 한 연구는 고등학교 시절과 은퇴 시기 사이인 50년 동안 드러나는 사람들의 성격에 구체적으로 초점을 맞췄다.

이 시기 동안 일어나는 성격 변화는 대부분 긍정적이다. 휴스턴 대

소망하는 데도 계획할 때만큼 에너지가 필요하다. ─엘리너 루즈벨트Eleanor Roosevelt(미국 제32대 대통령 프랭클린 루즈벨트의 부인이자 사회운동가─옮긴이)

학교 심리학과 조교수이자 논문의 제1저자인 로디카 다미안Rodica Da-mian은 "평균적으로 모든 사람이 더욱 양심적이 되고, 정서적으로 안정되고, 우호적으로 바뀐다"라고 말했다. 배려심, 친화력, 정서적 안정 같은 성격 특성도 세월을 따라가며 지속된다.[167]

《심리학 및 노화 학회지Journal of Psychology and Aging》에 실린 한 연구에 따르면, 사람의 성격은 나이 들어가며 바뀐다. 평균 나이가 77세인 참가자들에게 10대 때 자신의 성격 특성에 점수를 매겨 개인 평가지에 기록하라는 과제를 주었다. 성격 변화는 서서히 나타나지만 긴 시간을 두고 보면 훨씬 쉽게 감지할 수 있다.[168]

연구자들은 참가자들의 10대 때와 현재의 성격 특성을 비교했을 때 안정성과 성실성을 제외하고는 주요한 유사점이 거의 없다는 사실을 발견했다. 마치 다른 인생 단계에 있는 별개의 두 사람인 것 같았다. 10대 때 자아와 77세 때 자아가 다른 것이다. "두 가지 성격 평가 사이의 시간 간격이 길수록, 둘의 관계는 약해지는 경향이 있다. 우리가 도출한 결과에 따르면 간격이 63년까지 늘어나는 경우에는 거의 관계가 없었다."[169]

따라서 몇 가지 연구를 살펴보더라도 성격은 나이를 먹으며 실제로 바뀐다. 때로 이러한 변화는 미미할 수 있지만, 시간 간격이 길면 매우 두드러지게 나타날 수 있다.

자동차 충돌 실험

1974년 로프터스Loftus와 파머Palmer는 어떻게 기억이 우리를 속이는

지 밝히기 위해 자동차 충돌 실험을 실시했다. 두 사람은 질문을 했을 때 목격자가 사건을 기억하는 방식에 어떻게 영향을 미칠 수 있는지에 특별히 관심을 두었다. 질문의 표현 방식만 바꾸어도 목격자의 기억이 바뀔 수 있을까?

첫 실험에서 참가자들에게 교통사고 영상을 보여주었다. 그런 다음 영상에 노출된 참가자들에게 충돌 상황을 묘사해달라고 요청했다.

"두 차가 (박살났을 때/충돌했을 때/박았을 때/쳤을 때/접촉했을 때) 각 차는 얼마나 빨리 달리고 있었나요?"를 포함해 구체적으로 질문했다. 질문할 때 사용한 동사에 따라 참가자들의 답변은 다양했다.

'박살나다smash'처럼 공격적인 단어로 질문을 받은 경우에 참가자들은 차의 속도가 더 빨랐다고 기억했다. '치다hit'처럼 상대적으로 가벼운 단어로 질문을 받은 경우에는 차의 속도가 더 느렸다고 기억했다.

실험의 결과를 살펴보면 질문할 때 사용한 단어가 참가자들의 인식과 기억에 영향을 미친다.

집중이라는 사명과 관련해 생각할 때 해당 실험에서는 단어가 중요하다는 오랜 격언이 사실이라고 입증된다. 혼잣말을 할 때뿐 아니라 남에게 말할 때도 단어가 정말 중요하다는 뜻이다. 혼잣말을 할 때 어떤 단어를 집중적으로 사용하는가? 이 단어들을 좀 더 긍정적인 방향으로 약간 수정하더라도 극적인 결과를 이끌어낼 수 있다. 스스로 정말 피하고 싶은 상황은 무엇인가? 혼잣말로 자신을 자책하는 데 유단자가 되는 것이다.[170, 171]

9월 요약

마음을 낭비하는 것은 끔찍한 일이다. 우리는 몸을 좋게 만들기 위해서는 종종 적극적으로 시간을 내지만, 마음을 좋게 만들기 위해서는 좀처럼 시간을 내지 않는다.

점수: C+

이번 달 내 점수는 C+였다. 하지만 전반적으로 부족한 분야였던 마음챙김을 상당히 향상시켰다. 마음챙김을 실천하는 데 더 많은 시간을 들이고 더 많이 연습할 필요가 있지만 이제 올바른 방향으로 향하고 있다.

주요 요점

1 의도적으로 아무것도 하지 않는 것이 최선일 때가 있다.

2 존재를 드러낸다. 자리를 지킨다.

3 상황을 바꾼다. 그러면 정신에 활력을 불어넣을 것이다.

10월

베풂에
집중하기

FOCUS PROJECT

많은 연구 결과를 보면, 남을 도울 때 기분이 좋아진다. 꼭 연구를 해보아야 이 사실을 알 수 있는 것은 아니다. 자원봉사는 내게 늘 활력을 준다. 하지만 정신없이 바쁜 일정을 소화하는 가운데 봉사할 시간을 찾기는 쉽지 않다. 이번 달부터는 봉사할 시간을 찾으려 하지 않고 스스로 봉사할 시간을 낼 것이다. 그래서 일요일마다 교회에서 봉사활동을 시작하기로 했다. 이미 봉사하고 있는 많은 사람들과 비교할 때 커다란 헌신은 아니지만 내게는 올바른 방향으로 나아가는 커다란 발걸음이다.

집중 강화 프로젝트를 실시하기 전에 정신없이 바쁘게 생활했을 때(솔직히 언제나 바빴다), 나는 자원봉사 시간을 제일 먼저 없앴다. 이것은 옳지 않은 행동이었고, 지금도 옳지 않기는 마찬가지다. '자원봉사를 하고 싶다'에서 '자원봉사를 해야 한다'로 돌아설 필요가 있다.

다음에 소개할 이야기는 자선활동이라는 주제에서 벗어난 듯 들릴 수 있지만, 이번 달에 내가 깨달은 교훈과 관계가 있다. 자선이나 자원봉사와 관련이 없는 활동에 잘 집중할 수 있었다면, 나중에 그날 이나 그 주에 자선활동에 더 많은 시간을 써야 한다는 것이다. 이 장에서 다루는 많은 연구와 이야기는 자신의 시간, 재산, 재능을 필요한 사람에게 줄 수 있는 능력을 갖추기 위해 시간을 더 아끼고 생산적으로 사용하는 방법을 소개한다.

누군가의 양동이를 채운다

일곱 살짜리 딸의 새해 결심은 매일 누군가의 양동이를 채우는 것이었다. 캐롤 맥클라우드Carol McCloud가 쓴《오늘 양동이를 채웠나요? 아이를 매일 행복으로 이끄는 길잡이Have You Filled a Bucket Today? : A Guide to Daily Happiness for Kids》를 읽고 결심했다고 했다.

이 책의 주제는 누구에게나 가득 채워야 하는 투명 양동이가 있다는 것이다. 우리는 친절한 행동을 해서 다른 사람의 양동이를 채울 수 있다. 반대로 누군가를 비방하거나 괴롭혀서 일시적으로 기분이 좋아지는 것처럼 자신을 속일 수 있을지 몰라도 이러한 행동은 다른 사람의 양동이에서 기쁨을 훔치는 것이다. 그 사람의 양동이에서 훔친 기쁨은 자신의 양동이에 넣을 수 없다. 사실 다른 사람을 괴롭히거나 비방하는 것을 포함한 부정적인 활동은 다른 사람의 양동이뿐 아니라 자신의 양동이도 고갈시킨다.

나는 딸들에게 오늘 무엇을 했는지 묻지 않기로 했다. 어떤 부모라도 이렇게 물으면 "별일 없었어요"라는 대답을 들을 것이 뻔하기 때

한 시간 동안 행복하고 싶으면 낮잠을 자라. 하루 동안 행복하고 싶으면 낚시를 하라. 1년 동안 행복하고 싶으면 재산을 상속받아라. 평생 행복하고 싶으면 다른 사람을 도와라. ─중국 속담

문이다. 그래서 이렇게 묻기 시작했다. "오늘 누구
의 양동이를 채웠니? 누구의 날을 더 행복하게 해
주었니? 오늘 누구를 미소 짓게 해주었니?" 이러한
질문을 하고 딸들의 대답을 기대하다 보니 내가 채
울 양동이를 찾기 시작하는 데 도움이 되었고, 내 양
동이를 채워준 사람에게 고마움을 느꼈다.

또 사소한 일에 화를 내는 상황을 피하는 데도 도움이 되었다. 생
각해보면 정말 사소한 일들이다. "내 아이가 먹을 햄버거에 치즈를
넣지 말라고 웨이터에게 세 번이나 말했어요. 그것 하나 제대로 못 하
다니 기가 막히네요!"

행동으로 실천하기보다 말하기가 더 쉽기는 하지만 이번 달에 나
는 화가 날 때 한숨을 돌리고 심호흡을 하면서 '나는 누구의 양동이를
채울 수 있을까?'라는 질문을 떠올리며 상황을 뒤집으려 노력한다.

내 이름을 말한다

다른 사람의 이름을 기억하는 것은 감사한 마음을 표현하는 훌륭한
방법이다. 불행히도 나는 다른 사람의 이름을 잘 기억하지 못한다. 그
래서 단점을 극복하기 위해 휴대전화에 특정 사람을 마주칠 가능성
이 가장 높은 장소(예를 들어 학교, 레스토랑, 농구 경기장, 직장 등)를 입력
했다. 이렇게 하면 세탁물을 찾으러 갔을 때 만난 사람이 '크리스틴'
이 아니라 '커스틴'이라는 것을 알 수 있다.

누군가를 소개받았을 때 좋은 인사법은 "처음 만나서 반갑습니다"

가 아니라 "만나게 되어 반갑습니다"라고 말하는 것이다. 그러면 몇 번 만난 적 있는 사람에게 결례를 범하는 난처한 상황을 피할 수 있다.

숫자 7을 뺀다

나는 학교 교육감이 가르쳐준 요령을 이 책을 편집하는 과정에서 사용했다. 그녀는 점수를 매길 때 숫자 7을 쓰면 안 된다고 알려주었다.

$$-1\cdot2\cdot3\cdot4\cdot5\cdot6\cdot\cancel{7}\cdot8\cdot9\cdot10-$$

나는 가족, 친구, 팬, 팀에게 이 책의 원고를 읽고 각 장에 1~10점까지 평점을 매겨달라고 부탁했다. 단 7점은 매길 수 없다는 조건을 달았다. 3점, 5점, 9점 등 어떤 평점도 매길 수 있지만 7점은 허용되지 않았다.

우리는 '알짜배기 내용'만 이 책에 싣고 싶었다. 그래서 평점이 8점 미만인 부분은 책에서 뺀다는 규칙을 정했다.

평점에서 7점을 빼는 방식은 우리 작업의 많은 부분을 평가하는 데 매우 실용적이다. 7점을 빼면 모든 것이 바뀐다. 평점을 매길 때 8점 아니면 6점을 주어야 한다. 8점은 꽤 좋은 점수지만, 6점은 간신히 통과하는 점수다. 그러므로 7점이라는 안전한 점수를 제거하면 전체 역학이 바뀐다. 사람들은 어려운 문제에 부딪히면 대부분 자연스럽게 안전을 선택하기 마련이다. 따라서 대부분 10점 만점에서 그저 안전하게 7점을 매긴다. 7점을 평점에서 배제하면 이러한 경우를 제거할 수 있다. 이 방법은 가족이나 팀원들이 내 원고의 평점을 매길 때 특히 유용했다.

당신은 다른 사람의 안부를 얼마나 자주 기계적으로 묻는가? 그때마다 사람들은 로봇처럼 "별일 없이 지내요" 혹은 "잘 지내요"라고 대답한다. 사실 기분이 우울할 때도 "잘 지내요"라고 대답하는 사람이 많다. 음식 맛을 묻는 웨이터에게 "좋아요"라고 대답하는 것과 비슷하다. 음식 맛이 완전히 엉망일 때조차도 음식에 독이 들어 있지 않는 한 대개 별생각 없이 "좋아요"라고 말한다.

경력을 추구하는 내내 나는 팀과 일하면서 기업들이 직원 평가를 연 단위로만 실시하는 것이 이상하다고 생각했다. 이것은 어리석은 짓이다. 나는 팀원을 연 단위가 아니라 일 단위로 살펴야 한다는 믿음을 갖고 있으므로 팀원과 가족에게 "얼마나 잘 지내나요? 1~10점으로 대답해보시겠어요?"라고 묻기 시작했다.

이런 방식으로 안부를 물으면서 두 가지 조건을 적용했다. 질문에 초점을 맞추면 대답에 집중하는 데 유용하다는 사실을 기억하라. 두 가지 조건은 이렇다.

1 7점이라고 말할 수 없다.
2 10점이라고 말해도 안 된다. 완벽한 사람은 없기 때문이다. 하지만 9.9점은 허용된다.

이 방법을 적절하게 실시할 수 있는 비결을 살펴보자. 사람들은 대부분 흔히 한 가지 실수를 범한다. 나도 처음에는 그랬으므로 당신이 이러한 실수를 하지 않도록 돕고 싶다.

나는 팀원들에게 일하기가 어떤지 1~10점으로 대답하라고 묻는다. 이론적으로 타당한 태도다. 우리가 직장에 몸담고 있으므로 일에 대해서만 이야기하자는 것이다. 특히 팀의 리더라면 사생활을 캐묻지 않고, 누구라도 불편한 감정을 느끼게 하지 않도록 주의해야 한다. 하지만 팀원들에게 가족, 건강, 일, 마음을 포함해 전반적으로 어떻게 지내는지 묻는 것이 중요하다. 이렇듯 폭넓게 안부를 묻는 방법은 인간적일 뿐 아니라 맥락을 제공해준다.

삶에 대해 묻는 법을 배우기 전에 나는 이렇게 대화했다.

나   새라, 잘 지내나요? 1~10점 중에서 몇 점인가요?
새라   8~9점 정도요.

'와우! 새라는 행복한 팀원이군.' 이제 하루나 한 주 뒤에 같은 질문을 할 것이다.

나   새라, 잘 지내나요? 1~10점 중에서 몇 점인가요?
새라   (한숨을 쉬며) 3점쯤이요.

맙소사! 경보가 울린다. 이번 주에 새라는 무엇 때문에 화가 났을까? 회사 때문인가? 기분이 3점이면 사표를 쓸지도 몰라! 새라는 팀에 워낙 필요한 인재인 데다가 모든 팀원이 새라의 긍정적인 태도를 좋아하는데 말이야. 대체 무엇이 새라의 기분을 꿀꿀하게 만들었을까? 나는 운명의 날을 맞이하는 여러 가지 각본을 머릿속에 떠올리며 기겁했다. … 나는 맥락을 모른다.

나는 새라가 키우는 개가 아픈지, 최근에 주식을 샀다가 돈을 잃었는지, 부모가 이혼하기로 결심했는지, 친구와 좋지 않게 헤어졌는지 알지 못한다. 맥락을 모르기 때문이다. 맥락을 파악하기 위해 새라에게 생활과 일에 대해 1~10점으로 점수를 매겨보라고 요청한다.

나	새라, 요즘 생활은 어때요? 1~10점 중에서 몇 점인가요?
새라	(한숨을 쉬며) 3점쯤이요.
나	일하는 것과 팀은 어때요?
새라	8점이요.

이제 맥락을 알았다. 일은 새라의 삶에 긍정적인 영향을 미치고 있다. 새라가 마음 편하게 터놓고 말할 수 있다면 어떤 고민을 하는지, 내 도움이 필요한지 이야기할 수 있다.

일과 삶의 조화를 이루는 것이 중요하다. 새라가 직장에서 자신의 최고 모습을 보일 수 없다면 가정에서도 최고 모습을 보일 수 없을 테고, 반대의 경우도 마찬가지다. 일과 삶은 서로 영향을 주고받는다. 기업이 직원의 전 가족을 초대하는 행사를 개최하는 것이 쓸데없다고 생각하는 사람도 있을 수 있다. 하지만 나는 매우 괜찮은 행사라고 생각한다. 직원의 삶에 일정한 역할을 담당하는 모든 사람을 행사에 참여시키지 않을 이유가 있을까? 자선활동은 단순히 지역 무료 급식소에 돈이나 시간을 기부하는 것만이 아니라, 자신이 사랑하는 사람들과 직장에 있는 사람들에게 관대한 것이다. 자신이 진심으로 마음을 쓰고 있다는 사실을 시간을 투자해 보여주는 것이다.

사람들은 당신이 마음을 쓴다는 사실을 알기 전까지 당신이 무엇을 아는지에 신경을 쓰지 않는다는 사실을 기억하라.

벤자민 프랭클린 효과:
부탁을 받으면 부탁한 사람을 더 좋아하게 된다

다른 사람에게 부탁할 때는 마음이 불안하거나 불편하기 마련이다. 자기 문제 때문에 다른 사람에게 부담을 줄까 봐 걱정하는 것이 인간의 본성이다. 또 부탁하면 상대방이 자신을 싫어할까 봐 겁을 낸다.

하지만 벤자민 프랭클린은 이렇게 생각하지 않고 정반대로 행동했다. 정치 경력을 쌓아가던 한 시점에서 프랭클린은 자신의 정책을 완강하게 반대하는 정치인을 같은 편으로 끌어들이는 임무를 맡았다.

이 특정 정치인은 매우 희귀한 책을 소장하고 있었다. 독서를 좋아하는 프랭클린은 이 정치인에게 책을 빌려달라고 부탁하는 편지를 썼다. 그 정치인은 그러자고 수락했고, 며칠 만에 책을 다 읽은 프랭클린은 감사하다는 쪽지를 써서 책을 돌려주었다. 이렇게 연락을 주고받고 나서 이 정치인은 프랭클린에게 눈에 띄게 너그러우면서 기꺼이 도와주려는 태도를 취했다. 종국에 두 사람은 평생 친구가 되었다.

프랭클린은 부탁을 받은 사람은 부탁한 사람을 더 좋아하게 된다고 강력하게 믿었다.[172] 하지만 정말 그럴까? 우리가 부탁하면 부탁받은 사람들이 실제로 우리를 더 좋아하게 될까?

프랭클린이 처음 발표한 지 거의 200년이 지난 1969년 두 심리학자인 존 제커Jon Jecker와 데이비드 랜디David Landy가 프랭클린 효과를 실험했다. 두 사람은 참가자들을 세 집단으로 나누었다. 실험자는 첫째 집단에게 자금이 거의 바닥났으므로 심리학과에서 지불한 연구비를 돌려줄 수 있겠느냐고 물었다. 둘째 집단에게는 자금이 거의 바닥났으므로 자신이 지불한 돈을 돌려줄 수 있겠느냐고 물었다. 셋째 집단에게는 돈을 갖게 했다. 연구 결과에 따르면, 참가자들이 실험자를 가장 좋아한 경우는 돈을 돌려줄 수 있는지 실험자가 직접 물었을 때였다. 한편 실험자를 가장 좋아하지 않은 참가자들은 돈을 가질 수 있도록 허용받은 집단이었다. 따라서 이 실험으로 프랭클린의 이론이 어느 정도 진실이라는 것이 입증되었다. 사람들은 개인적으로 부탁을 받았을 때 부탁한 사람을 더 좋아한다.

도쿄 호세이 대학교의 심리학자 유 니야Yu Niiya는 미국과 일본에서 비슷한 연구를 수행했다. 연구 참가자들은 부탁을 받았을 때, 부탁한 다른 참가자들을 더 좋아하게 되었다고 밝혔다. 하지만 실험자가 특정 참가자를 도와달라고 부탁했을 때는 그 참가자를 좋아하지 않았다. 바꿔 말하면 '중개자'가 나서서 다른 사람 대신 부탁하면 좋아하지 않는 것이다. 대개 사람들은 관대하게 행동하고 싶어 하고, 부탁하는 사람이 다른 사람을 내세워 부탁하는 것이 아니라 직접 부탁해주는 것에 더 호감을 느낀다.

이번 달에는 베풂에 초점을 맞추고 있지만, 베풂의 일부는 실제로 부탁하는 것이다. 부탁하여 상대방에게 자신의 일부를 내어주고, 관대하게 처신하고, 더불어 발생하는 긍정적인 감정을 모두 경험할 수 있게 하는 것이다.[173]

또 어떤 사람이 당신을 도와주겠다고 적극적으로 나설 때, 그들에게서 당신에게 호의를 베풀 기회를 빼앗지 마라. 그들은 당신을 도와주면서 스스로에게 좋은 감정을 느끼는 동시에 당신을 위해 무언가를 성취한다. 따라서 양쪽 모두에게 유리하다. 이 개념을 잘 수용하지 못하는 사람들이 많다. 자주 고집을 부리면서 알아서 하겠다고 말하거나, 도움의 손길을 받아들이지 않는다. 다른 사람들에게 짐을 지우고 싶어 하지 않는다. 하지만 생각을 바꿔보라. 당신에게 호의를 베풀 기회를 주는 것은 기분이 좋아지도록 상대방을 돕는 일이기도 하다!

그러므로 이번 달에는 당신을 돕겠다는 손길을 받아들여라. 또 도와달라고 부탁하면서 '평점에서 7점을 빼는' 개념을 시도해보자!

재정적인 측면에 집중한다

자체적으로 집중 강화 프로젝트를 시작하는 사람들은 대개 재정을 높은 순위에 둘 것이다. 빚에서 벗어나든 투자 포트폴리오를 다각화하든 재정 상태를 조정하고, 미래를 위한 계획을 세우려면 집중이 필요하다.

내가 집중 강화 프로젝트를 실시할 때 재정을 목록에 넣지 않은 이유는 프로젝트를 실시하기 몇 달 전에 문제를 바로잡기 위해 재정 상태를 철저하게 분석했기 때문이다. 많은 금융 서적을 읽고, 세계 일류 금융 전문가의 강연을 듣고, 그들을 인터뷰하고 나서 그 내용을 금융에 초점을 맞춰서 대략적으로 다음과 같이 요약했다.

1 당장 저축을 시작한다. 수입의 10퍼센트를 떼어 저축한다.

2 신용카드 빚을 지지 말고, 빚을 졌다면 가능한 한 빨리 갚는다.

3 주식 시장에 돈을 넣어두는 것은, 주식 시장에 뛰어들지 않고 적절한 투자 시기를 기다리는 것보다 위험하지 않다. 어느 누구도 시장의 시간에 맞출 수 없다.

4 개별 주식이 아닌 인덱스펀드에 투자한다. 장기적으로 볼 때 세계 최고의 프로라도 인덱스펀드보다 높은 실적을 낼 수 없다.

5 투자를 다각화한다(부동산, 주식, 다양한 인덱스펀드, 채권, CD 등).

6 정기적으로 돈이 들어오는 품목에 투자한다(임대 부동산, 배당금을 지불하는 인덱스펀드 등).

7 숨어 있는 관리 비용을 지불하지 않는다. 이러한 관리비는 시간이 지나며 누적된다.

8 행동을 절제하며 장기간 투자한다. 시간은 친구이고, 복리는 가장 친한 친구이다.

9 규칙 8번을 잊지 않는다.

더 많이 저축할 수 있으면 다른 사람에게 더 많이 줄 수 있다. 훌륭한 공식이다.

자선 활동에 시간을 투입하려면 시간을 낭비하지 않는 태도를 익혀야 한다. 일할 때는 특히 그렇다.

사무실에서 직원의 거의 50퍼센트는 15분만 일하고 나면 주의가 산만해지고,[174] 원래 하던 업무로 되돌아가는 데는 25분까지 걸린다.[175] 마이크로소프트연구소Microsoft Research Labs는 이메일처럼 방해 요소가 발생했을 때 직원이 다른 업무를 한 경우가 40퍼센트에 달한다고 밝혔다.

직원의 절반 이상은 방해에 부딪혀서 하루에 한 시간 이상 소비한다고 보고한다. 꾸준히 쌓이는 수신 이메일, 수다스러운 사무실 청소부, 피로감이나 스트레스 등 거의 무엇이든 집중력을 떨어뜨릴 수 있다.[176]

끊임없이 발생하는 방해가 어떤 결과를 낳는지 파악하기 위해《뉴욕타임스》는 카네기멜론 대학교와 연대하여 방해가 발생하는 순간 일어나는 뇌 손상 정도를 측정했다. 실험을 수행하기 위해 참가자들을 세 집단으로 나누고 과제를 부과했다. 참가자들은 과제를 수행하는 동안 다양한 수준의 방해를 겪었다.

편의상 세 집단을 다음과 같이 부르자.

1 집단 1: 평온 집단(평화롭고 아무 방해도 없다)
2 집단 2: 방해 집단
3 집단 3: 경계 집단(방해를 예상한다)

가난한 사람은 너무 적게 가진 사람이 아니라 더 많이 갈망하는 사람이다. ─세네카
(로마 제정시대 정치가이자 철학자─옮긴이)

평온 집단이 과제를 더욱 잘 수행할 것이고, 방해 집단과 경계 집단이 어려움을 겪으리라 예상할 것이다. 뜻밖의 예상이 아니다. 예상하지 못했던 점은 집단들이 겪는 어려움의 정도였다. 방해 집단은 평온 집단보다 실수를 20퍼센트 더 범했다. 이 사실은 어떤 의미가 있을까? 이것은 B학점을 받을 수 있는 학생을 낙제생(62퍼센트)으로 만든 셈이다. 집단이 원래 과제로 돌아갔을 때조차도 방해는 뇌 손상과 실수 발생률을 증가시킨다.

실험의 두 번째 과정은 대단히 흥미로웠다. 이번에는 경계 집단이 방해를 전혀 받지 않았다. 예상한 방해가 일어나지 않자 경계 집단은 성과를 44퍼센트 향상시키면서 평온 집단을 능가했다! 주의가 산만해지리라 예상하도록 자신을 훈련시키면 어떤 방해가 발생하지 않을 때조차도 대단히 유익할 수 있다.

또 많은 사람은 마감일이 정해져 있을 때 능력을 발휘한다. 실제로 마감일이 없으면 제 능력을 펼치지 못하는 사람이 많다. 가장 중요한 작업을 수행하기 위해 특정 시간대를 구획하는 또 하나의 이유는 의사결정과 생산성을 잠재적으로 향상시킬 수 있기 때문이다. 따라서 자신이 시도해보고 싶은 작업이라면 무엇에도 항상 마감일을 정해야 한다. 자신에게 마감일을 정해주기는 어렵다. 마감일을 정하는 순간 현실이 되기 때문인데, 이 점이야말로 마감일을 정하는 핵심이다.[177]

주의 산만에 따른 대가가 크기 때문에 일부 조직은 주의를 분산시키는 요소(예를 들어, 사내 이메일)를 제한하거나 완전히 금지하는 시스템을 실시한다. 애보트 배스큘라Abbott Vascular의 부사장인 제이미 제이콥스Jamey Jacobs는 이메일에 답장을 해야 하는 동시에 프로젝트를 수행하느라 불안에 시달린다고 직원 200명이 이구동성으로 털어놓았다고 했다.

이 문제에 대처하기 위해 제이콥스는 전화 통화를 권장했고, 그러자 프로젝트를 좀 더 신속하고 효율적으로 완수할 수 있었다.[178] 제이콥스가 적절하게 개입한 덕분에 팀은 간단하게 전화 한 통이면 충분한 경우에도 무조건 이메일이나 문자 메시지를 보내는 습관을 깰 수 있었다.

동료 직원, 인스턴트 메시지, 전화 통화 때문에 지속적으로 방해를 받는다면 시간대를 정해놓고 작은 회의실을 예약한 뒤에 노트북을 들고 들어가 일하라. 집에 있다면 방해를 피하기 위해 근처 카페에 가거나 공원에 가라. 통화를 하고 있지 않더라도 전화 통화용 이어폰을 꽂고 있어라. 그러면 방해받을 가능성이 줄어든다.

작가들은 최고의 작품을 지속적으로 쓰기 위해서는 집중이 중요하다는 사실을 여러 해에 걸쳐 경험해서 알고 있다. 그래서 주의를 분산시키는 요소가 없는 외딴곳을 종종 찾는다. 2년 동안 숲속에서 생활하면서 《월든Walden》을 쓴 데이비드 소로David Thoreau를 모두 따라 행동할 필요는 없지만, 특정 기간 동안 생활 방식을 그러한 방향으로 약간 움직여보는 것도 긍정적인 행보다.

작가와 마찬가지로 NFL과 미국 프로야구 메이저리그Major League Baseball, MLB는 전지훈련을 하기 위해 외딴곳을 찾는다. MLB 팀들은 작고 따뜻한 소도시에서 봄 훈련을 하고, NFL 팀들은 각자 소속된 도시 밖에 있는 작은 소도시에 몇 주 동안 머문다. 기업들은 종종 외딴곳이나 자연이 아름다운 장소에서 회의를 하거나 수련회를 연다. 삶을 단순화하기 위해 할 수 있는 것이라면 무엇이든 유용하다. 포드의 전 CEO인 앨런 뮤랄리Alan Mullaly에 관한 다음 이야기를 생각해보자.

주의 산만에는 외적 산만과 내적 산만이 있다. 외적 산만은 사무실에서 듣는 귀에 거슬리는 웃음소리, 창문 밖에서 나는 요란한 기차 소리, 잠시 들른 동료가 늘어놓는 수다 소리, 구내전화에 대고 승무원이 내보내는 웅얼거리는 안내 방송 등이다. 이처럼 감각을 건드리는 외적 요소가 주의를 분산시킨다고 흔히들 생각하지만, 주로 주의를 산만하게 만드는 요소는 실제로 내면에 있다.

내적 산만은 우리 마음속에서 끊임없이 들리는 감정적인 재잘거림이다. 만약 중요한 타인과 가벼운 말다툼을 하고 있다면 다른 것에 집중하기가 힘들다. 따라서 "화난 상태로 잠자리에 들지 마라"라는 격언이 있는 것이다. 제대로 휴식을 취하려면 어떤 논쟁이라도 해결하는 것이 최선이다. 그렇지 않으면 잠 못 이루는 긴 밤을 보낼 것이다. 왜 그럴까? 주의집중과 감정은 뇌의 같은 부위인 전두엽 피질에서 결정되기 때문이다.[179]

뇌는 스트레스를 해결하도록 설계되어 있으므로 우리는 스트레스를 없앨 수 있다. 하지만 스트레스를 해소할 때까지 뇌는 스트레스와 계속 씨름할 것이다.

데이비드 소로는 월든 호수로 탈출하면서 외적 산만을 뒤에 남겨둘 수 있었지만, 신체는 호숫가에 있더라도 내적 산만은 보스턴에 남겨둘 수 없다는 사실을 깨달았다. 하지만 외적 산만이 전혀 없었으므로 자신은 누구인지, 어떤 사람이 되고 싶은지를 고민하는 내적 갈등을 해소하는 데 더 많은 에너지를 쓸 수 있었다.

캘리포니아 대학교 산타 바바라 캠퍼스의 조나단 스쿨러Jonathan Schooler에 따르면 우리가 일상적인 과업을 수행할 때 정신은 총 시간의 30퍼센트 이상을 방황하고, 일부 경우에는 예를 들어, 뻥 뚫린 고속도로를 달릴 때는 방황하는 시간이 70퍼센트까지 늘어날 수 있다.[180]

아마도 최근에 운전하다가 주의가 산만해지는 바람에 30분 동안이 통째로 기억나지 않아서 무서웠던 적이 있었을 것이다.

정신이 방황할 때 누리는 이점이 몇 가지 있어서 때로 창의성과 문제 해결 능력을 증가시킨다. 뇌는 늘 100퍼센트 집중해서도 안 되고 또 그럴 수도 없다. 정신이 방황하는 것을 완전히 막는 것이 아니라, 주의 산만과 방해를 피할 수 있고 필요할 때 집중하는 것을 목표로 삼아야 한다.

운전 시 문자 발송은 음주보다 위험하다

운전하는 동안 문자를 보내는 행동에 대한 정보를 살펴보면 멀티태스킹의 어두운 면이 드러난다. 운전하는 동안 문자나 트윗을 하지 말라고 10대 자녀, 남편, 아내에게 애원하는 데도 그들이 습관을 버리지 않는가? 그렇다면《카 앤 드라이버 매거진Car & Driver Magazine》이 두 운전자의 반응시간을 관찰하고 내린 정신 번쩍 드는 결과를 보여주라.

《카 앤 드라이버 매거진》은 주의 깊은 운전자와 비교했을 때 시속 113킬로미터(초당 31미터)로 달리는 음주운전자가 위험에 반응해 브레이크를 밟기 시작할 때까지 2.4미터를 더 간다고 밝혔다. 이와 대조적으로 테스트 결과를 보면 문자를 보내는 운전자들은 위험에 반

응하고 브레이크를 밟기 시작할 때까지 12미터를 더 갔다. 중요한 사실은 문자를 보내는 운전자의 반응 속도가 음주운전자보다 다섯 배 느렸다는 것이다. 멀티태스킹을 하다가 자신의 차, 사업, 건강, 생명이 박살날 수 있다.

포드의 집중

나는 포드에 재직 중인 앨런 멀러리와 같은 강단에 서는 행운을 누렸다. 당시 나는 멀러리의 강연을 듣고 크게 감동받았다. 보잉에서 포드로 이직한 멀러리는 사내문화에서 몇 가지 예상하지 못한 문제를 감지했다. 일례로 임원용 주차장에 차를 세웠는데 포드 차가 단 한 대도 눈에 띄지 않았다! 여러 해에 걸쳐 포드가 인수한 브랜드인 랜드로버, 재규어, 애스턴마틴스는 세차, 왁스, 연마 처리를 받아 번쩍거리며 주차되어 있었는데도 그랬다. 그곳에서 멀러리는 변화가 오고 있다고 실감했다. 임원들이 보통 사람의 재력으로는 살 수 없는 다수의 고급 브랜드를 집중적으로 구입했다면, 포드가 자사 브랜드를 반전시킬 가능성은 전혀 없었다.

게다가 포드가 보유한 브랜드의 수가 많아서 시장에 혼선을 빚었다. 멀러리가 주장하듯 "아무도 자사 브랜드를 사지 않는다". 그 뒤 팀들은 포드 브랜드를 정비하고 빛을 내는 데 집중했다.

무엇을 하지 않을지 결정하는 것은 무엇을 할지 결정하는 것만큼 중요하다. 이것은 모두 집중에 관한 것이다. 이 책에서 앞서 언급했듯 하지 말아야 할 일의 목록이나 아직 하지 말아야 할 일의 목록이 해야 할 일의 목록을 결정한다.

멀러리는 전 세계 20만 명이 넘는 직원들을 포드 브랜드의 성장에 집중시켰다. 그러면서 이 혁신 전략에 '원 포드One Ford'라는 명칭을 붙였다. 포드의 단일 혁신 계획은 세 가지로 간단하게 요약할 수 있었다.

1 모든 포드 직원을 글로벌 팀으로 결집한다.
2 포드 특유의 자동차 지식과 자산을 활용한다.
3 소비자가 원하고 가치를 두는 자동차와 트럭을 만든다.

모든 직원에게 '원 포드' 전략을 상기시키기 위해 멀러리는 신용카드 크기만 한 플라스틱 카드를 배포했다. 카드의 한 면에는 "원 포드"라고 적었고, 다른 면에는 "하나의 팀, 하나의 계획, 하나의 목표"라고 적었다. 멀러리는 내용을 기억하지 못하는 직원들에게 주려고 여분의 원 포드 카드를 주머니에 넣고 다녔다. 우리는 디지털 시대에 살고 있지만 무언가를 상기하는 용도로 사용되는 물리적 물건은 여전히 효과적이고 유용하다(앞서 소개했던 빨간색 종이 클립을 기억해보라). 멀러리는 이렇게 믿었다. "각자 자신이 무엇에 진정으로 기여하고 있는지 알수록, 더욱 의욕과 열정을 품고 영감을 받는다."

교육과 연습

집중 강화 프로젝트 전반에 걸쳐 설명했듯 집중할 때는 내적으로든 외적으로든 집중을 방해하는 요소를 억제하는 것이 중요하다.

  신경과학자들은 다양한 색깔을 표현하는 단어들을 포함해 유명한 '스트룹stroop 테스트'를 실시한다. 해당 테스트에서는 일련의 단어들이 회색이나 검정색으로 인쇄되어 있다. 참가자들은 단어 자체를 읽지 말고, 단어의 색깔(회색이나 검정색)을 소리 내어 읽으라는 요청을 받는다. 뇌는 색깔을 식별하는 것보다 단어를 읽는 것이 훨씬 쉽다. 따라서 아래 제시한 예에서 뇌는 d번을 실제 색깔(단연코 검정색이다)이 아니라 '단어의 글자(회색)'로 읽으려는 강한 욕구를 느낀다.

  a. 검정색Black

  b. 회색Grey

  c. 검정색Black

  d. 회색Grey

검정색인 d를 '회색'이라고 읽지 않으려면 자동적인 반응을 억제해야 한다. 기술이 발전하면서 과학자들은 정교한 스캐너를 사용해서 인간의 뇌가 자연적인 반응을 뒤엎기 위해 활발하게 가동한다는 사실을 밝힐 수 있었다. 이러한 활동은 오른쪽과 왼쪽 관자놀이 뒤에 있는 좌측 복외측 전전두엽 피질ventrolateral prefrontal cortex, VLPFC에서 가장 많이 일어난다. 어떤 의미에서 우리는 '회색'이라는 뜻의 글자가 검정색이라는 것을 분명히 알 수 있는 데도 회색이라고 말하는 것을 피하지 못한다!

《일하는 뇌Your Brain at Work》의 저자인 데이비드 록David Rock은 자동차를 논할 때와 같은 방식으로 뇌를 논한다. 록은 자동차 은유를 사용해서 언어, 감정, 움직임, 기억과 관련한 다른 뇌 부위에는 다른 많은 '가속 페달'이 있다고 설명한다. 하지만 모든 유형의 제동에 사용되는 중앙 제동 시스템은 하나뿐이다. 따라서 뇌에는 가속 페달은 많지만 브레이크는 하나뿐이다.

자동차 제조사가 새로운 유형의 도로용 차량을 제조한다고 치자. 브레이크가 고장 나면 불행한 일이 발생하므로 브레이크 시스템을 가장 견고한 재료로 제작할 것이다. 하지만 뇌에서는 반대 현상이 일어난다. 뇌에 가동하는 브레이크 시스템은 뇌에서 가장 연약하고, 괴팍하고, 에너지에 굶주린 영역의 일부인 전두엽 피질이다. 따라서 뇌의 브레이크 시스템은 가끔만 최상의 상태로 가동한다. 자동차를 이런 식으로 만들었다가는 아마도 상점에 가려고 첫 운전 길을 나섰다가 결코 목숨을 부지하지 못할 것이다.

정보는 찻잔을 겨냥한 소방 호스처럼 뇌를 향해 쏟아진다. —스콧 애덤스Scott Adams(미국 만화가이자 공학기술자—옮긴이)

이러한 점을 고려할 때 다음 진술은 타당하다. 충동적인 행동을 하지 못하도록 자신을 가끔 저지할 수는 있지만 그렇게 쉽게 할 수 없을 때가 많다. 때로 짜증 나고 거슬리는 생각을 하지 않기가 매우 어려울 수 있다. 집중을 유지하는 것은 때로 완전히 불가능해 보인다.[181]

록의 자동차 비유를 좀 더 확대해보면 제대로 제동을 거는 비결은 문제 상황을 이해하는 것이다. 도로가 빙판인가? 날이 어두워지고 있는가? 브레이크가 불량한 자동차를 운전하는 비결은 이렇듯 운전하기 어려운 조건을 피하는 것이다.

마찬가지로 우리는 스스로 무엇을 하고 있는지 신경을 써야 한다. 자동차의 자동 제동 시스템과 마찬가지로, 끊임없이 멈춰 서서 자신에게 물어야 한다. '나는 10분 전에 하고 있던 일을 계속하고 있는가, 아니면 주의가 산만해졌는가? 해야 하는 일을 하고 있는가? 간추려 말해서 살아가면서 올바른 방향으로 향하고 있는지 확인하기 위해 정기적으로 브레이크를 밟아주어야 한다.

토마토 농부처럼 시간을 다룬다

토마토 농부가 농사를 잘 짓고 있는지 확인할 수 있는 기준 중 하나는 시간당 토마토 수확량이다. 더욱 생산적이고 효율적으로 수확할수록 판매할 수 있는 토마토가 많아진다.

하버드 대학교 경영대학원 박사과정 학생인 폴 그린Paul Green은 밭 820개를 대상으로 토마토를 수확하는 사람들을 연구하며 예상하지 못한 방해가 농부들에게 미친 영향을 시험했다.

농부는 다음 두 가지 이유 때문에 때때로 방해를 받았다.

1 트럭이 고장 나서 수리하는 것을 도와야 했다.

또는

2 빈 트럭이 도착할 때까지 기다려야 했다.

위의 두 방해는 생산성에 상당히 다른 영향을 미쳤다. 이러한 작업 중단이 생산성을 증가시켰다고 생각하는가, 감소시켰다고 생각하는가?

트럭을 고치고 나서 토마토를 수확하러 밭으로 돌아간 뒤에 농부의 생산성은 떨어졌다. 그린은 이러한 생산성 변화가 재집중에 따른 비용을 반영한다고 설명한다. "예상하지 못한 업무 관련 작업이 발생할 때는 정신적 초점을 다른 활동으로 옮기고 있다는 뜻이다. 이때 원래 하던 작업으로 돌아가기는 쉽지 않다. 원래 작업 흐름으로 돌아가야 할 때는 재시동 비용이 들고 시간이 더 걸린다."

둘째 집단은 예상하지 못하게 빈 트럭을 기다려야 하는 데서 발생하는 '재시동 비용'을 치르지 않았다. 대신에 작업을 중단하고 휴식한 이후에 생산성이 커졌다. 그들은 얼마나 오래 기다려야 할지 몰랐으므로 추가 활동을 시작하지 않았다. 이러한 중단은 평균 10분 동안 지속되었고, 평균 생산성 증가율은 휴식 직후에 12.81퍼센트를 기록했다. 그린은 이렇게 잠깐 휴식한 것을 '집중력을 잃지 않으면서 재충전할 수 있는 기회'로 간주한다.

사람들은 대부분 토마토를 수확하지 않는다. 오히려 하루 중 대부분의 시간 동안 화면을 응시하며 보낼 가능성이 크다. 그렇다면 토마토 농부의 비유는 우리와 어떤 관계가 있을까? 같은 연구자들이 사무실 노동자를 대상으로 비슷한 실험을 실시했지만, 결과는 비슷했다. 컴퓨터가 작동을 멈춰서(토마토를 실어 나를 트럭이 나타나지 않은 것처럼) 무작위로 방해를 받은 노동자들은 휴식을 취하고 나서 업무로 복귀한 직후에 정확성과 생산성이 15~20퍼센트까지 증가했다고 한다. 그린은 이러한 성공의 열쇠를 다음과 같이 설명한다. 사무실 노동자와 토마토 농부가 "초점을 바꾸지 않으면서, … 정신을 대기 상태로 유지했다. 우리의 신체와 정신은 아무 생각 없이 편안하게 휴식할 때 혜택을 누린다."[182]

일이 풀리지 않는 날이나 하지 못한 일이 쌓이지 않게 한다

마이클 패리시 두델Michael Parrish Dudell은 베스트셀러인 《샤크 탱크Shark Tank》 시리즈를 썼다. 이 시리즈는 상을 받은 텔레비전 프로그램에 출연한 기업가들의 성격을 파악하게 해준다. 책을 쓸 때 두델은 집필 작업을 마무리하기에 시간이 턱없이 부족했다. 일례로 책 한 권의 내용을 통합하고 정리하는 데 3개월의 시간밖에 없었다.

그렇게 짧은 시간에 훌륭한 내용을 쓸 수 있었던 비결을 말해달라는 내 요청에 두델은 이렇게 대답했다. "음, 먼저 글을 쓰고 있을 때는 정말 글만 씁니다. 가능한 한 오로지 글 쓰는 작업에만 몰두할 수 있는 환경을 조성하려고 노력하죠. 커피숍에 틀어박혀서 글을 쓰든, 모든 것에서 벗어나 집필에 집중하기 위해 플로리다에 있는 외딴곳으로 가든지 말입니다. 또 글을 쓰지 않았거나 글을 쓰는 것이 괴롭기만 한 날을 보냈다고 해서 우울해하지 않고, 이러한 날들이 계속되지 않게 합니다. 계속 추진력을 발휘할 수 있게 만들어야 하거든요. 하루에 단어 2,000개를 쓰겠다는 계획을 세웠다고 칩시다. 만약 그날 100개밖에 못 썼다면 다음 날 반드시 원래 궤도에 다시 들어서야 합니다. 그래서 저는 다음날 3,901개를 쓰죠. 단어 수를 두 배로 늘리고 단어 한 개를 더 쓰는 겁니다."

이것은 두델 같은 일류 성취자들에게서 공통으로 볼 수 있는 태도다. 어떤 목표를 세우든 그 목표를 달성하지 못하는 날이 있을 것이다. 이때 중요한 점은 다음 날 분투해서 통제권을 되찾는 것이다. 만약 하루에 턱걸이를 10개 하겠다는 목표를 세웠지만 예상하지 못하게 딸을 병원에 데려가야 한다면, 별것 아니라는 듯 중압감을 떨쳐버리고 다음 날 턱걸이를 10개씩 두 세트 실시한다. 이때는 손실이 누적되지 않게 하는 것이 중요하다. 하루나 이틀 턱걸이를 하지 못한 것은 큰일이 아니다. 자신을 너그럽게 봐주고 자신에게 기회를 주라. 하지만 운동을 하지 않고 6주를 흘려보낸다면 하루에 턱걸이를 140개씩 하거나, 하루에 단어를 2만 8,000개씩 쓰는 것이 아마도 현실적으로 가능하지 않을 것이다. 그렇게 해서 될 일이 아니다.

신체와 정신을 아이폰처럼 다룬다

나는 이 책에서 의지력과 자아고갈의 관계를 다루었다. 자신의 신체와 정신을 스마트폰처럼 생각하면 하루를 더욱 잘 항해할 수 있다. 우리는 밤에 스마트폰을 충전한다. 마찬가지로 수면을 통해 신체에 에너지를 충전한다. 잠에서 깼을 때 우리의 배터리는 완전히 충전되어 있다. 그리고 나서 우리는 자신이 직면한 모든 결정에 대해 생각한다. 이러한 결정들에 대해 생각하기만 해도 신체적으로도 정신적으로도 배터리가 고갈된다.

뇌는 우리 체중의 2퍼센트 미만을 차지하지만, 생각만 하더라도 하루에 약 320칼로리를 태운다.[183] 우리가 하루에 소비하는 에너지양의 약 20퍼센트를 생각하며 소비한다는 뜻이다.[184] 설거지처럼 일상적인 일이든, 다른 나라 언어를 배우는 것처럼 복잡한 일이든, 우리가 생각하고 행동할 때 뇌는 상당량의 에너지를 소비하면서 배터리를 고갈시킨다. 20분 동안 짧고 굵게 낮잠을 자거나, 자연을 접하거나, 신선한 공기를 쐬거나, 명상하거나, 운동을 하는 등 하루 동안 재충전할 수 있는 방법을 떠올려보라. 이렇듯 재충전하는 연습을 해야 하지만, 애초에 배터리를 불필요하게 소모하지 않는 것도 마찬가지로 중요하다. 무엇을 입을지, 아침 식사로 무엇을 먹을지, 어디에 주차할지 등 매일 자지레한 결정을 하느라 뇌의 배터리를 소모하지 말아야 한다. 이러한 자지레한 일들이 자동적으로 돌아갈 수 있도록 시스템을 갖춰야 한다.

부정적인 생각은 뇌의 배터리를 강력하게 고갈시켜 생각하고, 추론하고, 기억을 형성하는 능력을 감소시킨다.[185] 긍정적으로 생각하고 질투, 비관, 스트레스, 걱정 같은 부정적인 생각을 피하는 것은 뇌의 배터리 수명을 연장시킬 수 있는 방법이다.

적극적으로 실행하지 않는 목표를 '할 일 목록'에 그대로 놔두는 것도 배터리를 고갈시키는 데 한몫할 수 있다. 다시 말하지만 전화를 사용하는 방식으로 뇌에 대해 생각할 필요가 있다. 사용하지 않는 앱은 삭제해야 한다. 차를 몰고 나갔다가 한 시간 뒤에 가방에서 휴대전화를 꺼냈는데 배터리가 완전히 나갔던 경험을 한 적이 있는가? 어찌 된 일일까? 목적지에 도착한 지 한참이 지났는데도 실수로 내비게이션 앱을 계속 켜놓았던 것이다. 심지어 앱을 사용하지도 않았는데 배터리가 다 닳아버렸다.

뇌는 전화기와 같다. 문제에 개입하든지 아니면 꺼버려야 한다. 중요하지만 다루지 않은 세부 사항들이 우리 눈에 띄지 않는 곳에서 뇌의 배터리를 고갈시키도록 내버려두면 안 된다.

두터운 우정

나는 샌프란시스코행 비행기에 올라 좌석에 앉았다. 내가 운영하는 애니메이션 스튜디오가 디즈니의 의뢰를 받아서 작품을 제작하고 있었으므로, 나는 프로젝트 막바지에 휴대전화를 사용해 창의적인 방향을 지시하느라 정신이 없었다. 비행기가 이륙하고 휴대전화를 내려놓자 누군가가 내 팔을 잡았다. 통로 건너편에 내 가장 친한 친구 중 한 명이 앉아 있었다.

우리는 점심 식사를 함께하려고 몇 주 동안 시간을 맞춰보았지만 둘 다 출장 일정이 워낙 빽빽하게 차 있어서 시간을 낼 수 없었다. 우리는 비행기를 타고 한참 지나서야 서로 알아보았다는 사실을 깨닫고 허탈하게 웃었다.

비행기에서 해야 할 일이 많았지만 모두 내려놓고, 비행하는 두 시간 동안 잡담하고 차를 타고 시내까지 함께 갔다. 이것은 그 주에 가장 좋았던 경험이었다. 일과 관련된 어떤 일보다도 우정이 중요했다.

통로를 사이에 두고 나란히 앉아 있었는데도 서로 끝까지 알아보지 못했다면 얼마나 부끄러운 일인가!

스트레스를 공격해서 줄인다

아마존의 설립자인 제프 베조스는 시간을 쏟을 만한 가치가 있다고 생각하는 과업을 수행하기 위해서는 관련 스트레스를 정면으로 공격해야 한다고 말한다. 해야 한다고 생각하는데 하지 않고 있는 프로젝트나 과업 때문에 스트레스를 받는 경우가 많다. 열심히 일하는 것은 스트레스를 일으키지 않는다고 베조스는 설명한다. 실제로 스트레스를 일으키는 문제를 해결하기 위해 열심히 일하다 보면 스트레스를 유발하는 항목을 해결할 수 있는 경우가 많다.

또 성인에게 스트레스는 두려움을 뜻한다는 사실을 기억하자. 스쿠버 다이빙 강사들이 학생들에게 전달하는 내용을 받아들이자. 두려움FEAR은 '진짜처럼 보이는 가짜 징후False Evidence Appearing Real'에 불과하다.

우리에게는 집중에서 벗어나 휴식을 취할 자격이 있다

맥도날드 형제가 처음 레스토랑 사업을 시작했을 때는 구식 드라이브인 레스토랑에서 27개의 메뉴를 판매했다. 스피커를 장착하고 롤러스케이트를 탄 웨이트리스들이 차 안에 편안하게 앉아 있는 고객에게 주문을 받았다. 하지만 형제는 주문의 87퍼센트가 햄버거, 감자튀김, 청량음료에 몰려 있다는 사실을 곧 깨달았다.

형제는 더욱 단순한 사업 모델로 거듭나기 위해 고수익 사업을 접었다. 우선 메뉴를 햄버거, 감자튀김, 청량음료로 대폭 줄여서 사업에 전력질주했다. 그들은 브레인스토밍을 하기 위해 빈 테니스장을 빌려서 대대적으로 재설계한 주방을 배치하고, 직원에게 햄버거와 감자튀김을 만드는 모의 연습을 시켰다. 음식 만드는 공정의 흐름을 정확하게 파악할 때까지 분필을 사용해 주방을 그리고 수정했다. 이제 고객은 차 안에 앉아 있는 동안 롤러스케이트를 탄 웨이트리스들에게 주문하지 않고, 매장에 직접 걸어 들어가 주문한다.

이렇게 재창조된 사업의 기본 요소는 '단순화'와 '속도'다.

형제는 성대하게 개업식을 했지만, 손님이 아니라 파리 떼만 몰려들었다. 실망감에 빠져 하루를 보낸 형제는 가게 문을 닫을 준비를 하고 있었다. 이때 한 아이가 들어와 햄버거를 주문했고, 뒤이어 손님들이 들어왔다. 그 뒤 펼쳐진 상황은 모두 알고 있는 대로다. 맥도날드가 지금까지 판매한 햄버거 개수는 3,000억 개에 이르는 것으로 추산된다.

열쇠 하나

96세인 내 할아버지는 프린스턴 대학교를 졸업하고, 2차 세계대전 동안 해군에 복무하고, 화학자의 길을 걸으며 '스트로의 시그니처 맥주Stroh's Signature Beer'의 제조 공식을 만들었다. 또 흥미진진한 사람들을 주위에 많이 두었다. 할아버지와 대화하는 동안 내가 모르는 사람이 합석했다. 나는 그 사람에게 행복한 삶을 사는 열쇠가 무엇이라고 생각하는지 물었다. "자네가 이미 말한 대로 '열쇠'라네." 그는 집 열쇠를 꺼내 보이며 대답했다.

"나는 이 열쇠를 갖기 위해 평생 매우 열심히 일했다네. 자네도 알고 있듯 열쇠를 많이 가질수록 자신을 짓누르는 것들이 많아지고 결국은 지배를 당할 수 있지. 집, 보트, 자동차 등 열쇠를 많이 가져야 성공한 사람처럼 보인다고 생각할지 모르지만… 나는 정반대라고 생각한다네. 세상에서 가장 힘든 일 중의 하나이기는 하지만, 하나의 열쇠를 소유할 수 있으면 틀림없이 행복하리라는 말을 해주고 싶군."

이러한 유형의 단순함은 사업에서도 강력한 효과를 발휘한다. 내가 매우 성공적인 인터넷 기업인 트래블주Travelzoo에서 마케팅 담당자로 일할 때였다. 한 신입사원이 회의에 들어와서 회사의 이메일 뉴스레터에 대한 아이디어 몇 가지를 제시했다. 당시 자사 이메일 구독자 수는 3,000만 명이 넘었다. 회의에서 그 신입사원은 이미지와 영상을 더 추가해 뉴스레터를 더욱 탄탄하고 세련되게 꾸며야 한다고 단호하게 주장했다.

회의 참석자들이 그 제안에 대해 곰곰이 생각하는 동안 회의실에

침묵이 흘렀다. 그때 설립자이자 CEO가 말문을 열었다.

"지금처럼 단순한 형태로 뉴스레터를 만드느라 여러 해 동안 들인 노력과 땀을 어째서 버리고 싶어 하나요? 당신이 제안하는 복잡성을 도입해 독자에게 부담을 안기고 싶지 않아요."

불편함에 발을 들여놓다

낯선 사람을 돕든, 회사를 재창조하든, 자신의 이미지를 새로 구축하든 우리는 불편함에 발을 들여놓는 법을 배워야 한다.

카토Cato로 더 잘 알려진 후대 마르쿠스 포르키우스 카토Marcus Porcius Cato the Younger는 스토아주의를 주류로 끌어들인 로마 원로원 의원이었다. 카토는 "고결함은 행복을 달성하기에 충분한 조건"이므로 현자는 감정적으로 불행을 잘 극복하리라고 강조했다. 율리우스 카이사르는 이렇게 주장하는 카토를 죽이고 싶어 했다. 하지만 조지 워싱턴, 단테, 벤자민 프랭클린, 마르쿠스 아우렐리우스 황제 등 많은 사람이 카토를 숭배했고, 미국의 헌법 제정자들은 카토를 독재에 저항한 상징적 인물로 받들었다.

스토아 철학에 입각해 카토가 실천한 한 가지 방법은 우리의 집중 욕구를 채우는 데 특히 유용할 수 있다. 카토는 당시 유행하던 보라색이 아니라 검은색처럼 인기가 없는 색의 옷을 입었다. 또 당시에 극도로 금기시되었는데도 아랑곳하지 않고 자주 샌들을 신지 않은 채 집을 나섰다. 심지어 겉옷을 걸치지 않고 시내를 활보하기까지 해서 사람들의 눈길을 끌었다. 그렇다면 카토는 뭇 사람들의 관심을 받으려는 자아도취형 인간이었을까? 전혀 그렇지 않았다. 카토는 그런 방식으로 자신을 훈련시켰던 것이다. 처음에는 사람들이 좀처럼 입지 않는 옷을 입자니 부끄러웠을 것이다. 하지만 이러한 훈련을 하면서 시간이 흐르자 부끄러워해야 마땅한 것만을 부끄러워하고, 다른 종류의 온갖 불명예 행위를 경멸하는 법을 배웠다. 달리 말하면 진짜 중요한 사항에만 집중하고, 의미 없는 문제는 걱정하지 않는 법을 배웠다.

나는 여러 해 동안 밝은 녹색 테의 안경을 쓰고 있다. 밝은 녹색 테 안경을 쓴 모습이 우스꽝스러워 보인다고 생각하는 사람도 있는 반면에 좋아하는 사람도 있다. 나도 처음에는 카토처럼 창피하고, 스스로 우스꽝스럽다고 느꼈다. 하지만 날이 지나고 달이 지나자 카토가 수 세기 전에 배웠던 교훈 뒤에 숨은 지혜를 깨닫기 시작했다. 불편함에 발을 들여놓는 법을 배우면 다른 모든 것이 더욱 편안해진다. 나도 밝은 녹색 테 안경을 쓰면서 무엇이 중요하고 무엇이 중요하지 않은지 판단하고 중요한 것에 초점을 맞추는 법을 배웠다. 공항에 있는 낯선 사람이 녹색 안경을 쓰고 있는 내 모습을 보고 우스꽝스럽다고 생각한들 무슨 상관인가? 상관없다. 이러한 자지레한 일들은 중요하지 않다. 녹색 안경을 쓰면서 나는 자기 삶에서 중요한 영역에만 집중하라는 교훈을 배웠다.

당신도 직접 시도해보라. 동네 카페에 들어가 주문을 하기 전에 10퍼센트 할인을 받을 수 있는지, 중간 컵 가격을 지불하고 큰 컵에 커피를 받을 수 있을지 물어보라.

고대 철학자들이 깨달았듯 강제로 안전지대에서 벗어나는 행동을 하면 종종 깨달음의 순간을 경험할 수 있다. 자지레한 일에 진땀을 빼지 않도록 자신을 훈련할 수 있다.

자신에게 더 이상 거짓말하지 않는다

지금이 1959년이고 당신이 스탠퍼드 대학교 연구 프로젝트에 참여하고 있는 학생이라고 상상해보자. 실이 없는 실패를 상자 안에서 이리저리 움직이고, 그런 다음에 구멍 뚫린 판에서 나무 막대를 이리저리 움직이라는 지시를 받는다. 지시에 따르다 보면, 차라리 풀이 자라는 광경을 지켜보는 편이 더 흥미로울 수 있다고 생각할 정도로 지루하다.

과제를 마치고 나자 실험자가 고맙다고 말하면서, 앞서 참가한 사람들이 해당 과제를 매우 흥미진진하고 자극적이라 느꼈다고 전했다. 당신은 어떻게 앞선 참가자들이 이 과제를 흥미진진하다고 느낄 수 있는지 의아해하면서도 그냥 흘려듣는다.

실험자는 당황한 표정을 지으며 과제가 그다지 흥미롭지 않았다면 유감이라고 재빨리 말한다. 그러면서 자신의 동료가 아직 도착하지 않았으므로 다음 집단을 실험할 때 도와줄 수 있겠느냐고 당신에게 부탁한다. 집단이 수행할 과제가 얼마나 흥미진진할지 몇 분만 시간을 내서 설명해달라고 한다.

다음 집단도 실패와 나무 막대를 이리저리 옮길 것이다. 실험자는 실험을 도와주면 당시 화폐 가치로 맛있는 점심 한 끼를 사 먹을 수 있는 1달러를 주겠다고 말한다. 또 앞으로 유료 실험이 생기면 참가할 수 있는 기회를 주도록 고려하겠다고 한다. 당신은 이 말을 듣고

집중은 무엇을 잘할 수 없을지 결정하는 것이다.

속으로 쾌재를 부른다.

참가자 한 명이 방으로 걸어 들어오자 당신은 참가자가 앞으로 수행할 과제가 흥미진진하리라고 설명한다. 참가자가 실험을 수행하려고 방을 나서자 당신이 참가자에게 기대를 안겨준 것에 대해 약간 죄책감을 느낀다. 하지만 '출구 면접'을 보기 위해 실험자를 따라 다른 방으로 가야 하므로 생각할 시간이 많지 않다.

다음 방에 들어가자 당신이 수행한 과제에 대해 질문을 받는다. 과제가 얼마나 흥미진진한지 묻는 질문도 있다. "풀이 자라는 광경을 지켜보는 편이 더 나을 뻔했어요"라고 불쑥 말하지 않고 돌이켜 생각해보니 과제가 그다지 나쁘지 않았던 것 같다는 생각이 든다. 실패의 움직임이 꽤 괜찮았고, 나무 막대를 다른 순서로 배열하는 것이 약간 재밌기도 했다. 게다가 실험의 취지는 과학과 인류에 이익을 안기기 위한 것이었다. 엄청나게 흥미진진하다고 평가할 순 없지만 그럭저럭 재밌었다고 평가하기로 마음먹는다.

나중에 같은 실험에 참가했던 친구를 만나 이야기를 나누었다. 흥미롭게도 둘은 같은 경험을 했다. 하지만 친구는 1달러가 아니라 20달러를 받았다! 당신은 깜짝 놀라며 친구에게 어떤 과제를 수행했는지 묻고 나서 자신과 같은 과제였다는 사실을 알게 된다. 게다가 친구는 "정말 지루해도 너무 지루했어"라고 언급한다.

이내 당신은 어느 결에 과제가 그 정도로 지루하지 않았고, 실제로 흥미진진한 부분도 있었다고 말하는 자신의 모습을 깨닫고 깜짝 놀란다.

대체 무슨 영문일까? 인지부조화로 불리는 정신적 갈등이 일어나고 있는 것이다. 인지부조화를 다루는 연구의 초점은 두 가지 반대 생각 즉 상반되는 생각을 다루는 방법을 학습하는 데 있다.

이 사례에서 당신이 다음 참가자에게 실험이 흥미진진하다고 말하는 대가로 1달러를 받았다면 마음이 혼란스러울 것이다. 돈이 좋기는 하지만 거짓말을 정당화할 만큼 좋은 것은 아니다. 하지만 당신은 다른 사람에게, 특히 동료 학생에게 거짓말할 사람이 아니다. 따라서 마음은 실제로 실험이 전혀 따분하지 않았다고 생각하는 방향으로 갈등을 해소한다.

반면에 20달러를 받은 동료 학생은 자기 생각 때문에 그다지 부대낄 필요가 없다. 1959년 당시 학생에게 큰 금액인 20달러를 거짓말하는 대가로 받았기 때문이다. 그 학생은 자신의 거짓말이 연구와 실험에 기여했을 뿐 아니라 자신이 돈 값어치를 했다고 정당화한다. 그 학생에게 과제는 연구자가 어떻게 말했든 상관없이 따분하다.[186]

1959년 이후 인지부조화에 대한 비슷한 연구가 실시되면서, 상반되는 생각, 신념, 가치를 동반할 때 느끼는 심리적 스트레스를 이해하는 데 유용하게 작용했다. 모턴 헌트Morton Hunt가《심리학 이야기The Story of Psychology》에서 제시한 몇 가지 결론을 살펴보자.

1 집단에 가입하는 것이 힘들수록 구성원 자격을 더욱 귀하게 생각할 것이다. 클럽이 기껏해야 평균 수준이라 하더라도 일단 가입하고 나면 대단한 곳이라고 자신을 납득시킨다.
2 우리는 선택적으로 주의를 기울인다. 현재 신념을 지지하는 정보를 찾는다. 정치 선거 기간 동안 중립에 있지 않은 사람들을 설득하

기 어려운 것도 바로 이 때문이다. 양 끝에 있는 사람들과 달리 개념에 개방적이기 때문에 중립에 있는 사람들에게 정치인들이 선거 자금을 모두 쏟아붓는 것이다.

3 자신의 행동이 비도덕적일 때조차 자신의 행동이 기존 가치를 거스르면 행동을 고치는 것이 아니라 자신의 가치 체계를 조정할 것이다. 만약 영화관에서 일하면서 아무도 보지 않을 때 팝콘을 먹는다고 치자. 그러면서 여기서 일하는 모든 직원이 그렇게 하고 있다거나, 자신이 급여를 적게 받고 있으므로 가끔 팝콘을 먹는 것은 내가 받아야 하는 보상의 일종이라거나, 빨리 먹어치우지 않으면 팝콘이 상해서 버려야 한다고 말함으로써 자신의 행동을 정당화한다. 내가 고등학생 시절에 영화관에서 일할 때도 그랬다!

자신의 소원과 목표에 초점을 맞출 때는 절대 자신의 거짓말을 믿지 말아야 한다. 또 자신이 매일 반복하는 인지부조화를 인식해야 한다. 가장 두드러진 형태의 인지부조화는 다음과 같다.

- "내일 시작할 거야."
- "오늘 아침에는 너무 피곤해서 헬스장에 못 갔어. 하지만 내일은 틀림없이 갈 거야."
- "오늘은 예상하지 못했던 일이 정말 많이 일어났어. 하지만 내일은 좀 더 수월하겠지."
- "오늘 각본으로 단어 200개를 쓰기로 했는데 아직 영감이 떠오르지 않아. 내일 컨디션이 좋으면 단어 400개를 쉽게 쓸 수 있을 거야."

이렇게 말하면서 종종 자신을 속인다. 현실을 직시하라. 늦잠을 자거나 초콜릿을 먹으면 달콤하다. 해야 하는 일에 집중하는 것이 때로 괴롭기 때문에 우리는 자신에게 거짓말을 한다.

물론 누구에게나 일진이 사나운 날은 있기 마련이다. 사랑하는 사람이 죽고, 전염병이 돌아서 강제로 격리 당하고, 한밤중에 아이가 아프면 병원에 데려가야 하고, 사고가 나서 교통이 마비되는 것처럼 살다 보면 크고 작은 사건이 일어난다. 하지만 집중을 하면 주요 관심사에 시간을 전혀 쏟을 수 없는 날은 없다. 집중은 우선순위를 정하는 것이라는 사실을 기억하라. 내가 이 책을 쓰기 위해 인터뷰한 많은 사람은 자신에게 가장 쉬운 집중 방법은 아침에 일어나자마자 다른 일들 때문에 주의가 산만해지기 전에 30분을 내서 자신의 목표 영역에 집중하는 것이라고 말했다.

한 젊은 여성은 이렇게 말했다. "개인적인 상황에 대처하면서도 여전히 내 목표에 집중하는 것이 괜찮다고 나를 다독일 필요가 있었습니다. 어리석은 말처럼 들리지만 이따금 우리는 살아가면서 역경에 부딪치더라도 목표를 향해 계속 나아갈 수 있다고 자신을 다독여야 합니다."

당신은 옳은 대상에 집중하고 있는가?

집중하는 것과 적절하게 집중하는 것은 별개의 문제다. 할머니보다 두 배로 빠르지만 잘못된 방향으로 뛰는 것과 비슷하다. 이 경주에서 누가 이기리라 생각하는가?

원하는 것을 얻도록 사람들을 도우면 당신이 원하는 것을 얻을 것이다.

두 형제에 얽힌 이야기가 있다. 형은 술을 지나치게 많이 마셨고 이내 마약에도 중독되었다. 술에 취하면 가족에게 자주 손찌검을 했다. 동생은 사업에 성공했고, 사회에서 존경을 받았으며 멋진 가족을 꾸렸다.

같은 부모에게서 태어나 같은 환경에서 성장한 형제가 어떻게 이토록 다를 수 있을까? 형에게 물었다. "당신은 어떻게 이런 행동을 하게 되었나요? 마약 의존증인 데다가 술주정뱅이인 데다가 가족을 구타하지 않습니까? 무엇이 이러한 행동을 촉발하나요?" 형은 이렇게 대답했다. "아버지요. 아버지는 마약 의존증이고 술주정뱅이였어요. 게다가 가족을 때렸죠. 이런 환경에서 내가 어떤 사람이 될 수 있었겠어요? 그것이 바로 내 모습인 걸요." 동생에게도 똑같이 물었다. "당신은 어떻게 옳은 행동만 하게 되었나요? 어디에서 동기를 부여받나요?" 동생의 대답도 같았다. "아버지요."

"내가 어렸을 때 아버지가 술에 취해 온갖 나쁜 행동을 하는 광경을 자주 보았어요. 그래서 아버지 같은 사람이 되지 말자고 결심했죠. 아버지와 정반대되는 사람이 되겠다고 말입니다."

형제는 똑같이 아버지에게서 힘과 동기를 얻었지만, 형은 이것을 부정적으로 사용하는 데 초점을 맞춘 반면, 동생은 긍정적으로 사용하는 데 초점을 맞췄다. 그렇다면 당신은 어느 쪽에 집중할 것인가? 당신 주변에는 긍정적인 요소에 집중하도록 당신이 도울 수 있는 사람이 있는가?

초콜릿 퐁뒤 초밥을 피한다

나는 체이스, 까르띠에, 디즈니 등의 기업에서 의뢰를 받아 이야기와 영화를 3D와 4D로 제작하는 작은 애니메이션 스튜디오를 운영하는 축복을 받았다. 운이 좋아서 협력 기업들과 훌륭한 관계를 형성할 수 있었지만 항상 그랬던 것은 아니다. 우리는 일찍 실패를 맛보았기 때문에 현재 좋은 위치에 올라설 수 있었다.

첫 고객사 중 한 군데에서 영업사원이 영업 기회를 위해 유용하게 사용할 수 있는 2분짜리 영화를 제작해달라고 의뢰했던 기억이 난다. 고객사는 우리가 제안한 첫 계획서에 만족해하면서 '사소한' 수정을 해주면 좋겠다고 했다. 하지만 이 사소한 수정은 점차 확대되어 더 많은 수정으로 이어졌다.

수정 과정에서 고객사는 후속 버전이 나올 때마다 자신들이 좋아하는 요소를 계속 가져가서 프랑켄슈타인을 만들 듯 뒤죽박죽 꿰매기 시작했다. 우리는 이것이 좋은 영화를 만들기에 바람직한 과정이 아니라고 계속 경고했다. 특히 여기저기에서 조금씩 떼어내고 더하면 결과물은 형편 없을 터였다. 이것은 주방에서 "자, 나는 초콜릿 퐁뒤를 좋아하고 초밥도 좋아하니까, 초콜릿 퐁뒤 초밥을 만들어보자!"라고 말하는 것과 같다. 전혀 좋은 생각이 아니다.

우리는 막 사업을 시작했고 그들은 첫 고객사 중 하나였다. 따라서 어떻게 해서든 고객사를 만족시키고 싶었다. 그래서 어떻게 할지 사내에서 논쟁을 벌였고 결국 다음과 같이 결정했다. "어차피 고객사가 자신들의 돈을 쓰는 것이잖아요? 그들이 원하는 방식대로 해줍시다."

모두 선택하는 것은 전부 선택하지 않는 것과 같다.

382

우리가 이 접근 방식에 동의하지 않을 수 있을 뿐 아니라 계속해서 우려를 나타내겠지만 어쨌거나 "고객사의 요구사항을 구체적으로 실현해서 만족을 안겨줍시다"라는 결론을 내렸다. 시간이 지나고 돌아보니 우리는 고객사의 요구사항을 모두 수용함으로써 고객사가 집중하도록 돕는 역할을 제대로 담당하지 못했다. 우리가 해야 할 일을 하지 않은 것이다.

최종 결과가 어땠는지는 아마도 충분히 추측할 수 있을 것이다. 양쪽 모두 만족하지 않았다. 이 경험을 떠올리면 헨리 포드의 말이 생각난다. "내가 어떤 사람에게 무엇을 원하느냐고 물으면, 그 사람은 더 빠른 말을 원했다고 대답할 것이다."

이 경험을 겪고 교훈을 얻어서 우리는 그때부터 맺는 모든 계약에 업계에서 유일하게 수정은 한 가지만 허용한다는 조항을 추가하고 있다. 이 엄격한 조항 덕택에 모든 주요 의사결정자들은 처음부터 집중하면서 집단사고를 제한하고, 초콜릿 퐁뒤 초밥을 닮은 영화를 만들지 않으려고 노력한다. 처음부터 모든 사람을 집중하게 만들면 애니메이션 영화에서도 삶에서도 최고의 작품을 생산할 수 있다.

10월 요약

점수: B+

이번 달에는 '사는 것은 베푸는 것이다'라는 격언을 떠올렸다. 다른 사람들에게 베풀고, 자신이 할 수 있는 일에 최선을 다하고, 자책하거나 남을 비판하는 일을 피하라. 또 이번 달에는 시간을 낭비하지 않는 것에 초점을 맞추면서 다른 사람에게 시간을 더 많이 할애할 수 있었다.

주요 요점

1 자원봉사에 할당할 시간을 '해본다'에서 '해야 한다' 항목으로 바꾼다.

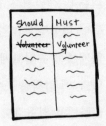

2 평점에서 7점을 뺀다. 7점을 빼면서 1~10점의 척도를 사용하는 것은 강력한 도구다.

$$-1 \cdot 2 \cdot 3 \cdot 4 \cdot 5 \cdot 6 \cdot \cancel{7} \cdot 8 \cdot 9 \cdot 10 -$$

3 부탁을 받으면 부탁하는 사람을 더 좋아하게 된다.
　― 벤 프랭클린 효과

4 매일 불편함에 발을 들여놓는다.

11월

감사에
집중하기

FOCUS PROJECT

미국 시민은 11월 세 번째 목요일에 추수감사절을 지킨다. 감사에 집중하는 달로 11월 한 달만 있을까? 많은 사람에게 감사의 빚을 지고 있으므로 고마운 마음을 전달하기 위해 전화를 걸거나, 편지를 쓰거나, 문자를 보내는 데 시간을 많이 써야 하리라 생각하자 그만 정신이 아득해졌다.

나는 여러 가지 방법을 섞어서 감사한 마음을 표현하기로 계획을 세웠다. 연구 결과를 보면 감사 인사를 받는 사람들은 "감사합니다" 와 "고마워요"를 으레 하는 말로 듣는 경향을 보인다. 그래서 이번 달에는 여러 종류의 감사 인사를 섞어 사용하기로 마음먹고, 동네에 있는 타코 식당에 갔을 때도 단순히 "고마워요"라고 말하지 않고 이렇게 말한다. "내가 자주 주문하는 음식을 기억해주다니 대단하세요. 정말 고맙습니다!"

변명을 해대서 사과를 망치지 마라.
—벤자민 프랭클린

성공하기 위해 자신을 준비한다

호주 연구원들은 웃음을 끌어내면 사람들이 더욱 끈기를 발휘한다는 사실을 발견했다. 어려운 과제를 수행하기 전에 코미디를 본 사람들과 비교할 때 지루한 비디오를 본 사람들의 과제 집중도는 떨어졌다. 재미있는 비디오를 본 사람들의 경우에는 끈기가 증가했다. 마음가짐을 개선하면 과제를 달성하기 위해 더욱 열심히 자신을 밀어붙이고 끈기를 발휘하고 싶어질 것이다.[187]

이 사실은 직관적으로 생각해도 이치에 맞는다. 누구나 "이 문제를 다룰 기분이 아니에요"라고 말할 때가 있다. 다음에 어려운 일에 맞닥뜨렸을 때는 행동하기 전에 재미있는 이야기를 듣거나 재미있는 활동을 하라. 설사 일이 잘 풀리지 않더라도 적어도 유쾌하게 웃을 수는 있을 것이다.

마음을 올바르게 먹으면 결과는 좋아질 것이다. 위장에도 같은 원리를 적용할 수 있다. 코넬 대학교는 한 연구를 실시하고 식료품 쇼핑을 하기 전에 배를 채우는 것이 중요하다고 밝혔다. 식료품 쇼핑을 하기 전에 과자 하나를 먹은 사람과 비교했을 때, 사과 한 조각을 먹은 사람은 과일과 채소를 13퍼센트 더 샀다. '코넬 대학교 식품 및 브랜드 연구소Food and Brand Lab' 소장이자 연구 논문 저자인 브레인 완싱크Brain Wansink 박사는 "사과를 먹는 것은 식료품 쇼핑객이 사고방식을 건강에 초점을 맞추도록 유도한다"라고 설명한다.

유머든 음식 선택이든 올바른 마음가짐을 갖는 것은 의지를 굳히는 데 유용한 단계이다.[188]

행복은 감사로 이어지지 않지만, 감사는 행복으로 이어진다. —데이비드 스타인들-라스트David Steindl-Rast(베네딕트회 수사이자 다종교 학자 — 옮긴이)

팀 페리스는《나는 네 시간만 일한다4 1/2 Hour Work Week》에서 효율보다 효과가 중요하다고 강조한다. 모든 요구에 굴복하며 긴급한 사안으로 다루는 대신에 가장 중요한 개인적 목표에 집중하면 더욱 효과적으로 행동할 수 있다.

'가장 중요한 과제Most Important Task, MIT'는《단순함이 너의 모든 것을 바꾼다The Power of Less》의 저자인 리오 바바우타Leo Babauta가 정의한 중요한 개념이다. 바바우타는 매일 밤 하루를 마감하면서, 다음 날 달성하거나 공략해야 하는 가장 중요한 과제를 날이 밝아 행동하기 전에 기록해야 한다고 제안한다. 이 과정에 걸리는 시간은 한 시간 이내여야 한다. 그날 하루 동안 품었던 의도를 감사와 연결할수록 과정을 잘 마무리할 가능성이 커진다.

살아 있는 날을 축하한다

훌륭한 아내이자 어머니인 친구 셀레스트 스타인헬퍼-우드Celeste Stein-helper-Wood는 전이가 빠른 암에 맞서 싸워야 했다. 그녀는 열한 번째 항암치료를 시작하면서 세상에 다음과 같은 글을 올렸다.

집에서 항암치료를 받은 첫날 밤 저는 평상시대로 새벽 3시에 잠을 깼습니다. 정확히 말하면 부작용은 아니지만, 약물이 들어가는 여덟 시간 동안 잠을 잤기 때문인 것 같고 몸 상태는 엉망이에요.

저는 새벽에 깨달은 통찰을 당신과 공유하려 합니다. 이름은 생각나지 않지만, 장래가 유망한 젊은 여 가수가 부른 '생일 축하합니다Happy

Birthday'란 제목의 컨트리송을 우연히 듣고 정말 좋아하게 되었습니다. 그래서인지 이 노래가 머릿속에서 자주 떠올라요. 이번 주에 치과에 갔을 때 내가 평생 알고 지낸 치위생사가 '우리는 살아 있는 날'들을 축하해야 한다고 상기시켜주더군요. 이 말을 듣고 매일이 내 미니 생일이고 더 나아가 살아 있는 날이라는 생각이 들었어요. 다른 차원에서 기념해야 하는 날인 거죠.

그러므로 오늘 잠에서 깼을 때 할 일 목록에 있는 수많은 일들의 수렁에 빠지지 말아야 합니다. 목록에 있는 할 일을 그날 완수하지 못했을 때 느끼는 죄책감일랑 날려버리세요. 대부분의 할 일 목록은 하루에 전부 달성하기에 인간적으로 불가능할 수 있거든요. 거기에 작업 목록, 가족 목록, 식료품 목록, 개학 목록 등을 덧붙이다 보면 머릿속이 핑핑 돌기 마련이죠.

대신에 시간을 내어 '살아 있는 날'을 축하하세요. 단지 친구와 커피를 마시거나, 전화를 걸거나, 누군가에게 카드를 보내거나, 포옹을 한 번 더 하는 것이라도 그렇게 하세요. 또 자연을 즐기려고 걷거나 조깅을 하거나, 햇볕을 쬐면서 책을 읽거나, 아이가 공부하는 교실에 들어가서 자원봉사를 하거나, 가족과 특별한 모험을 하거나, 아이스크림을 먹거나, 저녁 식사 데이트를 하는 것이라도 그렇게 하세요. 영화를 보거나, 가족끼리 게임을 하거나, 특별한 이유 없이 저녁 식사 후에 디저트를 먹거나, 감자튀김을 먹거나, 자신이 좋아하는 와인을 한잔 기울이거나, 석양을 바라보는 등 무엇을 하든 매일을 가치 있는 '살아 있는 날'로 만드세요.

당신에게는 이렇게 할 수 있는 투사가 있어요. 정말 그래요.

자신이 가진 것에 감사하라. 결국 더 많이 갖게 될 것이다. 하지만 자신이 가지지 않은 것에 집중한다면 절대 충분히 가지지 못할 것이다. —오프라 윈프리

오늘 수요일을 멋진 '살아 있는 날'로 누려보세요.

모두를 사랑합니다. 셀레스트 쏨

설레스트는 이 글을 올리고 몇 달 뒤 세상을 떠났다. 지금은 천국에서 천사가 되었지만, 셀레스트가 남긴 추억과 조언은 우리 안에 살아 숨 쉰다. 아름다운 셀레스트를 기리며 우리 모두 멋진 살아 있는 날을 누리기 바란다.

기대를 감사로 바꾼다

아내가 식기세척기를 비울 때마다 나는 예외 없이 화가 난다. 칼들을 칼집에 넣을 때 제자리에 넣지 않기 때문이다. 나는 칼을 제자리에 꽂아야 한다는 강박장애Obsessive-Compulsive Disorder, OCD가 있다. 아마 내 자체가 강박장애 즉 'CDO'를 갖고 있을 것이다. 단어조차도 알파벳 순서로 써야 직성이 풀리니 말이다.

제자리에 꽂혀 있을 때 칼 손잡이들은 모두 같아 보이지만, 과일 깎는 칼부터 버터 바르는 칼까지 저마다 제자리가 있다. 칼은 제자리에 있어야 요리 시간을 절약할 수 있다.

이번 달에 깨달은 교훈이나 실천한 연습은 기대를 감사로 바꾸는 것이다. 그래서 빵칼 자리에 버터 바르는 칼을 꽂았다고 화내지 않고, 식기세척기를 비워주어서 내 할 일을 덜어주어 고맙다고 아내에게 말하기 시작했다. 그러자 아이들이 사용한 자그마한 플라스틱 통을 분류해준 아내에게 고마움을 느꼈다. 자그마한 플라스틱 통을 분류하는 것은 내 최대 약점이었다!

나는 깨달았다. 그렇다. 버터 바르는 칼은 잘못된 자리에 꽂혔다. 하지만 아내가 매일 이기심 없이 정리하는 온갖 물건을 나는 제대로 정리하지 못한다. 이 점을 깨달은 나는 플라스틱 통을 닦는 일부터 하기 시작했다. 내가 플라스틱 통을 닦고 정리하는 일을 점점 잘하기 시작하자 아내도 칼을 제자리에 꽂는 일을 점점 잘하기 시작했다. 나는 아내가 칼을 제자리에 정확하게 꽂기를 기대하지 않고, 아내가 제공하는 모든 도움과 내가 누리는 행운을 고맙게 생각하기 시작하면서 깨달음을 얻었다.

기대  감사

같은 마음가짐을 불평에도 적용할 수 있다. '불평 없는 세상A Complaint Free World'을 설립한 윌 보웬Will Bowen이 말하듯 "불평은 입 냄새와 같다. 타인의 입에서 나올 때는 알아차리지만 자신의 입에서 나올 때는 알아차리지 못한다." 1,100만 명이 넘는 사람들이 보웬이 개최한 불평 없애기 도전에 참여했다. 어떤 도전이냐고? 불평하지 않고 21일을 지내는 것이다. 도전 방식은 이렇다. 팔찌나 고무밴드를 손목에 차고 있다가 불평할 때마다 반대편 손목으로 옮겨 차고 처음부터 다시 시작한다. 보통 사람은 21일간의 도전을 완수하는 데 4~8개월이 걸린다. 하지만 포기하지 말고 계속하라! 건강이나 행복이나 성공으로 향하는 길에는 결코 불평이 없다는 사실을 기억하라.

더욱 행복한 삶을 사는 가장 손쉬운 방법은 기대를 감사로 전환하는 것이다.

상황은 당신에게 닥치는 것이라 당신을 위해 일어난다

어느 날 한 늙은 농부의 말이 달아났다. 그 소식을 듣자마자 이웃들이 찾아와 농부를 위로했다. "안됐네, 운도 없지."

"아마도 그런가 보네." 농부가 대답했다.

다음 날 아침 말이 야생마 세 마리를 데리고 돌아왔다. "정말 운이 좋군." 이웃들이 외쳤다.

"아마도 그런가 보네." 농부가 대답했다.

다음 날 아들이 야생마를 타려다가 떨어져서 다리가 부러졌다. 이웃들은 다시 찾아와 농부에게 닥친 불행에 동정을 표했다. "운도 지지리 없지."

"아마도 그런가 보네." 농부가 대답했다.

다음 날 군 장교들이 젊은이들을 군대에 징집하려고 마을을 찾았다. 그들은 농부의 아들이 다리를 저는 모습을 보고는 그냥 지나갔다. 이웃들은 일이 정말 잘 풀렸다며 농부에게 축하했다.

"아마도 그런가 보네." 농부가 대답했다.[189]

현명한 농부는 살면서 일어나는 사건이 자신에게 일어나는 것이 아니라 종종 자신을 위해 일어난다는 사실을 이해했다. 나쁜 무언가가 일어날 때 아마도 좋은 무언가가 생기겠지만 그 좋은 일을 보려면 눈을 뜨고 있어야 한다. 포레스트 검프가 한 유명한 말처럼 말이다. "삶은 초콜릿 상자 같아요. 무엇을 손에 쥘지 결코 알 수 없거든요." 우리는 모든 일이 자신을 위해 잘 풀리리라고 믿도록 생각을 통제할 수 있다. 그러면 대개는 신기한 방식으로 일이 풀린다. 그러니 감사할 기회가 있을 때 감사하라.

부러진 미소

딸은 내가 미소 짓는 모습을 살펴다가 의아하다는 표정을 지었다.

"아빠, 왜 아랫니 세 개가 다른 이보다 더 노래요?

"가짜 이라서 그래. 진짜 이가 부러졌거든." 내가 설명했다.

"오, 아빠, 물어봐서 미안해요. 몰랐어요."

"괜찮단다. 가짜 이들은 내게 일어난 것이 아니라 나를 위해 일어난 가장 좋은 일을 생각나게 하거든."

"그게 뭔데요?"

나는 어린 시절 대학 농구팀에서 정말 뛰고 싶었다. 고등학교 농구팀에서 탈락하자 내 꿈을 이루지 못할 가능성이 매우 크다는 사실을 깨달았다. 하지만 나는 포기하지 않았고, 농구를 워낙 좋아했으므로 미시건 주립대학교에 입학하고 나서 농구팀 매니저가 되었다. 한마디로 선수들의 심부름을 해주는 사람이었다. 나는 매니저 일을 정말 좋아했고 밤에 잠자리에 누웠을 때도 유능한 팀을 만들 꿈을 꾸느라 잠을 설쳤다.

국내 1위 팀에서 뛰는 선수 열세 명에게 어떤 자질이 필요한지 직접 보고 난 뒤에는 꿈을 꾸는 데 그치지 않고 역기를 들고 달리기를 하는 동시에 훈련 전후에 농구 연습을 하기 시작했다. 돌아보면 대학교 3학년 당시에 나는 팀에 들어가 뛸 수 있을 만큼 실력을 갖추었지만 불행하게도 당시에는 그 사실을 깨닫지 못했다. 자신감이 없었고,

내게 주어진 축복을 세기 시작하자 삶 전체가 180도 달라졌다. —윌리 넬슨Willie Nelson (미국 가수—옮긴이)

불편함에 발을 들여놓을 엄두가 나지 않아서 팀에 들어갈 시도조차 하지 않았다. 마음속에는 스스로에 대한 의구심이 늘 맴돌았다. "고 등학교 농구팀에도 들어가지 못했는데 어떻게 국내 10위 안에 드는 팀에서 뛸 수 있겠어?"

그해 말 같은 주에 많은 선수들이 아프거나 부상을 입었다. 경기에 서 뛸 수 있는 선수가 부족했기 때문에 내가 연습에 투입되었다. 팀에서 뛸 수 있을 정도로 실력을 갖추었다는 사실을 코치와 나 자신에게 보여줄 수 있는 기회였다. 긴장을 했지만 나는 제대로 실력을 발휘했다.

그때 불운이 닥쳤다. 리바운드 공을 잡으려고 점프를 했는데 다른 선수의 팔꿈치가 이 세 개를 부러뜨릴 수 있는 정확한 지점을 가격했다. 한 이는 이미 가짜였는데 이 가짜 이가 충격 지점이 되었다. 손바닥에 뱉고 보니 가짜 이였다. 당시에는 진짜 이 두 개가 부러져서 벤치 근처 바닥까지 굴러갔다는 사실을 몰랐다. 나는 지금이야말로 꿈을 이룰 수 있는 때라고 느꼈고, 지금껏 경기를 잘 풀어가고 있었으므로 통증을 견디며 계속 뛰었다. 가짜 이는 몇 주 안에 다시 만들어 넣으면 된다고 생각했다. 이번이 내게는 절호의 기회였고, 무엇도 나를 막을 수 없었다! 아니면 그렇다고 생각했다.

10분가량 지났을 때 트레이너가 벤치에 있는 진짜 이를 발견하고 내가 여전히 피를 흘리고 있다는 사실을 알아챘다. 그래서 연습을 중단시키더니 서둘러 치과에 가라고 재촉했다. 줄곧 내게 이러한 불운이 닥쳤다는 사실을 믿을 수 없었다. 나는 찾아온 기회를 날리고 서둘러 치과에 갔다. 다음 날 이조Izzo 감독이 팀 앞에서 이렇게 말했다.

"퀄먼, 너는 가장 멍청한지 아니면 가장 억척스러운지 모르겠구나. 아마도 두 모습이 네게 다 있는 거겠지."

나는 다음 해에 농구팀에 들어갔다. 하지만 이가 부러졌는데도 통증을 견뎌가며 계속 경기를 뛰었던 것이 내게 일어난 최고의 일이었다는 사실을 부상을 입었을 당시에도, 농구팀에 들어갔을 때도 깨닫지 못했다. 이조 감독은 투지와 용기를 기준으로 삼아서 미시건주 농구 프로그램을 만들었고, 그날 내가 뛰는 모습에서 투지와 용기를 보고 내 최악의 날을 최고의 날로 만들었다. 나는 다음 시즌에 팀에 들어갔고 궁극적으로 장학금을 받았다.

일들은 우리에게 일어나지 않고 우리를 위해 일어난다. 설사 이가 부러지더라도 말이다.

4U not 2U

내려놓자

점심 식사를 하면서 토론을 하는 중에 모두가 스트레스에 얼마나 시달리는지로 주제가 흘러갔다. 한 친구가 끼어들어 말했다. "스트레스와 관련해서 내가 최근에 배운 교훈을 말해보려 합니다. 교훈은 이 물한 컵에서 시작합니다."

친구는 물컵을 집어 들고는 말을 이었다.

삶의 환희: 삶의 즐거움뿐 아니라 살아가며 느끼는 열정적이고 활기찬 즐거움.

이 컵의 절대 무게가 얼마인지는 중요하지 않습니다. 사실 이 물컵은 비교적 가벼워요. 하지만 실제로 가벼운지 무거운지는 중요하지 않죠. 중요한 것은 얼마 동안 들고 있느냐입니다. 잠깐 들고 있는 것은 문제가 되지 않아요. 꽤 가볍거든요. 하지만 한 시간 동안 들고 있으면 팔이 아프기 시작합니다.

하루 동안 들고 있으면 아마도 구급차를 불러야 할 거예요. 세 경우 모두 물컵의 무게는 같아요. 하지만 오래 들고 있을수록 물컵은 더 무거워지죠. … 스트레스도 마찬가지입니다. 온갖 짐을 늘 짊어지고 있으면 짐은 더더욱 무거워지기 마련입니다. 조만간 더이상 짊어지지 못할 거예요. 물컵을 들 때처럼 잠시 내려놓고 쉬었다가 다시 들어야 해요. 기운을 다시 차리고 나면 스트레스를 더 오래 더 잘 견디면서 짐을 짊어질 수 있습니다.

그러므로 가능한 한 저녁 일찍 모든 짐을 내려놓아야 한다. 저녁부터 밤까지 내내 짐을 짊어지고 있어서는 안 된다. 만약 그래야 한다면 또 그럴 수밖에 없다면 다음 날 다시 들어서 짊어지면 된다.

멋진 마무리

1965년 열 살 남자아이가 음료수 가게의 계산대로 걸어가 의자에 올라섰다. 점원의 눈길을 끄는 데 성공하자 "아이스크림 선디 하나에 얼마예요?"라고 물었다.

"50센트란다." 점원이 대답했다.

아이는 호주머니에 손을 넣더니 동전 한 움큼을 꺼내 세기 시작했다. 점원은 짜증이 난 듯 얼굴을 찡그렸다. 기다리다 못해 결국 다른 손님의 계산을 먼저 해주었다.

아이는 점원을 곁눈질로 보면서 "바닐라 아이스크림 한 컵은 얼마예요?"라고 물었다. 가뜩이나 바쁜 점원은 한숨을 쉬며 눈을 부라렸다. "35센트야." 점원은 짜증을 섞어 대답했다.

소년은 다시 동전을 셌다. 그러더니 마침내 "그러면 바닐라 아이스크림으로 주세요"라고 말했다. 그러면서 25센트 동전 하나와 5센트 동전 두 개를 계산대에 내밀었다. 점원은 동전을 받고 아이스크림을 가져다주고는 계산대로 돌아갔다.

10분가량 지나서 점원이 테이블에 와보니 빈 컵만 덩그러니 놓여 있었다. 아이는 가버리고 없었다. 점원은 빈 컵을 집어 들었고 기분이 썩 좋지는 않았다.

계산대에 와보니 5센트 동전 두 개와 1센트 동전 다섯 개가 놓여 있었다. 아이는 선디를 먹을 만큼의 돈을 갖고 있었지만, 팁을 남기기 위해 바닐라 아이스크림을 주문했던 것이다.

만약 자신보다 다른 사람을 먼저 생각한다면 세상이 얼마나 좋아질까? 다른 사람들에게 더 줄 수 있도록 시럽, 견과류, 과일 조각 등을 얹은 아이스크림을 포기하거나 아이스크림을 아예 먹지 않는다면 어떨까? 많은 연구를 살펴보더라도 우리는 많이 줄수록 많이 받는다. 이번 달에 나는 이 사실을 직접 경험했다.[190]

당신은 다른 사람에게 잘할 때 자신에게
최고의 존재가 된다. ─벤자민 프랭클린

11월 요약

한 가지 중요한 사항
감사하는 태도를 지니면 결코 잘못될 수 없다.

점수: B
이번 달은 내가 좋아하는 달 중 하나였다. 그런데도 A를 주지 않은 것은 내가 가장 깊이 감사해야 하는 대상(멋진 아내와 딸들)부터 자주 간과하는 대상(내게 미소를 지어 보이는 사람이나 화창한 날씨)까지 매일 감사해야 한다는 사실을 절실히 깨닫기 때문이다. 이러한 사실을 스스로 알 수 있다면 그저 살아 있다는 사실만으로도 얼마나 큰 축복인지 놀랄 것이다.

주요 요점
1 기대를 감사로 바꾼다.

2 양동이를 채우는 사람이 된다.

3 일은 우리에게 일어나는 것이 아니라 우리를 위해 일어난다.

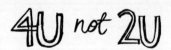

12월

스스로에
집중하기

F O C U S   P R O J E C T

이번 달의 주제는 한 문장으로 정리할 수 있다. 이번 달은 가장 중요한 요소에 초점을 맞추고, 자신에게 가장 효과적인 습관에 집중하는 연습을 꾸준히 하는 기간이다. 이제 본격적으로 당신 이야기에 발을 들여놓을 시간이다.

이 페이지는 일을 더 적게 하며 더 잘하는 용기와 대담함을 발휘하라고 자신에게 상기시키는 공간이다.

바쁜 삶의 앙상함을 인식하라. —소크라테스

삶을 위한 집중

"어떻게 지내세요?" 단순한 대답을 요구하는 단순한 질문이다. 하지만 집중 강화 프로젝트를 시작하기 전에 내 대답은 결코 단순하지 않아서, 언제나 '바쁘다'거나 '정신 없이 바쁘다' 등이었다. 정신없이 바쁜 삶은 바람직하지 않다. 내 삶을 스스로 통제하지 못한다는 뜻이기 때문이다. 이 말에 공감할 수 있는가?

많은 사람이 '바쁘다란 영광의 배지'를 달고 돌아다니는 동안 우리는 정반대 방향으로 노력해야 한다. 매일 아침 눈을 뜨면서 오늘 하루 모든 일을 해내는 것이 불가능하리라는 사실을 알아야 한다. 이 점을 인정하면 전진을 미덕으로 생각하는 세상을 살아가며 짊어져야 하는 부담과 스트레스를 줄일 수 있다. 또 자신이 모든 일을 완수할 수 없다는 사실을 인정하는 동시에 반드시 해야 하는 일에 초점을 맞춰야 한다.

대부분의 평범한 말이 그렇듯 "인생은 짧다"란 말에는 진실이 담겨 있다. 우리는 영원을 기다란 신발 끈으로 생각하고, 삶을 그 끝에 달린 플라스틱, 즉 기술적인 용어를 사용하자면 애글릿aglet으로 생각해야 한다. aglet에는 '나이age'와 '내버려 두다let'란 단어가 들어 있다.

우리는 인생의 어느 시점에서 매 순간 의도를 갖고 행동할 것인가? 그렇다고 매 순간 의도를 갖고 행동해야 한다는 뜻은 아니다. 매 순간 의도를 갖고 살아가더라도 호흡수가 늘어나는 것은 아니다. 오히려 경이로움을 느껴서 숨이 멎는 순간이 늘어난다. 집중하지 않고 산다면, 어느 날 잠에서 눈을 떴을 때 스스로 재능을 낭비해왔다는 사실을 깨달을 것이다. 삶은 매일 무엇에 집중했는지에 따라 결정된다. 우리가 하루를 보내는 방식이 바로 삶을 보내는 방식이다. 지금 당장 이 자리에서 의도적으로 살기 시작하는 자신을 응원하자. 전설적인 UCLA 농구팀 코치인 존 우든John Wooden이 강조했듯 "매일을 자신의 걸작으로 만들라".

오늘날과 같은 탈집중 세상에서 집중하기는 힘들다. 정말 매우 힘들다. 하지만 우리는 집중을 학습할 수 있다. 집중을 습관화할 수 있다. 성취는 성장에서 비롯한다. 누구나 정신적으로, 육체적으로, 영적으로 성장하고 싶어 한다. 우리가 성장하지 않고 하루하루를 산다면 그것은 가장 중요한 한 가지에 집중하지 않았기 때문이다.

이 문제는 바로잡을 수 있다.

우리에게 통제권이 있으므로 이 문제를 바로잡을 수 있다. 이메일, 방해, 요청을 포함해 주의를 산만하게 만드는 여러 요인에 휘둘리지 않고 통제권을 되찾아야 한다. 우리가 정신없이 바쁜 이유는 의식적이든 무의적이든 지나치게 많은 일을 맡겠다고 결정하기 때문이다.

계속 일을 맡아서 쌓는다면 이 행동을 중단할 수 있는 사람도 자신이다. 삶이라는 뷔페는 언제나 제자리에 있고, 더 많이 원하면 언제든 돌아갈 수 있다는 사실을 기억해야 한다. 다른 말로 말하면 한 가지 일을 완수하고 나서 두 가지 일을 맡는 습관을 깨야 한다. 이와 정반대로 행동해야 한다.

이 책이 더욱 집중하는 삶, 최고의 삶으로 당신을 안내하는 길잡이가 되기를 바란다. 우리는 모두 실천할 수는 없지만 모두 가질 수는 있다. 행운을 빈다.

책 한 권을 탄생시키려면 온 마을이 나서야 합니다. 이 말에는 예외가 없습니다. 아내와 두 딸은 내 실험에 기꺼이 참여해주었습니다. 인내하고 웃음으로 응원해준 가족에게 감사합니다. 양가 부모님들은 항상 글의 질을 높이는 데 도움을 주고 격려의 말씀을 아끼지 않습니다. 에밀리 웰터Emily Welter의 긍정적인 태도와 이 책을 쓰는 데 준 도움 덕분에 나는 멈추고 싶을 때도 앞으로 계속 나아갈 수 있는 힘을 얻었습니다. 솜씨 좋은 사히티 루드라바잘라가 켈시 고메즈의 도움을 받아 아름다운 삽화를 완성했습니다. 또 켈시는 어디든 도움이 필요한 곳에 힘을 보탰습니다. 책 표지는 앤소니 오르티즈의 지칠 줄 모르는 노력의 산물입니다. 이본 해럴드는 여러 차례에 걸친 편집을 완성했고 원고를 둥지에서 내보내기 위해 마지막 힘을 보탰습니다. 에밀리 크로포드-마지슨과 르네 스카일스는 추가로 편집을 지원했으며, 로리 드워켄은 능숙한 솜씨를 발휘해 내용을 배열했습니다.

마지막으로 독자와 지지자 모두에게 마음에서 우러나오는 감사의 말을 전합니다. 당신들의 사랑과 격려에 힘입어 이 모든 일을 할 수 있었습니다.

종이를 절약하기 위해 이 책의 모든 참고문헌 및 출처는 다음 사이트에서 참조하기 바랍니다.

www.equalman.com/endnotes

포커스 프로젝트

초판 1쇄 인쇄 2025년 2월 5일
초판 1쇄 발행 2025년 2월 20일

지은이 에릭 퀄먼
옮긴이 안기순
펴낸이 김문식 최민석
총괄 임승규
편집장 조연수
편집 명지은 백승민 이혜미 김지은 김민혜 박지원
마케팅 조아라
디자인 배현정

펴낸곳 (주)해피북스투유
출판등록 2016년 12월 12일 제2016-000343호
주소 서울시 서대문구 신촌로 25-1 보고타워 4층
전화 02)336-1203
팩스 02)336-1209

© 에릭 퀄먼, 2025
ISBN 979-11-7096-404-9 03190

- 이 책은 (주)해피북스투유와 저작권자와의 계약에 따라 발행한 것이므로
  무단전재와 무단복제를 금지하며, 이 책 내용의 전부 또는 일부를 이용하려면
  반드시 저작권자와 (주)해피북스투유의 서면 동의를 받아야 합니다.
- 잘못된 책은 구입하신 곳에서 바꾸어드립니다.